Actionkino
Moderne Klassiker des populären Films

Deep Focus 19

Danksagung:
Die Aufsätze des vorliegenden Bandes basieren auf Vorträgen, die wir im Sommer-
semester 2012 im Rahmen des Projekts ›Vorlesung mal anders: Action!‹
(www.vorlesung-mal-anders.de) an der Christian-Albrechts-Universität zu Kiel
gehalten haben. ›Action!‹ war unser Pilotprojekt, dem inzwischen weitere
Vorlesungsreihen gefolgt sind: ›Kultserien‹, ›Bestseller und Blockbuster‹ u.a. Die
Vorträge haben über die Fachgrenzen der Filmwissenschaft hinaus immensen
Anklang beim Kieler Publikum gefunden; nicht zuletzt diese herzliche Resonanz
hat uns zur Publikation des Bandes ermutigt.
Unser Dank gilt allen UnterstützerInnen, die unsere Arbeit an diesem Buch inhalt-
lich, organisatorisch oder emotional begleitet haben. Neben den MitarbeiterInnen
des Verlags Bertz + Fischer bedanken wir uns bei: Eckhard, Dominik, Jan Tilman,
Christoph, Torben, Julian, Uta, Mareike & Anton und Anna. Für die finanzielle
Unterstützung danken wir Alumni Kiel e. V., dem Institut für Neuere deutsche
Literatur und Medien der CAU Kiel sowie besonders allen privaten SpenderInnen,
die das Projekt über die Crowdfunding-Plattform Sciencestarter unterstützt und
uns damit den entscheidenden Anstoß gegeben haben, dieses Buch fertigzustellen:
Nils Büttner, Sylvia Rossow-Czysewski, Norbert Czysewski, Laura Louisa Czysewski,
Vanessa Drossel, Kurt Hacker; David Jahnke, Thomas Sebastian Jensen,
Marc-Hendrik Lassen, Tatjana Niemsch, Jona Nissen, Nicole Palliwoda, Christian
Reinboth, Felix Rudolph, Florian Schwarz und Enrico Siefert.

Ingo Irsigler / Gerrit Lembke / Willem Strank (Hg.)

Actionkino

Moderne Klassiker des populären Films

BERTZ + FISCHER

Bibliografische Information der Deutschen Nationalbibliothek
Die Deutsche Nationalbibliothek verzeichnet diese Publikation in der
Deutschen Nationalbibliografie; detaillierte bibliografische Daten
sind im Internet über <http://dnb.dnb.de> abrufbar.

Mit freundlicher Unterstützung von
Alumni Kiel e.V.
Institut für Neuere Deutsche Literatur und Medien der
Christian-Albrechts-Universität zu Kiel
Nils Büttner, Sylvia Rossow-Czysewski, Norbert Czysewski,
Laura Louisa Czysewski, Vanessa Drossel, Kurt Hacker, David Jahnke,
Thomas Sebastian Jensen, Marc-Hendrik Lassen, Tatjana Niemsch,
Jona Nissen, Nicole Palliwoda, Christian Reinboth, Felix Rudolph,
Florian Schwarz, Enrico Siefert

Fotonachweis:
Umschlag vorne: Screenshots aus TERMINATOR 2 – JUGDMENT DAY (Carolco
Pictures / Pacific Western / Lightstorm Entertainment u. a.), DIE HARD
(Twentieth Century Fox Film Corporation / Gordon Company / Silver Pictures)
Umschlag hinten: Screenshots aus DIRTY HARRY (Warner Bros. / The Malpaso
Company), KILL BILL (Miramax Films / A Band Apart / Jersey Films), MISSION:
IMPOSSIBLE (Paramount Pictures / Cruise/Wagner Productions), CASINO ROYALE
(Columbia Pictures / Eon Productions / Casino Royale Productions u. a.)
Innenteil: siehe Seite 166
© Photographs: original copyright holders

Inhalt

Fuzzy, hybrid und pornografisch

Elf Thesen zum Actionfilm

Von Ingo Irsigler / Gerrit Lembke / Willem Strank

»Ein zwar perfekter und mit einiger Ironie inszenierter Actionfilm, der wegen der hausbackenen Geschichte und in Ermangelung einer halbwegs plausiblen Zukunftsvision aber nur wie ein Vehikel für zwei Hollywood-Stars wirkt.« (DEMOLITION MAN)

»Blutiges Action-Kino, das mit törichter Propaganda im Stil des Kalten Krieges verärgert und beim Versuch, den Helden zur mythischen Figur zu stili1sieren, in unfreiwillige Komik abgleitet.« (RAMBO III)

»Brutales Gewaltspektakel, das blutige Metzeleien als billigste Unterhaltung anbietet.« (AMERICAN NINJA)

»Handwerklich solider, aber inhaltlich stereotyper und gewalttätiger Actionfilm, der alle einschlägigen Versatzstücke des Genres ohne jede Vertiefung aneinanderreiht.« (UNIVERSAL SOLDIER)

»Distanzlos und plakativ, in der auf ungebrochene Faszination setzenden Direktheit äußerst zwiespältig.« (TOP GUN)[1]

Diese Auszüge aus dem *Lexikon des Internationalen Films* lesen sich wie ein *worst of* der Geschichte des Actionfilms – und treffen damit nicht den Kern. Denn die besprochenen Filme sind nicht nur zu ihrer Entstehungszeit recht erfolgreich gewesen, sondern noch heute sehr bekannt. In ihrer Zusammenstellung wirken die Kritiken wie eine Bestimmung des gesamten Actionfilm-Korpus – wenn auch mit einem sehr negativen Resümee. Der Actionfilm ist blutig (RAMBO III; 1988; R: Peter MacDonald), brutal (AMERICAN NINJA; American Fighter; 1985; R: Sam Firstenberg) und gewalttätig (UNIVERSAL SOLDIER; 1992; R: Roland Emmerich), er mag technische Qualitäten haben, leidet aber unter einer mangelhaften Geschichte (DEMOLITION MAN; 1993; R: Marco Brambilla). Im schlimmsten Fall sind die Filme, in denen die Hauptdarsteller so wichtig sind (DEMOLITION MAN), auch noch ideologisch fragwürdig (RAMBO III) oder zwiespältig (TOP GUN; 1986; R: Tony Scott). Das ist nicht komplett falsch – völlig zutreffend ist es allerdings auch nicht.

Schöne Bilder im patriotischen Actionkino (TOP GUN)

Das Label ›Actionfilm‹ ist gleichermaßen evident wie auch problematisch: Der Begriff ist in TV-Zeitschriften ebenso präsent wie in Lexika, Kinofilm-Ankündigungen und akademischen Publikationen. Und dennoch scheint es bei genauerem Hinsehen so schwierig zu sein, eine angemessene Beschreibung zu liefern, was den Actionfilm als solchen auszeichnet: sicherlich die spektakulären Verfolgungsjagden, die verlustreichen Schießereien oder handfesten Schlägereien, auch die bildgewaltigen Explosionen und so manche fesselnde Stunts.[2] Aber machen diese Elemente einen Film zum Actionfilm? Oder nur zu einem Film mit Actionelementen? Anstatt einen komplexen Merkmalskatalog zu bieten, wollen wir in dieser Einleitung zu beschreiben versuchen, wie ein prototypischer Actionfilm aussehen könnte: Vermutlich hat es diesen niemals gegeben – oder er ist nicht besonders sehenswert – aber in unserer begrifflichen Vorstellung stellt er denjenigen Film dar, den wir imaginieren, wenn wir vom ›Actionfilm‹ sprechen.

Der Actionfilm ist trotz seiner Präsenz in der Populärkultur nur sporadisch zum Gegenstand eingehender Untersuchungen geworden. Vermutlich ist gerade diese Präsenz mit dafür verantwortlich, dass sich speziell die deutsche Filmwissenschaft kaum mit dem Genre auseinandergesetzt hat, wohingegen die angloamerikanische Forschung sich dem Actionfilm früher und nachhaltiger geöffnet hat.[3] Wie lässt sich diese Differenz erklären? Zum einen damit, dass die Unterscheidung zwischen einer untersuchenswerten E- und einer zu vernachlässigenden U-Kultur ein spezifisch deutsches Phänomen ist und sich in der deutschsprachigen Forschungslage zum Actionfilm dokumentiert: Abgesehen von einigen wenigen Forschungsbeiträgen[4] findet man bislang vornehmlich Bücher, in denen Actionfilme aufgelistet und kurz beschrieben werden: *Die 100 besten Actionfilme, 101 Actionfilme, die Sie sehen soll-*

ten, bevor das Leben vorbei ist oder *Die 199 besten Action-Filme und -Serien*.[5] Der Ausschluss des Actionfilms aus dem Genrekanon dürfte zum anderen aber auch dadurch motiviert sein, dass er nur schwer greifbar ist: seine Ursprünge sind ebenso umstritten wie seine Entwicklungen vielfältig. Viele der Bücher zum Actionfilm umgehen dieses Problem, indem sie schlichtweg alles, was Action enthält, dem Korpus hinzufügen. Wolf Jahnkes erste Sammlung der *100 besten Action-Filme* setzt beispielsweise in den 1960er Jahren bei James Bond und COOGAN'S BLUFF (1968; R: Don Siegel) ein. Die Einleitung seiner zweiten Publikation, dem in Zusammenarbeit mit Michael Scholten entstandenen Buch über die *199 besten Actionfilme und -Serien*, führt die Wurzeln des Actionfilms gar auf THE GREAT TRAIN ROBBERY (Der große Eisenbahnraub; 1903; R: Edwin S. Porter) zurück.[6] Eine detaillierte Nachzeichnung der filmhistorischen Entwicklung des von Action geprägten Films vom Stummfilmpionier Porter bis hin zu den Superheldenfilmen des 21. Jahrhunderts existiert bislang nicht.

Diese Forschungslücke zu schließen und eine grundlegende Untersuchung über den Actionfilm durchzuführen,

wäre vielleicht eine Pionierarbeit von großem Wert, und forderte nicht nur die Sichtung hunderter Actionfilme, die irgendwann einmal als solche bezeichnet worden sind, sondern auch die detaillierte Auseinandersetzung mit Genres, aus dessen Motiv- und Strukturkanon sich der Actionfilm vielfach bedient hat und von denen er dennoch abzugrenzen wäre: der Katastrophenfilm, Abenteuerfilm, Science-Fiction-Film, Kriegsfilm, Western, Polizeifilm, Thriller etc. Allein diese Auflistung verdeutlicht die Probleme, denen sich nicht nur Überlegungen zum Actionfilm, sondern Genreanalysen prinzipiell stellen müssen.[7] Die Kriterien für die jeweilige Genre-Zuordnung von Filmen sind heterogen: Während sich Katastrophen- und Abenteu-

Bildgewaltige Explosionen in THE GAUNTLET (1977) und CON AIR (1997)

erfilm auf erzählte Ereignisse beziehen, kann man Science-Fiction-, Kriegs- und Polizeifilm am ehesten auf Settings zurückführen. Der Western hingegen hat derart stabile Erzählstrukturen und Motivkreise hervorgebracht, dass er sich von nahezu allen anderen Filmgenres abhebt. Der Thriller wiederum bezieht seinen Namen maßgeblich von einer Rezeptionshaltung. Hinzu kommt, dass die meisten Filme Strukturen, Motive oder Erzählformen aus verschiedenen Genres enthalten. Allein die im vorliegenden Band behandelten Filme sind allesamt Hybride – mit dem Western, *film noir* und Polizeifilm (DIRTY HARRY; 1971; R: Don Siegel), dem Agentenfilm (MISSION: IMPOSSIBLE; 1996; R: Brian De Palma und CASINO ROYALE; James Bond 007 – Casino Royale; 2006; R: Martin Campbell), dem Kriegsfilm (FIRST BLOOD; Rambo; 1982; R: Ted Kotcheff), dem Samuraifilm (KILL BILL: VOL. 1 & 2; 2003/04; R: Quentin Tarantino) und dem Science-Fiction-Film (THE TERMINATOR; 1984; R: James Cameron). Selbst die Untersuchung eines ›typischen‹ Actionfilms wie DIE HARD (Stirb Langsam; 1988; John McTiernan) zeigt, dass es sich auch dort nicht so einfach verhält wie auf den ersten Blick angenommen. Eine umfassende Untersuchung über den Actionfilm hätte in systematischer Hinsicht also viel zu leisten. Vor allem müsste man die ›Grammatik‹ von Actionfilmen zu verstehen versuchen; denn wenn man von einem stabilen Genre ausgeht, muss hinter den lauten und bildgewaltigen Oberflächen der

Filme schließlich eine Art von struktureller Ordnung liegen, die sich filmübergreifend nachweisen lässt.

Dies wäre – sofern es überhaupt möglich ist[8] – ein höchst anspruchsvolles Projekt, aus dem sicherlich ein schönes Buch entstehen könnte, aber es ist nicht dieses. Anstatt das Genre ›Actionfilm‹ also umfassend zu beschreiben, und das hieße seine ästhetische Herkunft und Entwicklung ebenso zu erfassen wie seine kulturelle Funktion sowie seine Position im filmischen Umfeld, anstatt also dieses umfängliche Projekt anzugehen, werden in dem vorliegenden Buch acht Klassiker des populären Actionkinos aus etwa 30 Jahren Filmgeschichte analysiert. Die Auswahl erhebt ebenso wenig einen Anspruch auf Repräsentativität wie auf Ausgewogenheit, sondern stellt eine nahezu beliebige Abbildung unseres kollektiven Film-Gedächtnisses dar.

So unabhängig die Beiträge voneinander sein mögen, bilden sie in ihrer Summe sowohl die enorme Bandbreite als auch zentrale Gemeinsamkeiten des Actionkinos ab. Sie zeigen, dass der Actionfilm weder *formal* noch *inhaltlich* auf den Nenner zu bringen ist. (Historische) Differenzen ergeben sich schon dadurch, dass die Filme vielfach sozial-politische Phänomene ihrer Zeit beschreiben, sich an den jeweils bestehenden Männlichkeitsbildern orientieren und, ganz allgemein gesprochen, ästhetischen Vorlieben ihrer jeweiligen Entstehungszeit oder – wie im Falle von Quentin Tarantino – des Regisseurs Rechnung tragen.

Jenseits der ästhetischen, thematischen und diskursiven Vielfalt zeigt die Gesamtheit der Beiträge gleichzeitig enge Bezüge zwischen den Filmen. Diese sollen der Aufsatzsammlung in Form von elf Thesen vorangestellt werden, die zwar keine umfassende Bestimmung des Actionfilms leisten, wohl aber seine zentralen Merkmale benennen. Sie stellen in ihrer Summe eine vorläufige Antwort auf unsere Leitfrage dar: Woran erkennt man einen Actionfilm?

These 1: ›Actionfilm‹ ist ein *fuzzy concept.*

Gattungsklassifikationen sind der Versuch, Ordnung in die ästhetische Produktion zu bringen. Aber sie suggerieren mit ihrer trennscharfen Begrifflichkeit eine eindeutige Unterscheidbarkeit, die mit der Wirklichkeit wenig zu tun hat. Da alle Genrebezeichnungen in erster Linie kommunikative Konstruktionen sind, sind sie nicht systematisch entwickelt, sondern historisch gewachsen und ständigen Veränderungen unterworfen. Genres sind *fuzzy concepts*, weil sie mit den Mitteln der Sprache Grenzen ziehen, wo in der Realität fließende Übergänge bestehen. Dies schränkt die Gültigkeit von starren Merkmalskatalogen ein, und dies gilt für Sonette und Historienmalerei wie für Actionfilme. Allerdings bedeutet diese Feststellung keineswegs, dass sich nicht Merkmale bestimmen ließen, die den Kern eines Genres ausmachen würden: Das Label ›Actionfilm‹ würde nicht so gut funktionieren, wenn es nicht einigermaßen scharf umrissen wäre – und alle Abweichungen als Variationen des Genres wahrgenommen würden.

These 2: Der Actionfilm ist ein Hybridgenre.

Der Actionfilm ist ein strukturell offenes Genre,[9] das sich vornehmlich durch die Konstitution des Protagonisten und dessen Aktionsradius auszeichnet. Um es bildhaft zu sagen: Die Genres lassen sich als Kreise mit einem Genre-Prototypen als Zentrum beschreiben, das vorbildhaft auf viele andere Filme gewirkt hat. An den Rändern überschneiden die Kreise einander und bilden diverse Schnittmengen. Um einige Beispiele für solche Überschneidungen zu nennen: Mit dem *Thriller* teilt der Actionfilm das Bemühen, Spannung beim Zuschauer zu erzeugen. Allerdings unterscheiden sich beide Filmtypen in der jeweils dominanten Form der Spannungserzeugung: Generiert der Thriller hauptsächlich Spannung über die Herstellung eines Informationsdefizits – der Zuschauer hat einen Wissensrückstand gegenüber der Erzählinstanz –, so handelt es sich beim Actionfilm primär um eine Form der stressinduzierten Spannung.[10] Dieser Unterschied liegt auch in der jeweiligen Handlungsführung begründet: Gegenüber dem Thriller sind die Fronten im Actionfilm vor dem finalen Konflikt – ähnlich wie im westerntypischen Showdown – geklärt. Wie auch der *Kriegsfilm* lebt der Actionfilm von der Darstellung physischer Auseinandersetzungen, wobei der Kriegsfilm das Kollektiv (und das Verhältnis des Individuums zu diesem) betont, der Actionfilm hingegen vollständig auf die Individualität seines Helden setzt. Da Elemente der Komik in Ac-

(C'ERA UNA VOLTA IL WEST; Spiel mir das Lied vom Tod; 1968; R: Sergio Leone) ikonische Western-Rollen verkörperten und ihre Karriere als Actionstars fortsetzten (DIRTY HARRY; DEATH WISH; Ein Mann sieht rot; 1974; R: Michael Winner). Das Setting im *Abenteuerfilm* entspricht zwar nicht dem urbanen Raum, in dem die

Brutale Gewaltorgien in RAMBO (2008)

tionfilmen zum Standardrepertoire gehören, überrascht die Nähe zur *Komödie* nicht. Die zahlreichen Actionkomödien (BEVERLY HILLS COP; 1984; R: Martin Brest) zeigen dies ebenso wie der Hang zahlreicher Actionfilme zur Selbstironie (LAST ACTION HERO; 1993; R: John McTiernan; TRUE LIES; 1994; R: James Cameron; THE EXPENDABLES; 2010; R: Sylvester Stallone). Nicht zuletzt schlägt der *Western* dadurch eine Brücke zum Actiongenre, dass Clint Eastwood als Star der TV-Serie *Rawhide* (Tausend Meilen Staub; USA 1959–1965) und in Sergio Leones Italo-Western (z. B. PER UN PUGNO DI DOLLARI; Für eine Handvoll Dollar; 1964) und Charles Bronson

Actionhelden meist agieren, doch gibt es zahlreiche Übereinstimmungen, was Figurenkonzepte, Erzählstrukturen und dramaturgische Effekte angeht.[11] Erwähnt werden muss zudem die *Comicverfilmung*, die freilich kein eigenes Genre darstellt und doch eine charakteristische Ähnlichkeit zu klassischen Actionfilmen aufweist: der Held, dessen körperliche Eigenschaften über das Normalmaß weit hinausgehen (THE DARK KNIGHT; 2008; R: Christopher Nolan). Beide teilen die Betonung der außergewöhnlichen Physis ihrer Hauptfiguren, was dem Actionfilm bisweilen den Spitznamen »Muskelmannfilm« einbrachte.[12] Nicht zuletzt folgt die

Erzählstruktur des Actionfilms in Teilen einem Nummernschema, was ihn in die Nähe des *Musicals* – und des *Pornofilms* – rückt.

These 3: Actionfilme sind ›Gewaltpornografie‹.

Dass ein Actionfilm ein verkappter ›Gewaltporno‹ sei, ist insbesondere über den jüngsten Teil der RAMBO-Serie (RAMBO; John Rambo; 2008; R: Sylvester Stallone) oft gesagt und geschrieben worden. Diesem Vergleich lohnt es sich nachzugehen. In einem Essay mit dem Titel *Wie erkennt man einen Pornofilm?* hat sich der Zeichentheoretiker und Romanautor Umberto Eco mit den Merkmalen des Pornos auseinandergesetzt. Eco nennt als entscheidendes Kriterium keineswegs die explizite Darstellung von Geschlechtsteilen, sondern die sogenannten ›toten Zeiten‹, womit er diejenigen Handlungsabschnitte beschreibt, in denen keinerlei Geschlechtsverkehr stattfindet:

»In pornographischen Filmen wimmelt es von Leuten, die in Autos steigen und Kilometer um Kilometer fahren, von Paaren, die eine unglaubliche Zeit damit verbringen, sich in Hotels an der Rezeption einzuschreiben [...]. Um es deutlich und derb zu sagen: Bevor man in pornographischen Filmen einen richtigen Fick zu sehen kriegt, muß man einen Werbespot des städtischen Verkehrsreferats über sich ergehen lassen.«[13]

Der Porno konstituiere sich nicht durch eine stringente und einsträngige Handlung, sondern eine akkumulative erotische Episodenstruktur. Die Sexszenen werden immer wieder von filmischem ›Füllmaterial‹ unterbrochen, das keinerlei handlungslogische Funktion habe, sondern vielmehr der mäßigenden Affektregulierung des Zuschauers diene:

»Ein Film, in dem Gilberto andauernd Gilberta vergewaltigt, von vorne, von hinten und von der Seite, wäre nicht zu ertragen. Weder physisch für die Akteure noch ökonomisch für den Produzenten. Und er wäre es auch nicht psychologisch für den Zuschauer. [...] Wenn die Protagonisten des Films länger brauchen, um sich von A nach B zu begeben, als man es sehen möchte, dann handelt es sich um einen Pornofilm.«[14]

Eco beschreibt hier das Nebeneinander von Filmelementen mit unterschiedlichen Funktionen: Während die einen Szenen dazu dienen, die Schaulust des Zuschauers zu befriedigen und seine Affekte zu erregen, so dienen die anderen Szenen der Affektreduzierung – und tragen nichts oder nur wenig zur Gestaltung der Narration bei. Die Kausalität der Ereignisse gerät in den Hintergrund, bis der Film schließlich entweder in der zweisamen Ekstase (Porno) oder der allumfassenden Explosion (Actionfilm) endet. Zwischen den lauten Explosionen (oder ebenso lauten Orgasmen) und affektiv aufregenden (oder anregenden)

Szenen braucht der Zuschauer auch Phasen der Entspannung.

Das Erzählen verläuft also nach einer sogenannten ›Nummernstruktur‹, wie es besonders im vornarrativen Kino der 1910er Jahre dominant war, sich aber in der Folge in Komödien, Musicals, Animationsfilmen, Experimentalfilmen und Pornofilmen erhalten hat.[15] In dieser Auflistung müsste der Actionfilm unbedingt ergänzt werden. Filme dieser Art stehen in einer »Entwicklungs- oder zumindest Analogielinie«[16] mit dem frühen ›Kino der Attraktionen‹. Mit diesem Begriff bezieht sich Tom Gunning auf die Frühgeschichte des Kinofilms, unterscheidet zwischen dem dort maßgeblichen ›Kino der Attraktionen‹ und dem bis heute dominanten ›Kino der Narration‹.[17] Ersteres bezieht seinen Reiz vor allem aus Schauwerten, die erzählte Geschichte tritt indessen in den Hintergrund.

Porno- und Actionfilme leben gleichermaßen von solchen Schauwerten, so etwa von der Körperlichkeit der jeweiligen Hauptdarsteller; sie bedienen sich bisweilen einer ähnlichen Ikonografie und beruhen gleichermaßen auf dem Prinzip der Erzeugung bestimmter Affekte (Lust bzw. Spannung) durch die Darstellung körperlicher Auseinandersetzung. Beide zeichnen sich durch ›tote Zeiten‹ aus. Und dennoch: So sehr der Actionfilm als ›Gewaltpornografie‹ daherkommt, so ist der Held doch in der Regel entsexualisiert.[18] Die Zurschaustellung seiner Körperlichkeit illustriert eben nicht unbedingt seine sexuelle Potenz, sondern häufig gerade seine Unabhängigkeit davon: Da er nicht sterben kann, braucht er sich auch nicht fortzupflanzen.

These 4: Der Actionfilm braucht *coole* Entspannungspausen.

Sex im Pornofilm entspricht der Gewalt im Actionfilm: Beides darf dem Zuschauer nicht unentwegt präsentiert werden, weshalb die Dynamik von Spannung und Entspannung unerlässlich ist. Arnold Schwarzenegger verdeutlicht in seiner Biografie *Total Recall*, welche Funktion Komik in diesem Zusammenhang hat. Komik entspreche den Bedürfnissen des Zuschauers, für den angesichts der permanenten Gewaltdarstellung humoristische Verschnaufpausen in die Handlung integriert werden müssen.[19] Humor als Pausenfüller bietet sich für ein *cooles* Genre wie den Actionfilm aber nur dann an, wenn er besonders *cool* daher kommt – was zum Beispiel bei Actionhelden wie John McClane aus DIE HARD der Fall ist. In seinem Humor zeigt sich seine strategische Überlegenheit in Situationen, wo diese nicht augenscheinlich ist. Besonders *cool* und abgeklärt wirkt die wortkarge Sprache der Helden, die sich prägnant in den sogenannten *onelinern* wie »make my day« (DIRTY HARRY) oder »yippee-ki-yay, motherfucker« (DIE HARD) zeigt. Die gelegentliche Geschwätzigkeit der Nebenfiguren bildet hierzu einen humoristischen Kontrast: Wer spricht, unterläuft seine eigene emotionale Unbewegtheit – seine *coolness*. Im Falle der *oneliner* lässt sich der Erfolg dieser *coolness*-Strategie belegen: Viele der *catchphrases* aus Actionfilmen der vergangenen Dekaden sind bis heute Bestandteil der Populärkultur geblieben.

These 5: Actionfilme brauchen Actionhelden.

Anders als viele andere Genres hat der Actionfilm eine starke Affinität zu spezifischen Helden und Schauspielern, die sich unter Einsatz ihrer Physis zu Actionhelden stilisieren – im Gegensatz zu Science-Fiction-, Horror- oder Liebesfilmen,

Horrorfilm, weil er die Körperlichkeit auf der Leinwand zur Schau stellt und die Affekte der Zuschauer zu bewegen versucht.[22] Der Actionheld braucht gewisse Attribute, die ihn auszeichnen. Dies sind natürlich in erster Linie seine körperlichen Merkmale, also seine Größe (Dolph Lundgren in RED SCORPION; 1989; R: Joseph Zito), sein Muskelumfang (Sylvester Stallone in DEMOLITION MAN) oder – denn in der Verwundung wird die Körperlichkeit am stärksten betont – seine klaffenden Wunden (Bruce Willis in DIE HARD). Zahlreiche Schauspieler haben sich derart in diesem Genre spezialisiert, dass sie hauptsächlich als Actionstars wahrgenommen werden: Sylvester

Der völlig zerschundene Clint Eastwood in THE GAUNTLET (1977)

die keine genrespezifische Starkultur in diesem Ausmaß ausgebildet haben: »Star power drives the genre.«[20] Der Actionfilm – und dies teilt er etwa mit dem Pornofilm – bedarf der ausgeprägten Körperlichkeit seiner Protagonisten:[21] Er ist ein *body genre* wie der Porno oder der

Stallone, Arnold Schwarzenegger, Bruce Willis, Dolph Lundgren, Steven Seagal, Vin Diesel, Jason Statham, Chuck Norris, Charles Bronson oder Jean-Claude van Damme. Wenn in dem Blockbuster THE EXPENDABLES fast all diese Stars zusammen auftreten und ihr symbolisches Actionhelden-Kapital in einen (schießpulvergeladenen) Topf werfen, dann haben die Filmemacher sicherlich erkannt, dass ein Actionfilm einen Actionhelden braucht; aber dieser Film zeigt auch: Ein sehr guter Actionfilm braucht sie nicht im Dutzend.

These 6: Actionhelden sind Einzelgänger

In der Regel sind Actionhelden Sonderlinge, die kein soziales Umfeld haben. Ihre Herkunft ist ungewiss (AMERICAN NINJA), sie leben allein (LETHAL WEAPON; 1987; R: Richard Donner) oder zumindest in Trennung (CON AIR; 1997; R: Simon West). Dieses Charakteristikum verbindet sie mit dem klassischen ›Westerner‹ und führt zur typischen Grundsituation vieler Actionfilme: Der wortkarge Held kämpft zwar in der Regel für die soziale Ordnung, gehört ihr aber nur selten an.

Actionhelden sind schwer zu integrieren und behalten in jeder Gruppe ihren Sonderstatus – oder übernehmen eine (legitime oder illegitime) Führungsrolle.

Der Bösewicht und sein Spiegelbild: Nicolas Cage und John Travolta in FACE/OFF (1997)

Wie exponiert die Figuren sind – und in welchem Maße sie für das Genre konstitutiv sind – zeigen allein die Filmtitel, die den Charakter des Actionhelden oft zum Aushängeschild machen: UNIVERSAL SOLDIER, THE TERMINATOR, ERASER (1996; R: Chuck Russell) oder THE PUNISHER (1989; R: Mark Goldblatt) etc. Der Protagonist in einem Actionfilm ist also mehr als ›nur‹ die Hauptfigur und damit ein ›Held‹ in einem sehr formalen Sinne, er ist ein Actionheld auch in einem ideologischen Sinne, weil sein Handeln vorbildhaft ist. Die Darstellung ›des Guten‹ braucht ebenso eine Personifikation in Form des Helden wie ›das Böse‹ eine Verkörperung in Form des Antagonisten braucht.

These 7: Actionhelden brauchen Schurken.

Starke Helden brauchen starke Schurken, an denen sie ihre herausragenden Fähigkeiten demonstrieren, von denen sie ihre eigenen (positiven) Werte abgrenzen und ihre außerordentliche Kampfkraft zur Anwendung bringen können. Der Schurke bezieht seine Kraft – im Gegensatz zum Helden – oft nicht ausschließlich aus sich selbst heraus, sondern bedarf einer Reihe von Helferfiguren, die zwar nicht an die Qualitäten des Helden heranreichen, seine Existenz aber gefährden. Der Schurke ist neben dem Helden – und dessen gefährdeten *love interest* – die wichtigste Figur, und seine Rolle wird gern prominent besetzt: John Malkovich in CON AIR oder John Travolta in FACE/OFF (Im Körper des Feindes; 1997; R: John Woo). Die Wertewelt eines Action-

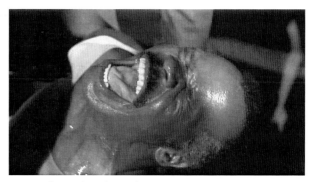

Danny Glover als Folteropfer in LETHAL WEAPON (1987)

films lässt sich meist auf das Gegeneinander dieser beiden Figuren reduzieren, weil sie die Pole der impliziten Werteskala anhand eines kontrastreichen Gut-Böse-Schemas verbildlichen. Oder wie Simon Phoenix (Wesley Snipes) zu John Spartan (Sylvester Stallone) in DEMOLITION MAN sagt: »This is between you and me!«

These 8: Helden leiden, aber sie sterben nicht.

Actionhelden stellen ihre Physis im Ertragen aller Leiden zur Schau. Insofern ist das sadistische Quälen des Helden ein Gemeinplatz des Genres. Wie O'Brien gezeigt hat, ist es ein Bestandteil der Action-Logik, dass der Held zunächst ein Unrecht erleidet.[23] Dieses Leiden wird entweder direkt durch die Schurken verursacht, beispielsweise durch Folter (LETHAL WEAPON, CASINO ROYALE) oder ist Folge der spezifischen Umstände, in die der Held hineingerät (DIE HARD, FIRST BLOOD). Das Ertragen der körperlichen

Schmerzen gehört zum Basisrepertoire von Actionhelden, mittels dessen die Filme zum einen demonstrieren, dass ihre Helden dem Schmerz eine starke Kraft entgegenstellen können.[24] Zum anderen rücken viele Filme den Helden in die Nähe von Märtyrer-Figuren: Sie zeigen Helden, die für ihre Überzeugungen und meist stellvertretend für andere unmenschliche Schmerzen erdulden. Das überdimensionierte Leiden schlägt gern in eine (alttestamentarische) Berserkerwut um, mit der die *revenge*-Phase eingeleitet wird (RAMBO: FIRST BLOOD PART II; Rambo II – Der Auftrag; 1985; R: George Pan Cosmatos). Dass dieses Leiden niemals zu ihrem Tod führt, macht die Actionhelden zu Superhelden.[25]

These 9: Actionfilme sind reaktionär.

Die Protagonisten in Actionfilmen haben in der Regel eine einfache Aufgabe – die sich oft schwierig gestaltet: Sie müssen die alte Ordnung wiederherstellen, was im Klartext heißt: die Familie, ihr Vaterland oder die Welt retten. Actionfilme folgen einem schlichten Muster, Konflikt und Konfliktlösung sind oft ähnlich. Es ist ein ethischer oder juristischer Normverstoß, der den Helden zwingt, darauf zu reagieren: Actionhelden *agieren* nicht, sondern *reagieren* auf Systemstörungen.[26] Der Konflikt ist eine Folge illegitimer Gewaltanwendungen und berechtigt den Protagonisten dazu, ebensolche Gewalt anzuwenden, um die alte Ordnung zu verteidigen: Feuer wird mit Feuer bekämpft.[27] Oder:»Der Held ist kein Kopf-, sondern ein Körpertäter.«[28] Daher beruht die Konfliktlösung gleichermaßen wie der Konflikt selbst auf der Anwendung von physischer Gewalt und endet idealerweise mit dem Tod des Kontrahenten, behelfsweise aber auch mit dessen Inhaftierung oder Vertreibung. Der Actionheld darf die Gesetze brechen, die er verteidigt. Vielen Figuren verleiht es eine gewisse Legitimität, dass sie Polizisten (DIRTY HARRY, DIE HARD), Soldaten (AMERICAN NINJA) oder Söldner (PREDATOR; 1987; R: John McTiernan) sind, wenngleich sie nicht immer im Rahmen dieser Rollen agieren. In der Regel sind sie dadurch besonders effektiv, dass ihre Möglichkeiten diejenigen des Systems, für das sie kämpfen, übersteigen. Sie fühlen sich als Cops oder Soldaten nicht an die institutionellen Regeln ihres Berufsstandes gebunden und sind oft als klassische Selbsthelfer konzipiert, die aus einem verinnerlichten Rechtsgefühl heraus bewusst gegen offizielle Regeln verstoßen.

Dass die Institutionen und ihre Instrumente bei der Bekämpfung existenzbedrohender Gewalttaten regelmäßig versagen, legitimiert das unkonventionelle Vorgehen des Helden.

Da die Ordnungsstörungen in der Regel ein Angriff gegen das System sind, werden oft aktuelle politische oder gesellschaftliche Feindbilder aktualisiert. Dies verleiht den Filmen bisweilen einen starken ideologischen Anstrich (MISSING IN ACTION; 1984; R: Joseph Zito; TOP GUN; INVASION U.S.A.; 1985; R: Joseph Zito). Da die neue Ordnung der alten nahezu entspricht – nur das störende Element ist beseitigt worden –, wird ein narrativer Kreislauf erzeugt, der immer wieder am Anfang endet – und ewig wiederholt werden kann: Actionhelden retten die Welt, aber sie verändern sie nicht. Und dies macht es sehr einfach, den einzelnen Actionfilm zur Actionfilm*serie* zu machen.

These 10: Actionfilme sind ein serielles Phänomen.

Die narrative Ordnung der Elemente eines Actionfilms ist – abgesehen vom Anfang (Konflikterzeugung) und Ende (Konfliktlösung) – relativ beliebig: Die Verfolgungs- und Kampfszenen sind zwar dem Prinzip der Steigerung unterworfen, so dass die finale *chase* die spektakulärste (THE DARK KNIGHT) und der finale *fight* der schwierigste (RAMBO III) sein müssen, aber davon abgesehen folgen die einzelnen Elemente keiner besonderen Dramaturgie und sind mehr oder weniger austauschbar.[29] Diese Struktureigenschaft gilt nicht nur für die Szenen innerhalb des einzelnen Films, sondern auch für die Filme selbst, die gern zum Serien-Produkt avancieren: AMERI-

gisst es diese Ernsthaftigkeit. Dann nimmt es sich selbst aufs Korn, belohnt den actionfilmkundigen Zuschauer mit einem Verweisspiel auf andere Filme und legt damit seine Spielregeln offen. Diese ironi-

Helden brechen die Gesetze, die sie verteidigen: Batman ›verhört‹ den Joker
(THE DARK KNIGHT, 2008)

CAN NINJA (5 Teile), DIRTY HARRY (5), DIE HARD (5), LETHAL WEAPON (4), RAMBO (4), TERMINATOR (4), MISSING IN ACTION (3), SPEED (2) etc. In Actionfilmen sind die Figuren so konstant wie die Wertesysteme: Am Filmende wird die anfängliche Ordnung wieder hergestellt, der Held ist wieder – mehr oder weniger – am Ausgangszustand. Diese Struktur ermöglicht Fortsetzungen nicht nur, sie erzwingt sie geradezu: »I'll be back«.

These 11: Der Actionfilm ist ein Meta-Actionfilm.

Das Genre nimmt sich selbst in seinen guten Momenten ausgesprochen ernst, in seinen besten Momenten allerdings ver-

sche Geste ist besonders offensichtlich in Stallones THE EXPENDABLES und dessen Nachfolger THE EXPENDABLES 2 (2012; R: Simon West). Man könnte das als Zeichen dafür halten, dass dieses Genre seinen alten Formen nichts Neues hinzuzufügen vermag und sich nun in Selbstbezüglichkeit und Ironie verliert. Aber diese Vermutung würde übersehen, dass der ironische Gestus dem Genre von Anfang an inhärent war: Filmzitate gehören zum festen Inventar der DIRTY HARRY-, DIE HARD- und auch der RAMBO-Filme. In DEMOLITION MAN, LAST ACTION HERO und TRUE LIES hat das Genre bereits demonstriert, welches Ausmaß an Selbstbezüglichkeit möglich ist. KINDERGARTEN COP (1990; R: Ivan Reitman) und HOME ALONE (Kevin – Allein zu

Haus; 1990; R: Chris Columbus) machen den Actionfilm kindertauglich und umfassen zugleich selbstironische Parodien seiner typischen Elemente. Der Actionfilm bietet sich für solche expliziten Spiele besonders gut an, weil seine Regeln einfach, seine Strukturen stabil und die Figuren stereotyp sind.

Stabilität ist für ein Genre auch immer eine Gefahr, weil die Handlung vorhersehbar, das Filmerlebnis langweilig zu werden droht. Dem kann ein Genre auf zweierlei Weise begegnen: durch Innovation oder Ironie. Der Actionfilm hat sich für beide Wege entschieden und verdankt dieser Wandlungsfähigkeit nicht zuletzt die Aufmerksamkeit, die wir ihm mit dem vorliegenden Buch widmen. ❑

Anmerkungen

1   Lexikon des Internationalen Films. http:// www.zweitausendeins.de/filmlexikon [17.2.2014].

2   »The term ›action-adventure‹ has been used [...] to pinpoint a number of obvious characteristics common to these genres and films: a propensity for spectacular physical action, a narrative structure involving fights, chases and explosions, and in addition to the deployment of state-of-the-art special effects, an emphasis in performance on athletic feats and stunts.« Steve Neale: Genre and Hollywood. London / New York 2000, S. 52.

3   In der angloamerikanischen Filmwissenschaft gibt es einige Auseinandersetzungen mit dem Genre; Yvonne Tasker: Spectacular Bodies. Gender, Genre and the Action Cinema. London / New York 1993; Susan Jeffords: Hard Bodies. Hollywood Masculinity in the Reagan Era. New Brunswick 1994; Yvonne Tasker (Hg.): Action and Adventure Cinema. London / New York 2004; Eric Lichtenfeld:

Action Speaks Louder. Violence, Spectacle, and the American Action Movie. Middletown 2007; Lisa Purse: Contemporary Action Cinema. Edinburgh 2011; Harvey O'Brien: Action Movies. The Cinema of Striking Back. London / New York 2012.

4   Ausnahmen bilden z. B. folgende Arbeiten: Susanne Rieser: ›Absolut action‹. Zur Politik des Spektakels. In: Film und Kritik 4 (1999), S. 5–20; Thomas Morsch: Die Macht der Bilder: Spektakularität und die Somatisierung des Blicks im Actionkino. In: Film und Kritik 4 (1999), S. 21–43; Daniel Kulle: Choreografien des Schmerzes. Actionfilm und die Grenzen der somathischen Empathie. In: montage/AV 21.2 (2012), S. 99–118; der Actionfilm ist weder in Reclams populärer Filmreihe *Filmgenres* vertreten, noch beachten neuere Sammelbände, die sich mit Genreanalysen befassen, den Actionfilm; vgl. etwa Markus Kuhn et. al (Hg.): Filmwissenschaftliche Genreanalyse. Eine Einführung. Berlin/Boston 2013; außerdem Jennifer Henke et al.: Hollywood Reloaded. Genrewandel und Medienerfahrung nach der Jahrtausendwende. Marburg 2013.

5   Vgl. Wolf Jahnke: Die 100 besten Action-Filme. München 1995; Steven Jay Schneider (Hg.): 101 Actionfilme, die Sie sehen sollten, bevor das Leben vorbei ist. Übers. v. Stefanie Kuballa-Cottone. Zürich 2012; Wolf Jahnke / Michael Scholten: Die 199 besten Action-Filme und -Serien. Marburg 2012.

6   Vgl. ebenda.

7   Vgl. den Beitrag von Dominik Orth im vorliegenden Band.

8   Kritisch demgegenüber Jörg Schweinitz: ›Genre‹ und lebendiges Genrebewußtsein. Geschichte eines Begriffs und Probleme seiner Konzeptualisierung in der Filmwissenschaft. In: montage/AV 3.2 (1994), S. 99–118, hier S. 107; Jose Arroyo: Introduction. In: ders. (Hg.): Action/spectacle cinema. A sight and sound reader. London 2000, S. VII–XIV; vgl. Neal 2000, S. 51.

9   Vgl. Purse 2011, S. 1; James M. Welsh: Action Films. The Serious, the Ironic, the Postmodern. In: Wheeler Winston Dixon (Hg.): Film Genre 2000. New Critical Essays. Albany

2000, S. 161–176, hier S. 170f.; Yvonne Tasker: Action. In: Hans-Otto Hügel (Hg.): Handbuch Populäre Kultur. Begriffe, Theorien und Diskussionen. Stuttgart/Weimar 2003, S. 98–102, hier S. 99; Lichtenfeld 2007, S. XVIII.

10 Einen Überblick der verschiedenen Spannungstypen liefert Daniela Langer: Literarische Spannung/en. Spannungsformen in erzählenden Texten und Möglichkeiten ihrer Analyse. In: Ingo Irsigler et al. (Hg.): Zwischen Text und Leser. Studien zu Begriff, Geschichte und Funktion literarischer Spannung. München 2008, S. 12–32.

11 »Der Abenteuerfilm ist eng verwandt mit dem Action-Film, manche halten sie sogar für identisch.« Hans J. Wulff: Einleitung: Grenzgängertum: Elemente und Dimensionen des Abenteuerfilms. In: ders. / Bodo Traber (Hg.): Filmgenres Abenteuerfilm. Stuttgart 2004, S. 9–30, hier S. 15.

12 Julia Bee: Folter und die Grenzen des Humanen. Zu einigen aktuellen und historischen Konfigurationen von Folter und Film. In: Karsten Altenhain et al. (Hg.): Die Wiederkehr der Folter? Interdisziplinäre Studien über eine extreme Form der Gewalt, ihre mediale Darstellung und ihre Ächtung. Göttingen 2013, S. 165–226, hier S. 208.

13 Umberto Eco: Wie man einen Pornofilm erkennt. In: ders.: Sämtliche Glossen und Parodien. Übers. v. Burkhart Kroeber / Günter Memmert. München 2002, S. 321–323, hier S. 322.

14 Ebenda, S. 323.

15 Vgl. Thomas Christen: Das Ende im Spielfilm. Vom klassischen Hollywood zu Antonionis offenen Formen. Marburg 2001, S. 48f.

16 Ebenda, S. 48.

17 Vgl. Tom Gunning: The Cinema of Attractions: Early Film, Its Spectator and the Avant-Garde. In: Wide Angle 8.3–4 (1986), S. 63–70.

18 Vgl. Hans J. Wulff: Held und Antiheld, Prot- und Antagonist. Zur Kommunikations- und Texttheorie eines komplizierten Begriffsfeldes. Ein enzyklopädischer Aufriss. In: Hans Krah / Claus-Michael Ort (Hg.): Weltentwürfe in Literatur und Medien. Phantastische Wirklichkeiten – realistische Imaginationen. Festschrift für Marianne Wünsch. Kiel 2002, S. 431–448, hier S. 439.

19 »Sometimes action movies are so intense you get numb. But when you break it up and put in some humour, it's so refreshing.« Insbesondere die *oneliners* sollen die Funktion haben, den Zuschauer nach einer actiongeladenen Szene wieder zu beruhigen (»to relax the viewer after an intense moment«); vgl. Arnold Schwarzenegger: Total Recall. My Unbelievably True Life Story. New York 2012, S. 338f.

20 Welsh 2000, S. 165.

21 Vgl. die Publikationen zum Actionfilm der 1980er Jahre: Tasker 1993; Jeffords 1994; Purse 2011.

22 Vgl. Linda Williams: Filmkörper. Gender, Genre und Exzess. In: montage/AV 18.2 (2009), S. 9–30, hier S. 12.

23 Vgl. O'Brien 2012.

24 Durch ihre außergewöhnliche Physis können die Actionhelden deutlich mehr Schmerzen ertragen als der ›durchschnittliche Held‹. Sie überleben auf eine geradezu übermenschliche Weise Explosionen und werden trotz ihrer ausgestellten physischen Präsenz in Schusswechseln meist von sämtlichen Kugeln verfehlt.

25 Vgl. Stefan Neuhaus: Allegorien der Macht. BATMAN (1989/1992) und SPIDER-MAN (2002). In: Oliver Jahraus / Stefan Neuhaus (Hg.): Der fantastische Film. Geschichte und Funktion in der Mediengesellschaft. Würzburg 2005, S. 111–128.

26 Vgl. O'Brien 2012.

27 »Gewalt stellt sowohl das zu überwindende Problem als auch das Mittel zu dessen narrativer Lösung dar.« Tasker 2003, S. 99.

28 Wulff 2002, S. 432.

29 ›Mehr oder weniger‹: Harvey O'Brien zeigt als charakteristische Struktur ein *survival-resistance-revenge*-Schema (2012, S. 14).

Dreckig währt am längsten

Selbstjustiz und Einsamkeit in den DIRTY HARRY-Filmen

Von Willem Strank

»Ein wahres Monstrum der siebziger Jahre«[1]

Es ist unmöglich, sich über DIRTY HARRY (1971; R: Don Siegel) zu äußern, ohne über die kontroverse Rezeptionsgeschichte des Films und seiner vier Fortsetzungen zu stolpern. Die mittlerweile fast mit dem Film verzahnten Vorwürfe, er sei eine »right-wing fantasy«,[2] sind nach wie vor allgegenwärtig in der Diskussion des Films. Andere sehen ihn als Restauration, als Abbildung der »Wiederauferstehung des Männerkörpers aus allen sexuellen, sozialen, kulturellen und technologischen Zerstörungen und Entwertungen«.[3] Man könnte ergänzen: als Actionfilm.

Dass die Ansichten einer Filmfigur nicht notwendigerweise den Ansichten des Regisseurs oder Darstellers entsprechen, ist in kontroversen ideologischen Debatten über Film zumeist irrelevant. Auch wenn neuere Thesen davon ausgehen, dass DIRTY HARRY die Tendenz besitzt, »as both reactionary propaganda and ironic self-subversion«[4] zu funktionieren, ist die Idee vom faschistischen Cop – womöglich auch als biografische Verlängerung von Clint Eastwoods außerfilmischer Star-Persona – zu unwiderstehlich für die meisten, um den Film ohne diese Prämisse zu begutachten. Es soll daher nicht die Rechtmäßigkeit der Vorwürfe und ebenso wenig der Verteidigungsversuche im Vordergrund stehen, sondern vielmehr um das gehen, was in den Filmen selbst zu finden ist – ohne die Ähnlichkeiten zwischen dem filmischen Scorpio-Killer und dem realen Zodiac-Killer (oder zwischen Harry Callahan und Dave Toschi) zu verfolgen,[5] ohne den in den Filmen omnipräsenten urbanen Verfall mit seinem realen Pendant in US-Städten der 1970er und 80er Jahre zu vergleichen. Stattdessen soll es um DIRTY HARRY als Beitrag, Vorläufer und Mitläufer des Actionkinos gehen: Beitrag, da er selbst Bestandteil des Actionkinos ist und die Reihe von Anfang an auch für ihre Actionsequenzen berühmt war; Vorläufer, da er aus Elementen anderer Filmtypen vom Western über den Polizeifilm bis hin zum *film noir* eine Blaupause des Actionfilms der 1980er Jahre destilliert; und Mitläufer, da spätestens ab dem vierten

Teil der Reihe, SUDDEN IMPACT (Dirty Harry IV – Dirty Harry kommt zurück; 1983; R: Clint Eastwood), auch der Einfluss des mittlerweile etablierten Actionfilms der 1980er Jahre deutlich sichtbar wird.

DIRTY HARRY

Die pulsierende, urbane Musik Lalo Schifrins setzt ein, und die ersten Bilder des Films sind zu sehen: ein Schwenk über eine Ehrentafel von Polizisten, die für das renommierte San Francisco Police Department, kurz SFPD, im Einsatz waren. Dann der Blick in eine Gewehrmündung; im Gegenschuss ist das Fadenkreuz eines Zielfernrohrs zu sehen. Womöglich handelt es sich hier um eine Hommage an den weitläufig bekannten James-Bond-Vorspann, der ebenfalls die Gegenüberstellung eines heimlichen Beobachters mit dem Blick in die Mündung einer Waffe inszeniert.[6] Im Falle von DIRTY HARRY ist jedoch nicht der Protagonist bei der Arbeit zu sehen, sondern der Killer Scorpio (Andrew Robinson), dessen Mordserie den Plot des Films bestimmen wird. Aus einiger Entfernung und von einem höher gelegenen Dach aus bringt er eine Frau im Swimmingpool zur Strecke und stiftet damit erstmals Unruhe im bürgerlichen Milieu der Stadt.

Damit werden die beiden ästhetischen Kernmotive des Films bereits in der ersten Szene miteinander vereint: eine vertikale Weltordnung, steile Frosch- und Vogelperspektiven einerseits und ein unentwegter Voyeurismus, ein Beobachten

und Verfolgen aus der Distanz andererseits. Als kurz darauf Officer ›Dirty‹ Harry Callahan (Clint Eastwood) am Tatort ankommt und Scorpios Versteck aufspürt, nimmt er damit die Perspektive des Killers ein – und wird vom Film als dessen Parallelfigur und Protagonist markiert.

Das Motiv des Voyeurismus wird vom Film immer wieder aufgegriffen – als private Ermittlungsmethode, heimliches Vergnügen oder sinistre Vorbereitung eines Verbrechens. Es verbindet Callahan mit Scorpio – während ersterer an den gängigen Polizeimethoden vorbei ermittelt, als würde er privaten und nicht staatlichen Interessen folgen, sucht sich letzterer seine Opfer heimlich, aus der Distanz, aus. Auch Scorpios zweiter Mordversuch wird partiell aus seiner Perspektive inszeniert, wieder ist das Fadenkreuz im Zielfernrohr zu sehen. Da die Polizei mittlerweile ihre eigenen Beobachtungsinstanzen aufgerüstet hat, wird er allerdings selbst entdeckt – von einem Polizeihubschrauber aus, dessen Piloten ihn zwingen, sein Vorhaben abzubrechen. Scorpio zieht seine Konsequenzen daraus und unternimmt seinen nächsten Mordversuch im Dunkeln. Auch diesmal wird der Beobachter jedoch beobachtet und der Mord kann vereitelt werden. Dafür liefern sich der Killer und die Ermittler ein Schussgefecht, in dessen Verlauf ein Polizist ums Leben kommt.

Harry Callahans Ermittlungsmethoden sind Scorpios Opferwahl nicht unähnlich. Bei einer nächtlichen Personensuche beobachtet er durch ein Fenster, wie sich ein sexueller Akt anbahnt. Einige Passanten ertappen ihn dabei und verprügeln den vermeintlichen ›Lustmolch‹. In der Folge richten sich Callahans Blicke vor allem auf Scorpio: Die Polizei stellt ihm eine Falle, auf die der Killer prompt hereinfällt. Callahan und sein Partner Chico Gonzales (Reni Santoni) können aus erhöhter Position beobachten, wie Scorpio sich auf den nächsten Mord vorbereitet.[7] Als Scorpio mangels vor Gericht zulässiger Beweise zwischenzeitlich wieder freigelassen wird, gibt Callahan die geheime Beschattung auf und folgt dem Killer nunmehr offen und gut sichtbar, wofür er sogar seine Freizeit opfert.

Die Kamera wiederum folgt beiden Beobachtern abwechselnd: Zumeist folgt die filmische Erzählung Harry Callahan, manchmal verweilt sie jedoch auch bei Scorpio. Nur selten spart sie Elemente der Handlung aus, am auffälligsten, als Harry Callahan ansetzt, den verwundeten Scorpio zu foltern, um das Versteck seiner Geisel zu erfahren: Die Kamera fährt aus dem Football-Stadion heraus und überlässt diese aggressivste Ausprägung von Callahans unkonventionellen Polizeimethoden der Fantasie des Zuschauers.

Das Beobachten ermöglicht dem Protwie dem Antagonisten, den Durchblick im urbanen ›Dschungel‹ zu behalten. Während der eine seine ›Beute‹ aus erhöhten Positionen besser aussuchen kann, gelingt es dem anderen, aus der noch höheren Position die Straftaten zu vereiteln. Im Film stehen dafür die zahlreichen stark vertikalen Perspektiven, die

immer wieder die Skyline von San Francisco als bedeutungstragenden Raum inszenieren.[8] Hoch über den Dächern der Stadt findet in DIRTY HARRY der eigentliche Kampf um Frieden und Sicherheit in San Francisco statt; der Ermittler muss sich in dieser vertikalen Welt mindestens ebenso gut zurechtfinden wie die personifizierte Bedrohung Scorpio.

Am deutlichsten wird dies in einer Szene, die mit dem Hauptplot des Films wenig zu tun hat: Harry Callahan wird herbeigerufen, als ein Mann vom Dach eines Hochhauses zu springen droht. Er lässt sich mithilfe einer Hebebühne vom hell ausgeleuchteten Boden in das Halbdunkel des Daches befördern. Statt den Mann zu beruhigen, provoziert Callahan ihn und macht sich über ihn lustig, schlägt den Mann zuletzt gar nieder, um ihn sicher wieder nach unten zu befördern, was von der schaulustigen Bevölkerung mit Schrecken aufgenommen wird. Die Höhen von San Francisco sind auch eine moralische Grauzone, was in dieser Szene durch eine im *film noir* übliche Licht-Dunkel-Opposition untermalt ist. Im Showdown des Films entführt Scorpio einen Schulbus und wird auch hier von Callahan durch eine vertikale Überschreitung herausgefordert, indem der Polizist von einer Brücke aus auf das Dach des Busses springt und ihn zum Anhalten zwingt.

Vertikale und Voyeurismus finden ihre Vereinigung in den Hubschrauberflügen, die einen Überblick über die gesamte Stadt ermöglichen und immer wieder in der Kadrierung der bekannten Brücken darauf hinweisen, dass DIRTY HARRY im fiktionalisierten San Francisco spielt.[9] Hubschrauberkameras gehören zum festen Stilinventar der Serie und werden auch in den Fortsetzungen häufig eingesetzt, erstarren dort jedoch meistens zur rein ästhetischen Spielerei.

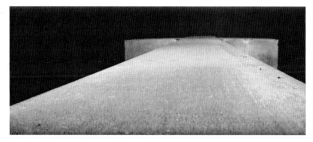

Die erwähnte Fähigkeit Harry Callahans, sich auch im inszenatorisch betonten ›Zwielicht‹ zurechtzufinden, über die legalen

Frosch- und Vogelperspektive in DIRTY HARRY

Polizeimethoden hinaus zu ermitteln und einem moralischen Interesse an Gerechtigkeit zu folgen, isoliert ihn im Polizeiapparat San Franciscos und markiert ihn als ungeliebten Einzelkämpfer. Bereits in seiner zweiten Szene verhält er sich respektlos gegenüber dem Bürgermeister – in den USA der oberste Befehlshaber der städtischen Polizei –, formuliert seine Abneigung gegenüber der lähmenden Bürokratie des Systems und verteidigt seine ›Erstschlag-Praxis‹, die ihn befähigt, ein Verbrechen zu verhindern und nicht bloß den für schuldig befundenen Verbrecher dem Justizsystem zu übergeben. Die erste Actionsequenz des Films untermalt diese Haltung und etabliert Callahans Zielsicherheit und Souveränität. Es beginnt beim Mittagessen: Callahan hat beobachtet, dass ein

Ford mit laufendem Motor vor der gegenüberliegenden Bank steht und lässt den Besitzer des Hotdog-Ladens für ihn Verstärkung anfordern. Die Alarmglocke schrillt jedoch zu früh und der Polizist wird beim Essen gestört. Noch kauend und langsamen Schrittes, fast unvorsichtig, geht er auf den Ort des Verbrechens zu und erschießt die Gangster der Reihe nach. Dass er angeschossen wird, quittiert er nur mit einem ärgerlichen Blick auf seine blutverschmierte Hose, was seine außergewöhnliche Physis zusätzlich betont. Als der letzte überlebende Gangster nach seiner Waffe greift, bringt ihn Callahan mit einem mittlerweile berühmt gewordenen Monolog davon ab:

»I know what you're thinking: ›Did he fire six shots or five?‹ Well, to tell you the truth: In all this excitement I've kind of lost track myself. But being this is a .44 magnum, the most powerful handgun in the world, and will blow your head clean off, you gotta ask yourself: ›Do I feel lucky?‹ Well, do you, punk?«

Dies erweist sich als Täuschung: Callahan weiß, dass er bereits sechs Kugeln abgefeuert hat und dem Gangster mit seiner Pistole nicht mehr gefährlich werden kann. Am Ende des Films wird der Monolog mit minimalen Veränderungen wiederholt, als Callahan schließlich die Waffe auf Scorpio richtet. Diesmal ist es jedoch anders: Scorpio greift an und die Waffe ist geladen – er überlebt das Duell nicht.

Callahan bindet sich weder an die Regeln der Polizei noch an ihre Arbeitsbedingungen: Er macht Überstunden, die er nicht einzureichen gedenkt, ist sich für keine Aufgabe zu schade und nimmt die Schuld an einer missglückten Geldübergabe auf sich, um seinen Partner zu schützen. Diesen hatte er zu Beginn noch abgelehnt – eine Routine, die sich in der Filmreihe mehrfach wiederholt –, da er am liebsten allein arbeitet und seine Partner mangels Callahan'scher Unverwundbarkeit reihenweise im Krankenhaus landen.

Harry Callahans Methoden und Überzeugungen sind, so wird mehrfach suggeriert, aus einer anderen Zeit, gewissermaßen alttestamentarisch: Auge um Auge, Zahn um Zahn. Seinen Vorgesetzten widert es an, dass er sich als Polizist mit solch archaischen Waffen wie Messern auskennt, und seine altertümlichen Methoden führen dazu, dass er sich nach geltendem Recht des Hausfriedensbruchs, der Körperverletzung und der Verweigerung medizinischer Hilfeleistung schuldig macht. Er geht sogar so weit, den Verdächtigen zu foltern, um an Informationen zu gelangen. Als der District Attorney ihn darauf hinweist, dass aufgrund seiner Methoden Scorpio jeden Prozess gegen die Staatsanwaltschaft problemlos gewinnen würde, reagiert er mit Unverständnis:»The law is crazy.« Callahan ist das Relikt einer auf Selbstjustiz basierenden Gesellschaft – und schließlich ist es Selbstjustiz, die ihn ans Ziel bringt. Während der Bürgermeister Scorpio angesichts der Schulbus-Entführung entkommen lassen möchte, ergreift Harry Callahan die Initiative, befreit die Kinder eigenhändig und tötet nach einem längeren Schusswechsel den Antagonisten. Nach kurzem Überlegen schleudert er seine Polizeimarke ins Wasser und quittiert damit bis auf weiteres den Dienst für ein System, dessen Werte er nicht mehr versteht und dessen Effektivität er in Zweifel zieht. Im klassischen *film noir* wurde dem unfähigen Polizeiapparat häufig ein privater (manchmal unfreiwilliger) Ermittler entgegengestellt, der Zugriff auf die Unterwelt hatte und somit befähigt war, das Versagen des Systems punktuell auszugleichen. In Don Siegels Film, der in einigen Momenten auf den *film noir* verweist, befindet sich diese Figur innerhalb des Polizeiapparats und vertritt veraltete Werte. Auch in späteren Actionfilmen wird das Versagen des Systems häufig durch die individuelle, aber illegale Kompetenz der Hauptfigur ausgeglichen.[10] Selbstjustiz ist im Werk von Clint Eastwood eminent wichtig und vielleicht das zentrale Thema seiner Regiearbeiten bis zum heutigen Tag.[11] Don Siegel stellt in DIRTY HARRY die Methoden des Protagonisten zumindest als effektiv dar und etabliert sie damit als Alternative in Zeiten des urbanen Verfalls.[12]

Dass Callahans Methoden wieder funktionieren können, ist in DIRTY HARRY vor allem ein Symptom dieses Niedergangs der Städte, der die filmische Welt wie ein roter Faden durchzieht. Die eigentliche Bedrohung ist nicht Scorpio, sondern das, was er repräsentiert: eine Kriminalisierung vormals sicherer US-Großstädte, auf welche die Polizei nicht vorbereitet ist. Auch abseits des Scorpio-Falls wird dies immer wieder thematisiert: in der Notwendigkeit eines illegalen christlichen Krankenhauses für diejenigen ohne Versicherung; durch bemalte Wände, die der Slogan »Down with pigs« ziert; durch die Kleinganoven, die sich in einem Straßentunnel eingenistet haben und dort dem vermeintlichen Passanten Callahan auflauern.[13] Und nicht nur die Polizei versagt, sondern das gesamte System. Der Justiz sind zumeist die Hände gebunden, und als sich Callahan und Gonzales vor einem großen Neonschild mit der Aufschrift »Jesus Saves« verschanzen, kön-

nen sie nicht verhindern, dass Scorpio es mit symbolträchtiger Ironie zerstört.

In Zeiten des urbanen Verfalls muss man ›dirty‹ spielen, um effektiv zu sein, soviel hat die Hauptfigur verstanden. Für die Herkunft des Spitznamen bietet der Film indessen mehrere Erklärungsmöglichkeiten an. Als Chico Gonzales Calla-

»Harry hates everybody.«

hans ehemaligen Partner DeGeorgio fragt, antwortet dieser nur: »Harry hates everybody«, und schiebt eine rassistische Tirade nach, die durchaus ironisch zu lesen ist. Später bezieht Gonzales den Namen auf Callahans offensichtlichen Hang zum Voyeurismus; Callahan selbst bezieht es darauf, dass er jeden dreckigen Job annehme, der zu machen sei.

Die spärlich gesäten Actionsequenzen verdeutlichen jedenfalls ›Dirty‹ Harrys Skrupellosigkeit ebenso wie seine Effektivität: Drei Schusswechsel – einer beim Banküberfall und zwei mit Scorpio – stellen die Momente dar, die DIRTY HARRY als Actionkino lesbar machen. Nur ein einziges Mal wird Callahan seiner Souveränität beraubt: als er von Scorpio zum passiven »bag man« degradiert von Telefon zu Telefon gehetzt wird, um eventuelle Verfolger abzuschütteln. Scorpio führt ihn schließlich zu einem überdimensionierten Kreuz in einem Park, an dem er die Tasche an sich nimmt und Callahan zu töten gedenkt. Seiner polizeilichen Insignien und seiner Handlungsfreiheit beraubt, gelingt es Callahan nur durch den Griff zum ›archaischen‹ Messer, Scorpio zu verwunden und zu vertreiben.

Der finale Showdown findet in einer von Holz und Sand geprägten Umgebung und im Innern eines Steinbruchs statt. Farblich nähert sich die Sequenz damit dem Western an und auch die Art des Schusswechsels erinnert an das Genre, in dem Eastwood berühmt geworden ist. Dass der Vergleich nicht weit hergeholt ist, belegt ein Satz aus dem Film THE SEARCHERS (Der schwarze Falke; 1956; R: John Ford), der hier Callahan in den Mund gelegt wird. Als sein Vorgesetzter ihm nahelegt, Überstunden einzureichen, erwidert jener nur lakonisch: »That'll be the day.« Dieser *one-liner* ging untrennbar mit John Wayne verbunden in die Filmgeschichte ein und referiert damit auf einen der wichtigsten Western-Beiträge zum Thema Selbstjustiz. Der Showdown und die soziale Einsamkeit des oftmals physisch überlegenen Protagonisten legen die Deutung nahe, dass DIRTY HARRY zumindest partiell auch ein urbaner Western ist. Und auch hier zeigt sich die Widersprüchlichkeit des Films: Das Finale zitiert Fred Zinnemanns Anti-Western HIGH NOON (Zwölf Uhr mittags; 1952), der nicht nur von John Wayne selbst als dessen Antithese gelesen wur-

de.[14] In der Vermählung von Western und Polizeifilm gehen Don Siegel und Clint Eastwood in DIRTY HARRY noch einen Schritt weiter als in COOGAN'S BLUFF (1968; R: Don Siegel), indem die pessimistische, systemkritische Weltsicht des *film noir* eine wesentliche Rolle spielt.

MAGNUM FORCE

MAGNUM FORCE (Calahan [sic!]; 1973; R: Ted Post) kann in vielerlei Hinsicht als eine Reaktion auf die Rezeption von DIRTY HARRY und gleichsam als eine Fortführung der Diskussion von urbanem Verfall und Selbstjustiz gelesen werden. Bereits im Titel des Films werden zwei zentrale Themen vorweggenommen, da er einerseits auf die von Callahan bevorzugte Magnum-Pistole verweist und ihre Kraft (›force‹) hervorhebt, andererseits auf eine mit Magnum-Pistolen bewaffnete Polizeieinheit (›police force‹), die in MAGNUM FORCE die Antagonistengruppe darstellt.

Der Täter scheint zunächst wieder eine Parallelfigur zu Harry Callahan zu sein: Verkleidet als Verkehrspolizist begeht er Morde an Kriminellen und sucht damit die Unzulänglichkeiten des Justizsystems auszugleichen. Nach und nach wird jedoch klar, dass es sich nicht um einen Einzeltäter handelt und die Polizeiuniform keine Verkleidung im zunächst angenommenen Sinne darstellt: Eine Gruppe junger Polizisten hat sich zum Ziel gesetzt, durch eine neue Form der ›Polizeiarbeit‹, die Morde im Namen des Gesetzes einschließt, dem Niedergang der Städte entgegenzuwirken und San Francisco wieder sicher zu machen. Anders formuliert: Ihre Antwort auf Callahans Frage, wie zeitgenössische Polizeiarbeit effektiv sein kann, stellt eine Radikalisierung und Institutionalisierung seiner Idee der Selbstjustiz dar. Am Ende des Films wird deutlich, dass sogar der ranghöhere Lieutenant in das Komplott eingeweiht gewesen ist und gehofft hat, Harry aufgrund seiner reaktionären Gesinnung rekrutieren zu können. Dies misslingt jedoch, und der letzte Abschnitt des Films ist ausgiebigen Diskussionen gewidmet, wo Callahans Grenzen liegen.

Dass DIRTY HARRY die Propagierung reaktionärer Ideale vorgeworfen wurde, ist MAGNUM FORCE überdeutlich anzumerken.[15] Themen wie Rassismus, Homophobie werden von der Hauptfigur thematisiert und mit dem Verweis auf die größere Bedeutung polizeilicher Kompetenz klar zurückgewiesen. Auch der Selbstjustiz-Diskurs des ersten Teils wird aufgegriffen und partiell zurückgenommen: Callahan zeigt sich angesichts ihn nachahmender Täter weniger radikal als zuvor. Große Teile dieses Diskurses werden mit der Waffe verknüpft: Schon zu Beginn wird Callahan untrennbar mit seiner Magnum korreliert und wie ein etablierter Serienheld eingeführt. Und auch die Angehörigen der sogenannten ›death squad‹ können sehr gut schießen, was Callahan bei einem ballistischen Kräftemessen in der polizeilichen Schießanlage bemerkt. Die Waffe verbindet den Protagonisten mit seinen Gegenspielern und setzt beide

von dem bürokratischen Lieutenant ab, der laut eigener Aussage noch nie eine Waffe gebraucht hat. Und es ist eine ballistische Analyse, durch welche Callahan feststellt, dass zumindest einer der Täter ein junger Polizist ist.

In einem Schießwettkampf, bei dem Callahan traditionellerweise als Altstar gefeiert wird, kommt es zum knappen Duell zwischen ihm und dem verdächtigen Polizisten. Der Wettkampf thematisiert selbstreflexiv den reihen- und genretypischen Showdown und nimmt symbolträchtig das Ende vorweg. Die Spielregeln besagen, dass man so schnell wie möglich einen Parcours absolvieren muss, auf dem ›freundliche‹ und ›feindliche‹ Pappfiguren auftauchen. Es dürfen nur die feindlichen erschossen werden – Callahan erschießt jedoch am Ende ebenfalls einen ›Polizisten‹. Dies untermalt Callahans Credo: Die Waffe allein ist nicht entscheidend, sondern ihr moralischer Gebrauch: »There's nothing wrong with shooting as long as the right people get shot.« Systemerhalter und -zerstörer sehen einander in MAGNUM FORCE zum Verwechseln ähnlich und werden nur durch ihr Handeln identifizierbar: Der Film spielt permanent mit ›guten‹ und ›bösen‹ Cops. Ein weiteres Beispiel: Als der Gangster Palancio verhaftet werden soll, rückt die SFPD mit einem großen Aufgebot an. Palancio erhält einen anonymen Tipp, dass sie überfallen würden – von Männern, die als Cops posierten. Die Gangster glauben, dass es keine richtigen Cops sind – auch, da Callahan sich an die Hintertür anschleicht und damit dem zeichenhaften Anklopfen zuwiderhandelt – und eröffnen das Feuer. Weder die Uniform noch die Waffe – und nicht einmal das Abzeichen – machen in MAGNUM FORCE einen ›Cop‹ aus, da das System mittlerweile von innen ausgehöhlt worden ist.

Dass auch die Formierung und Ausbildung der ›death squad‹ eine Reaktion auf den urbanen Verfall ist, wird bereits in einer Szene zu Beginn des Films deutlich: Ein verhasster – und offensichtlich schuldiger – Gangster wird freigelassen, das Justizsystem versagt. Dies sorgt für Demonstrationen auf den Straßen, welche die Notwendigkeit der ›death squad‹ zu belegen scheinen. Ihre Mitglieder verstehen sich als die manifestierte Möglichkeit, die Unzulänglichkeiten des Systems auszugleichen: »We're the first generation that's learned to fight.« Harry

Callahan, dem diese Denkweise, wie auch von seinem Partner scherzhaft suggeriert wird, eigentlich gefallen müsste, reagiert mit Unverständnis auf den Anwerbungsversuch der ›death squad‹: »I'm afraid you've misjudged me.« Kritiker, die den ersten Film als reaktionären Aufruf gelesen haben, mögen dies als direkte Replik verstehen.[16]

Harry Callahan war symbolisch das Vorbild für eine neue Polizeiidee, die in MAGNUM FORCE von jungen Cops verkörpert wird. Als er sieht, was sein Handeln hervorgebracht hat, ist er jedoch in dieser Radikalität entschieden dagegen: Die Figur ›Dirty‹ Harry wirkt durch die Gegenüberstellung mit einer noch radikaleren und reaktionäreren Version seiner Grundsätze deutlich moderater als noch im ersten Teil. Er richtet sich zwar gegen das System, aber erst recht gegen die Systematisierung seiner Reaktion auf das System. Harry Callahan versteht sich als Herausforderung des Systems, nicht als Aufruf zur Revolution: »I hate the system but until someone comes along with some changes that make sense, I'll stick with it.«

Nach dem langen Showdown, in dem Callahan den übrigen Mitgliedern der ›death squad‹ und schließlich dem Lieutenant das Handwerk legt

Die Polizisten als Täter – die ›death squad‹ und der symbolische Showdown in MAGNUM FORCE

und damit das System wieder seiner revolutionären Vertreter beraubt, wird der mehrfach wiederkehrende *oneliner* des Films als Nachsatz auf die Idee lesbar: Harry Callahan ist eine reaktionäre, sich als Korrektiv des bisweilen handlungsunfähigen Systems verstehende Figur und keine nachahmenswerte Idee – »Man's got to know his limitations.«

THE ENFORCER

Im dritten Teil der DIRTY HARRY-Reihe, THE ENFORCER (Dirty Harry III – Der Unerbittliche; 1976; R: James Fargo), wird aus dem im Untergrund schwelenden urbanen Verfall der ersten beiden Teile ein ausgewachsener Straßenkrieg, der als solcher inszeniert und thematisiert wird. Clint Eastwood greift dieses Thema in seinem eigenen Film THE GAUNTLET (Der Mann, der niemals aufgibt; 1977) wenig später wieder auf – allerdings unter anderem Vorzeichen, da der unzerstörbare Actionheld dort gegen das ›Heer‹ der korrupten Polizei antreten muss. Auch in THE ENFORCER entzweit sich der Protagonist scheinbar endgültig mit dem System und verfolgt nach seiner Suspendierung nach gut der Hälfte des Films eine persönliche Vendetta, um seinen toten Partner zu rächen. Dieser stirbt während eines Überfalls der Revolutionary Strike Force (RSF), einer politischen Splittergruppe, die mithilfe schwerer Waffen und terroristischer Anschläge in San Francisco den Ausnahmezustand heraufbeschwören will. Callahan kämpft

zunächst auf der Seite des Systems und später auf eigene Faust, immer aber in eigener Sache gegen ein aufkommendes, revolutionäres Alternativsystem, das sich in kriegsähnlichen Zuständen in den USA formiert. Erneut handelt Callahan aus individuellen Beweggründen und nicht aus beruflichen. Als die Polizei später auf ihn zutritt, da seine Ermittlungen weiter fortgeschritten sind als ihre eigenen, verweigert er folgerichtig die Zusammenarbeit. Seine neue Partnerin Kate Moore (Tyne Daly) steht ihm dabei jedoch weiterhin zur Seite.

Zu Beginn wird Kate Moore als Witzfigur inszeniert. Die Polizei stellt sie anscheinend nur aufgrund ihres Geschlechts ein, um das Dezernat dem »mainstream of 20th century's thought« anzupassen. ›Neandertaler‹ wie Callahan sollen durch Frauen und Andersdenkende ersetzt werden, was dem alteingesessenen Cop von Beginn an aufstößt. Während er sich in MAGNUM FORCE noch beschwert, dass junge Polizisten keine Erfahrung mehr sammeln können, weil sie nicht an Einsätzen teilnehmen dürfen, bemängelt er hier die fehlende Erfahrung der jungen Polizisten. Das Verhältnis verschlechtert sich, als Kate Moore Callahans Partnerin wird. Anfangs muss er sie retten und empfindet sie als lästigen ›Klotz am Bein‹ – ein typisches Motiv aus zahlreichen Clint-Eastwood-Filmen und Actionfilmen überhaupt.[17] Bei der ersten Verfolgungsjagd degradiert die filmische Inszenierung Kate Moore geradewegs zur Witzfigur, da sie permanent einen Schritt langsamer ist und schließlich zu spät zum Geschehen kommt. Kurz darauf lässt er sie bei Ermittlungen mit einer Gruppe Afroamerikaner zurück, die ihm doppeldeutig versprechen, sie würden sich schon um sie kümmern. Die junge Frau kann sich nicht allein gegen die als lüstern dargestellte Meute behaupten und muss von Callahan gerettet werden – eine Szene, deren inhärenter Machismus schwer zu überbieten ist.[18]

Schließlich gewinnt Moore den ›Neandertaler‹ selbst mit sexuellen Anspielungen für sich, spricht von einem phallischen Turm und der Penetration durch große Waffen, was zu einer Verabredung auf ein Bier führt. Da sie jetzt seine Sprache gelernt hat, wird sie als seine Partnerin akzeptiert und bis zum Ende in seine Ermittlungen einbezogen, als Callahan schon längst mit dem Rest der Polizei gebrochen hat.

Die Bezeichnung als ›Neandertaler‹ bezieht sich derweil nicht nur auf Callahans ausgestellten Sexismus und seine Angst vor Neuerungen. Vielmehr repräsentiert er auch in THE ENFORCER ein überkommenes, machistisches Ermittlerideal, das im Polizeidezernat der 1970er Jahre nichts mehr verloren hat. Sein Vorgesetzter bezeichnet ihn anfangs als »wild-west show«, was aufgrund der Western-Elemente der DIRTY HARRY-Reihe und der schauspielerischen Vergangenheit ihres Hauptdarstellers gleich mehrere selbstreflexive Aspekte aufwirft. Anders gesagt: Das Denken des Westernfilms hat im modernen Polizeifilm nichts verloren und transformiert ihn daher in den körperbetonten Actionfilm der 1970er und 80er Jahre.

Das Hauptaugenmerk der Handlung gilt jedoch der Ausweitung der urbanen Konflikte zu einem potenziell revolutionären Straßenkrieg. Erstmals wird dies von Harrys sterbendem Partner betont, der am Krankenbett die Einsicht formuliert: »It's a war, isn't it? I guess I never really understood that.« Kurz darauf kommt heraus, dass die Gruppe Revolutionary Strike Force sogenannte ›L. A. W. S. Rockets‹ besitzt, die sie allein aus Gründen der Bewaffnung in den Rang einer militärischen Formation heben. Und der Krieg wird explizit dem herrschenden System erklärt: Eine Bombe explodiert im Polizeirevier, der filmischen Schaltzentrale der Gesetzesvollstreckung. Callahan arbeitet in der Folge gegen das revolutionäre Alternativsystem, ohne für das bestehende System einzustehen (»I'm not doing it for them«). Er erklärt der Revolutionary Strike Force aus privaten Gründen den Krieg und tritt als actionfilmische Ein-Mann-Armee gegen die gesamte Formation an. Das System selbst hingegen erkennt den Krieg nicht als solchen an und ist auf kurzfristige, vermarktbare Erfolge aus: Wider besseres Wissen wird das Versteck eines offenkundig nicht involvierten Gangsterbosses umstellt wie bei einer kriegerischen Belagerung. Callahan und Moore sollen daraufhin als Medienstars fungieren, was zum endgültigen Bruch mit dem Dezernat führt.

Der Bürgermeister als »prisoner of war« in THE ENFORCER

Erst als der Bürgermeister entführt wird, erkennen auch die Befehlshaber des SFPD an, dass sie es mit einem hochorganisierten Gegner zu tun haben. Die Entführung selbst wird keinesfalls nach den gängigen Konventionen inszeniert, sondern stellt eine weitere Kriegsszene dar: Die RSF rückt mit einer Bazooka und hochmodernen Waffen an, über die ihre Mitglieder selbst staunen (»Man, this looks like something from a James Bond movie!«).[19] Die folgende Botschaft der Entführer entspricht dieser Inszenierung sowie ihrem Selbstverständnis – der Bürgermeister sei jetzt ein Kriegsgefangener.

Wie im ersten Teil der Reihe ist die beste Idee der Repräsentanten des Systems, einfach das Lösegeld der revolutionären Armee zu bezahlen. Da Callahan der Polizei jedoch einen Schritt voraus ist, kommt es bereits zuvor zum illustren Showdown auf Alcatraz. Im Verlauf dieses bis hierhin opulentesten Showdowns der Reihe, der aus Verfolgungsjagden, Schusswechseln und Explosionen besteht, klettert der Anführer der RSF auf den berühmten Leuchtturm von Alcatraz und wird dort von Callahan mit einer Bazooka erschossen. Damit hat Callahan quasi nebenbei das Leben des Bürgermeisters gerettet, der ihn mit Belohnungen überhäufen will – davon will der Ex-Polizist jedoch nichts wissen und kümmert sich stattdessen um seine sterbende Partnerin Kate Moore.

In der letzten Wendung des Films kommt der Captain des SFPD mit einem Hubschrauber und dem Lösegeld in Alcatraz an – deutlich zu spät. Dies versinnbildlicht nochmals das Versagen der Polizei im Angesicht von Krisensituationen und illustriert, warum Callahan am Ende des dritten Teils seinen Beruf erneut aufgegeben hat.

SUDDEN IMPACT

SUDDEN IMPACT ist – zumindest offiziell[20] – der erste DIRTY HARRY-Film, der vom Hauptdarsteller Clint Eastwood selbst verantwortet wurde. Dies zeigt sich in einer stärkeren Durchstrukturierung nach dramaturgischen Prinzipien, einer deutlichen Erweiterung der Hauptfigur um soziale Aspekte und wiederum einer Replik auf kontroverse Momente des Vorgängerfilms – in diesem Fall auf Callahans Sexismus. Wieder wird eine Parallelfigur zu Callahan aufgebaut, die diesmal jedoch weiblich ist: Jennifer Spencer – gespielt von Eastwoods damaliger Lebensgefährtin und häufiger Filmpartnerin Sondra Locke – befindet sich auf einem Rachefeldzug, in dessen Verlauf sie ihre Vergewaltiger umbringt. Callahan, der auch ein romantisches Interesse an ihr entwickelt, findet am Ende heraus, dass sie die gesuchte Serientäterin ist, lässt sie jedoch laufen, da er ihre Form der Selbstjustiz respektiert und für gerechtfertigt hält.

SUDDEN IMPACT spielt erstmals nicht nur in San Francisco, sondern verlegt die Handlung mittendrin in den deutlich kleineren Ort San Paulo, in den Callahan nach dem obligatorischen Zerwürfnis mit seinen Vorgesetzten strafversetzt wird. Damit bewegt der Polizist sich ohne sein Wissen parallel zu seiner Antagonistin Jennifer, die ihren ersten Mord in San Francisco begeht, den Rest der Mordserie jedoch in San Paulo verübt – dem Ort, an dem ihre Vergewaltigung stattgefunden hat. Die Parallelen gehen jedoch noch weiter: Auch Jennifers Schwester wurde vergewaltigt, so dass Jennifer – ähnlich wie Callahan in THE ENFORCER – die Rache nicht nur für sich selbst verübt. Jene ist seit dem traumatischen Erlebnis paralysiert und nicht mehr ansprechbar, ebenso wie der Sohn des Polizeichefs von San Paulo, der wiederum einer der Täter gewesen ist und seine Schuld nicht hat ertragen können.

Für ihren Rachefeldzug vertraut Jennifer auf eine Waffe, mit der sie – eine Kastration andeutend – zunächst den Opfern in den Unterleib schießt, bevor die Exekution mit einem Kopfschuss erfolgt.[21] Die Ausnahme bildet die einzige weibliche Täterin Ray Parkins (Audrie J. Neenan), der Jennifer Spencer zuerst in die Brust, dann in den Kopf schießt, was die sexuelle Konnotation der übrigen ›Kastrationen‹ nur umso stärker hervorhebt. Bereits beim ersten Mord wird dies deutlich: Jennifer nimmt die Rolle einer *femme fatale* an und verführt ihr erstes Opfer an einem romantischen Ort mit Blick auf die Golden Gate Bridge. Die Inszenierung suggeriert dabei zunächst, dass die (noch unbekannte) Frau das Mordopfer ist, da zunächst eine Waffe nicht zündet und dann zwei Schüsse zu hören sind. Die nicht zündende Waffe erweist sich als diejenige des Mannes und verweist auf dessen Impotenz angesichts der Rächerin. Feuerwaffen und deren Gebrauch werden somit von der ersten Szene an sexuell konnotiert, was am Ende des Films auch auf die Rache an sich ausgeweitet wird, indem der letzte verbliebene Vergewaltiger Mickey (Paul Drake) auf das Horn eines Karussell-Einhorns stürzt und davon durchbohrt wird.

In der Folge werden Gemeinplätze der Serie wieder aufgegriffen: Im Gerichtssaal wird ein schuldiger Mann aufgrund von Callahans unzulässigen Ermittlungsmethoden freigesprochen; Callahan lässt ihn folgerichtig wissen, dass er nicht vor Selbstjustiz zurückschreckt. Die folgende erste Actionsequenz zitiert den ersten Schusswechsel aus dem ersten Teil: Callahan geht in ein Café und erhält offenbar gewohnheitsgemäß einen Kaffee. In seine Zeitung vertieft bemerkt Callahan nicht, dass die Bardame ihm sehr viel Zucker in den Kaffee schüttet. Erst als er das Café verlässt und einen Schluck probiert, wird ihm klar, dass er gerade ohne Worte gewarnt wurde, und kehrt wieder um. Dort unterbricht er einen bewaffneten Raubüberfall, indem er deklariert: »We are not just gonna let you walk out of here.« »We« ist nicht etwa ein neu zugelegter Sprechduktus im *pluralis majestatis*; vielmehr bezieht sich Callahan auf »Smith & Wesson and me.« Wie im ersten Teil bekommt der letzte übriggebliebene Gangster einen *oneliner* zu hören, als er den Abzug betätigen will: »Go ahead. Make my day.«[22]

Zwar wird Callahan diesmal nicht als ›Neandertaler‹ bezeichnet, die Metapher wird jedoch nur geringfügig variiert, da ihn der Lieutenant in SUDDEN IMPACT einen ›Dinosaurier‹ schimpft. In einem weiteren Bild vergleicht er ihn mit einem Sportler, der mittlerweile zu alt ist: »It's a whole new ballgame these days.« Callahan nimmt die rhetorische Figur jedoch für bare Münze und kritisiert damit gleichsam das medienorientierte System: »Funny. I never thought of it as a game.« Erneut wird also der vorsintflutliche, aber rechtschaffene Callahan durch ein System zurückgehalten, dessen Regeln er nicht versteht und für ineffektiv hält. Daran, dass sich an dieser Grunddisposition nichts geändert hat, lässt der Film von Beginn an keinen Zweifel aufkommen. In einem Gespräch zwischen Callahan und seinem Freund Horace wird zudem die Diskussion von Schusswaffen Auslöser einer Grundsatzdebatte: Horace' modernes Gewehr mit großem Kaliber wird gegen Callahans kontrollierte Magnum-Pistole gehalten, deren Gebrauch gelerntes Können voraussetzt. Der Gegensatz von Technik bzw. Moderne und dem menschlichen Können war bereits in THE ENFORCER ein zentrales Thema. Harry Callahan steht auch hier für ein vermeintlich überkommenes, jedoch effektiveres und ›natürlicheres‹ Konzept kontrollierter Gewaltausübung im Sinne der ›Moral‹.

Auch das Thema ›urbaner Verfall‹ wird wieder aufgegriffen, diesmal in einem Monolog Callahans, der angesichts des Tatorts von Jennifers erstem Opfer behauptet, weder die Verbrechen noch die Korruption noch die grassierende Apathie kümmerten ihn. Viel schlimmer sei es, dass sein Partner Ketchup auf seinem Hotdog habe. Dieser flapsige Kommentar scheint jedoch nur metaphorisch gemeint zu sein, denn Callahan schiebt nach: »Talking about having our fingers in the holes and the whole damn dike's crumbling around us.« Anders gesagt: Das große Ganze, die Kriminalisierung der Städte ist das Problem, für das es aktuell keine Lösung gebe – alles andere seien nur Symptome.

Der Film erzählt im Folgenden eine Reihe von Provokationen und Eskalationen der Gewalt, die motivieren, warum Callahan nach San Paulo versetzt wird: Zunächst unterbricht der Ermittler eine Hochzeit und fügt dem Vater der Braut einen Herzinfarkt zu, was eine Reihe von Attentaten auf Callahan provoziert, in deren Verlauf sich die Personen- und Sachschäden in aufwändigen Actionsequenzen summieren. Obwohl es sich um Selbstverteidigung handelt, wirft sein Lieutenant ihm vor, eine »walking [...] combat zone« zu sein und rät ihm zu Urlaub. Callahan sträubt sich, ihm bleibt jedoch keine Wahl, als sich vorübergehend mit dem Leben in der Provinz abzufinden.

»Peace and quiet« erwarten Callahan in San Paulo jedoch keinesfalls. Schon bei seiner Ankunft wird er Zeuge des Mordes an einem Polizisten und in eine Verfolgungsjagd verwickelt. Auch die Attentate nehmen nicht ab. Callahans Feinde sind ihm bis in die Provinz gefolgt. Außerdem ist er hier nicht gerade beliebter, da sein hiesiger Vorgesetzter nicht nur seine Methoden verachtet, sondern ihm aufgrund seiner städtischen Herkunft von Beginn an einen Dünkel unterstellt. Zwei Begegnungen erweitern Callahans Bekanntenkreis in San Paulo: Sein Partner und Freund Horace schenkt

ihm einen besonders hässlichen Hund,[23] der auf einem Spaziergang dafür sorgt, dass er Jennifer Spencer kennenlernt.

Bei einer weiteren Zufallsbegegnung mit Jennifer Spencer ergibt sich ein ausgiebiges Gespräch über die Ineffektivität des Systems und die Rechtmäßigkeit von Selbstjustiz in bestimmten Fällen, das filmisch stark reduziert inszeniert ist, vermutlich, um nicht vom wichtigen Inhalt abzulenken. Die langen, simplen Schuss-Gegenschuss-Strecken fallen selbst angesichts des insgesamt nüchtern und ruhig gestalteten Films auf und verdeutlichen somit die Parallele zwischen den Hauptfiguren, die am Ende Callahans Entscheidung motiviert, Jennifer vor dem Gesetz zu schützen.

Es handelt sich jedoch nicht um eine beliebige Entscheidung: Jennifer tötet nicht aus Lust und kostet ihre Rache nicht aus. Zwischen den zwei Schüssen – der eine symbolisch, der andere effektiv – vergeht niemals viel Zeit, sie lässt ihre Opfer nicht unnötig leiden. Und Jennifer gefällt sich keineswegs als Mörderin, wie der Film mehrfach klarstellt: Mit fortschreitendem Erfolg ihrer Racheserie nähert sie sich der Vollendung eines in Öl gemalten Selbstporträts, das sie »in the style of Edvard Munch«[24] und mit leidendem Gesichtsausdruck abbildet. Erblickt Jennifer einen Spiegel, zerstört sie diesen sogleich, als könne sie ihren Anblick als Verbrecherin nicht mehr ertragen.

Gegen Ende decken sich die Motivationen von Callahan und Spencer gar vollständig, da Callahan seinen Partner Horace tot in seinem Hotelzimmer auffindet und den letzten verbliebenen Vergewaltiger Mickey als Mörder identifiziert. Beide sinnen auf Rache, laut Callahan »das älteste Motiv der Menschheit«. Mickey hat indessen Jennifer entführt und an den Ort des Urverbrechens – den Jahrmarkt – verschleppt. Dort schließt sich der Kreis, was formal durch die zirkulären Bewegungen der Karusselle und Riesenräder untermalt wird. Wie im ersten Teil endet das finale Duell mit der anfangs etablierten *catchphrase*: »Come on, make my day.«

Showdown auf dem Jahrmarkt in SUDDEN IMPACT

SUDDEN IMPACT enthält insgesamt sechs Actionsequenzen, die in ihrer Vielfalt die übrigen Teile der Reihe überbieten und auf jeweils andere Modelle des Spannungsaufbaus zurückgreifen. Die erste Sequenz, die auf den Urfilm DIRTY HARRY rekurriert – ein Rückgriff, mit dem man SUDDEN IMPACT generell umschreiben könnte –, beinhaltet einen simplen Schusswechsel, der früh in der Handlung Callahans Nervenstärke und Zielvermögen illustriert.[25] Die zweite Sequenz spielt im Dunkeln und zeigt ein Attentat auf Callahan. Sie ist ohne Musik und sachlich inszeniert, verwendet für den *film noir* typische Wechsel von Hell und Dunkel (*chiaroscuro*), um das Bild unübersichtlicher zu machen und somit die Spannung durch Unwissen zu erhöhen. Täuschung und Undurchschaubarkeit spielen in der Szene eine größere Rolle als Physis, Explosionen und eine aufwendige Choreografie. Die dritte Sequenz erweist sich als Finte: Die Kamera folgt einem vermeintlichen Attentäter, der sich an Callahan heranschleicht, während dieser im Wald Schießübungen absolviert. Hier wird die Spannung generiert, indem Callahans Sicherheit aus der Gegenperspektive bedroht wird. Callahan entdeckt den Angreifer jedoch rechtzeitig und es stellt sich heraus, dass es sich um seinen Freund Horace handelt. Die Actionsequenz bleibt angedeutet und wird nicht ausgespielt. Auch das zweite Attentat auf Callahan – die vierte Actionsequenz – ereignet sich nachts. Sie stellt eine inszenatorische Steigerung der Schauwerte gegenüber dem ersten Attentat dar: eine aufwändige Autoverfolgungsjagd mit zugehörigem Duell. Callahan entkommt aus einem brennenden Auto und die Verfolger enden im Hafenbecken. Bei der Ankunft in San Paulo wird Callahan unmittelbar in die nächste Verfolgungsjagd verwickelt: die fünfte Actionsequenz. Diese beginnt zu Fuß und steigert sich, da der Gangster ein Motorrad stiehlt und Callahan einen Linienbus entführt,[26] um ihm auf den Fersen zu bleiben. Zuletzt ist der Showdown auf dem verlassenen Jahrmarkt zu nennen, der eine weitere formale Steigerung darstellt: Er beginnt mit einer unübersichtlichen Verfolgungsjagd auf einem Karussell, die für Jennifer in einer ausweglosen Situation endet. In diesem Moment trifft Harry ein, der zunächst nur als Schatten im Eingang zu sehen ist und bedächtig auf die übrigen drei Widersacher zugeht. Der zweite Teil des Showdowns spielt sich auf einer ausgeschalteten Achterbahn ab – dies stellt den eigentlichen Showdown im Sinne des finalen Schusswechsels dar. Die allmähliche formale Steigerung zeigt, dass die Actionsequenzen verschiedenen Genres oder Filmtypen entlehnt sind und neben dem Western auch den *film noir*, den Thriller und den Agentenfilm anzitieren.

Die physische Stärke von Harry Callahan wird beginnend mit SUDDEN IMPACT stärker im Sinne eines unverwundbaren ›Superhelden‹ betont, was für einen actionlastigen Film in den 1980er Jahren durchaus nicht unüblich ist. Dies ist besonders deutlich, als der Cop von einer Gruppe Einheimischer am Hafen von San Paulo verprügelt und ins Wasser geworfen wird; nach einer Parallelerzählung kehrt der Film zu jenem Wasser zurück, dem der totgeglaubte Callahan nur mit wenigen Schrammen versehen ent-

steigt. Sein Auftritt auf dem Jahrmarkt unterstützt ebenfalls diese Deutung: Zunächst steht Callahan nur als bedrohlicher Schatten im Eingang; sein Gesicht ist aus der Ferne nicht zu erkennen, aber sein Widersacher nimmt ihn unmittelbar als Bedrohung wahr. Derartige pathetische Überhöhungen sind in den ersten drei Teilen der Serie nicht zu finden, auch wenn Callahan von Beginn an als besonders guter Schütze und zäher Gegner inszeniert wird. Den Schritt von der Physis zur Metaphysis vollzieht Callahan mit SUDDEN IMPACT.

THE DEAD POOL

Der letzte Teil der Filmreihe, THE DEAD POOL (Das Todesspiel; 1988; R: Buddy Van Horn), beginnt mit altbekannten Szenen: Ein missglücktes Attentat auf Callahan mündet in eine Zerstörungsorgie, die dem Polizisten Ärger mit dem Dezernat einbringt. Allerdings ist Callahan durch die regelgerechte (!) Festnahme eines Gangsterbosses gerade eine lokale Berühmtheit geworden und kommt daher mit einer milden Verwarnung davon. Im Gegenteil will der Polizeichef Callahans Medienwirkung für das Dezernat nutzen und ihn zur neuen Werbefigur aufbauen, was bereits das zentrale Thema des Films vorwegnimmt: das Zusammenspiel von Polizei und Medien. Der Antagonist ist nämlich ein aufmerksamkeitssüchtiger Killer, der aus Filmmacherkreisen ein Spiel – den sogenannten »dead pool« – kopiert hat. Dabei handelt es sich um ein Wettspiel, in welchem die Teilnehmer vorhersagen müssen, welche Berühmtheiten als nächstes sterben werden. Natürlich hilft der Killer dabei nach und arbeitet die Liste, auf der auch Callahans Name steht, allmählich ab. Währenddessen lenkt er den Verdacht auf einen der Mitspieler, den Regisseur Peter Swan (Liam Neeson), dessen Identität der Killer aufgrund einer psychischen Krankheit partiell angenommen hat.

Das omnipräsente Thema des Films ist Medienkritik. Callahans Meinung dazu wird bereits früh deutlich, indem er symbolträchtig eine Fernsehkamera zerstört. Da der Vorfall jedoch aufgezeichnet wurde, macht ihn das erpressbar – zum Glück verlangt die junge Journalistin Samantha (Patricia Clarkson) nur ein Abendessen mit ihm. Callahans Sichtbarkeit macht ihn jedoch nicht nur für die Medien verwundbarer, wie ein weiteres Attentat demonstriert: Ausgerechnet, als Samantha und er in einen gläsernen Fahrstuhl steigen, der Callahans neugewonnene Sichtbarkeit nochmals betont, durchlöchern die Attentäter diesen mit Maschinenpistolen. Samantha wird durch diesen Vorfall desillusioniert und hinterfragt fortan die Rolle der Medien: »I don't want to be the news«, sieht sie ein. Fernsehen und Zeitungen sind in THE DEAD POOL ein weiterer Teil des Systems, der in die Ermittlungen eingreift und sie damit erschwert. Während die Polizei an schnellen, medienwirksamen Erfolgen interessiert ist, suchen die Medien selbst

umgekehrt nach sensationellen Fällen. Sie fordern Heldenfiguren ein und dass Callahan zu einer derartigen Figur stilisiert werden soll, lehnt er explizit ab. Die Polizeichefs und Reporter teilen eine Tendenz zur Oberflächlichkeit, während Callahan den Anspruch besitzt, der ›eigentlichen Sache‹ zu dienen. Dies verbindet ihn mit zahlreichen anderen system- und medienkritischen Actionhelden der 1980er Jahre.[27]

Als sich der »Dead Pool Killer« vermeintlich stellt und in aller Öffentlichkeit selbst anzünden will, sind auch Callahan und Samantha zugegen. Der Mann gibt bald zu, nicht der Killer zu sein, sondern nur seine ›15 Minuten Ruhm‹ einzufordern. Samantha schaltet die Kamera ab, was seinen Selbstmord effektiv verhindert – ohne die Medien ist seine Tat sinnlos, was nochmals betont, welchen Anteil die Berichterstattung beim ›Entzünden‹ urbaner Konflikte besitzt.

THE DEAD POOL unterscheidet sich von den anderen Teilen der Reihe durch seine ausgestellte Selbstreflexivität.[28] Diese kann als eine Form der Überbietung gelesen werden: Die Reihe thematisiert ihre eigenen, bekannten Strukturen und verkompliziert sie damit. Allein dadurch, dass eine der Hauptfiguren ein Filmemacher ist, wird permanent auf das eigene Medium Bezug genommen; außerdem hat der Killer seine neue Identität aus filmischen Versatzstücken kompiliert. Seine Unfähigkeit, zwischen der Fiktion von Swans Horrorfilmen und der außerfilmischen

Realität unterscheiden zu können, hat seine psychische Krankheit befördert und ihn gefährlich gemacht. Diese Selbstthematisierung durchzieht den Film auch in Details: So singt an einer Stelle Peter Swan die aus dem Off erklingende Filmmusik nach, und der Mörder nimmt als Trophäen Filmplakate der Opfer mit. Selbst die innovativste Actionsequenz des Films ist selbstbezüglich, da sie eine klassische Auto-Verfolgungsjagd um ein drittes Element ergänzt und somit doppelt. Der Killer hat ein Modellauto mit einer Bombe versehen und verfolgt nun mit einer Hand an der Fernbedienung sein Opfer Harry Callahan durch San Francisco. Callahan flieht dabei nur mittelbar vor dem Killer selbst und unmittelbar vor dem gefährlichen Modellauto, was einen der Gemeinplätze des Actionfilms – die Auto-Verfolgungsjagd – reflexiv variiert und als ›Spiel‹ markiert. Die Sequenz endet erwartungsgemäß in einer großen Explosion, die Callahan und sein Partner allerdings überleben. Es ist auffällig, dass die Polizei – und das gilt letztlich für alle Teile der Reihe – grundsätzlich gerade über diejenigen Machenschaften Callahans verärgert ist, die auf der filmischen Ebene den größten Schauwert enthalten: Die Kosten der Zerstörungsorgien werden in der filmischen Welt Callahan vorgehalten, während sie in der außerfilmischen Welt das größte finanzielle Risiko für die Produzenten des Films darstellen. Überspitzt formuliert: Die Kosten, die Harry Callahan für sein Polizeidezernat verursacht, verhalten sich proportional zum Schauwert des Films, der ihn als Actionkino ausmacht.

Summa

Die DIRTY HARRY-Filme sind exemplarisch für die allmähliche Entwicklung des physisbetonten Actionfilms insbesondere der 1980er und 90er Jahre aus Versatzstücken des Westernfilms, des *film noir* oder Neo-*noir* und des Polizeifilms. Der von Don Siegel verantwortete erste Teil stellt einerseits eine Weiterentwicklung seines eigenen Polizeifilms COOGAN'S BLUFF dar,[29] andererseits gehört er in den Kontext einiger Rollenexperimente, die Eastwood um 1971 unternahm, um seinem Italo-Western-Image zu entkommen.[30] Zwar hätte Eastwood in einem genuinen »Muskelmannfilm«[31] nichts verloren gehabt, jedoch ist es von der unerbittlichen Präzision zur Unverwundbarkeit anscheinend nur ein kleiner Schritt. »Man's got to know his limitations«, betont Callahan in MAGNUM FORCE, und deutet damit auch auf seine eigene Unzerstörbarkeit voraus: Der Mensch mag limitiert sein, ›Dirty‹ Harry ist es als überlebensgroße Actionfigur nicht.

Das für Eastwood zeitlebens so wichtige Thema der Selbstjustiz wird in den DIRTY HARRY-Filmen ständig neu verhandelt und immer in Verbindung mit etwas Altem, Archaischem, Alttestamentarischem gebracht, das den zeitgenössischen Polizei- und Justizidealen diame-

Verfolgungsjagd mit Modellauto in THE DEAD POOL

tral entgegensteht und diese an Effektivität dennoch bei weitem übertrifft. Die Kontroverse um DIRTY HARRY resultiert aus einer Vereindeutigung der Lesart als pro-reaktionär, die in dem Film zwar angelegt ist, jedoch eher ein Problem aufwirft: die Frage, wie dem urbanen Verfall und der damit einhergehenden Kriminalitätswelle beizukommen ist. »Dirty Harrys Wahn rührt möglicherweise auch daher, daß die Zeichen nicht mehr stimmen«.[32]

37 Jahre nach Harry Callahans erstem Auftreten und 20 Jahre nach seinem letzten Film drehte Clint Eastwood den Film GRAN TORINO (2008). Dieser wurde häufig als Wiederaufnahme bzw. Revision der Figur ›Dirty‹ Harry interpretiert.[33] Der scheinbar unauflösbare Teufelskreis aus Gewalt und Gegengewalt zwischen der reaktionären Hauptfigur Walt Kowalski

(Clint Eastwood) und aggressiven Hmong-Gangstern wird schließlich durch ein Selbstopfer Kowalskis aufgelöst. Kowalski lässt sich erschießen und fällt kreuzförmig zu Boden – die alttestamentarische Racheethik aus DIRTY HARRY ist einer neutestamentarischen Friedensethik gewichen.[34]

Würde ein Actionfilm diesen defensivpassiven Lösungsansatz wählen, käme das wohl einem kommerziellen Selbstmord gleich. Das Actionkino lebt gerade von seiner Dialogarmut, seiner Reduktion auf das Wesentliche, seiner schnörkellosen Choreografierung von Gewalt und dem Zynismus seiner kampfmaschinenartigen Hauptfiguren. Nicht nur Harry Callahan ist eine ›wild-west show‹ – es ist das Prinzip des Actionkinos, dass Gewalt mit Gegengewalt beantwortet wird. Rache und Selbstjustiz stellen einfache

Alternativen zu den komplizierten, korrupten und ineffektiven Lösungswegen des etablierten Systems dar. Im klassischen Westernfilm der 1940er und 50er Jahre wird die Zivilisierung neuer Landstriche häufig mit archaischen, vordemokratischen Methoden erzwungen. Der ›Westerner‹ war als nahezu unverwundbare Personifizierung der herrschenden Moral für die Bestrafung der Übeltäter und die Sicherung der im Aufbau befindlichen Gesellschaft zuständig. Im urbanen Milieu von DIRTY HARRY hat sich diese Gesellschaft längst als System etabliert und organisiert. Wie in vielen *films noir* hat sich eine Unterwelt ausgebildet, die für das System unerreichbar geworden ist. Harry Callahan hat die Eigenschaften eines unerbittlichen ›Westerners‹ wie Ethan Hunt (John Wayne in THE SEARCHERS) ebenso verinnerlicht wie die systemkritischen Züge eines Marshal Will Kane (Gary Cooper in HIGH NOON).[35] Er ist Teil des korrupten Systems, das er bekämpft. Dieser Widerspruch macht Harry Callahan – wie viele andere Actionhelden auch – doppeldeutig lesbar: als Individualisten, der effektiv das bewerkstelligt, was eigentlich das System leisten sollte, indem er gegen dessen Gesetze verstößt; und als reaktionären Faschisten, der seine Ziele durch undemokratischen Waffengebrauch erreicht. Für das Actionkino ist diese Doppeldeutigkeit typisch.[36] Seine Filme balancieren auf dem schmalen Grat zwischen reaktionärer Affirmation und selbstironischer Systemkritik.[37] ❑

Anmerkungen

1 Georg Seeßlen: An American Icon. Der Schauspieler Clint Eastwood. In: Gerhard Midding / Frank Schnelle (Hg.): Clint Eastwood. Der konservative Rebell. Stuttgart 1996, S. 9–43, hier S. 22.

2 Pauline Kael: 5001 Nights at the Movies. New York (3. Aufl.) 1991, S. 191.

3 Seeßlen 1996, S. 24.

4 Matt Wanat: Irony as Absolution. In: Leonard Engel (Hg.): Clint Eastwood, Actor and Director. New Perspectives. Salt Lake City 2007, S. 77–98, hier S. 94.

5 Vgl. hierzu Howard Hughes: Aim for the Heart. The Films of Clint Eastwood. London 2009, S. 52.

6 Der bekannte Vorspann findet sich bereits im ersten Film DR. NO (James Bond 007 jagt Dr. No; 1962; R: Terence Young).

7 Auch hier erweist sich Harry Callahan als Voyeur: Bevor er Scorpio ins Visier nimmt, beobachtet er ausgiebig eine erst leicht bekleidete, später nackte Frau.

8 Vgl. Wanat 2007, S. 90–92.

9 Zum exzessiven Gebrauch von »San Francisco Landmarks« vgl. Hughes 2009, S. 50.

10 Vgl. hierzu den Beitrag von Ingo Irsigler zu DIE HARD (1988; R: John McTiernan) und These 9 der Einleitung des vorliegenden Bandes.

11 Einige Beispiele jüngeren Datums sind ABSOLUTE POWER (1997), GRAN TORINO (2008) und MYSTIC RIVER (2003).

12 Er knüpft damit nicht nur an John Wayne an, sondern ist Teil einer langen Reihe von Filmen und TV-Serien, die in unmittelbarer Nachfolge von DIRTY HARRY (wie DEATH WISH; Ein Mann sieht rot; 1974; R: Michael Winner) und bis zum heutigen Tag (wie *Dexter*; USA 2006–2013) das Thema ›Selbstjustiz‹ intensiv diskutieren.

13 Dabei wurde dem Film häufig vorgeworfen, dass urbaner Verfall in der als Hippie lesbaren Figur Scorpio mit Gegenkultur gleichgesetzt wird. Allerdings ist Scorpio seinen Äußerungen nach ein überzeugter Rassist und Faschist, was sich auch am soziologischen Hintergrund seiner Opfer zeigt; vgl. auch Wanat 2007, S. 87.

14 Vgl. hierzu den Beitrag von Ingo Irsigler im vorliegenden Band.

15 Zu dieser Tendenz der Revision im zweiten Teil der Reihe vgl. Hughes 2009, S. 56.

16 Vgl. Seeßlen 1996, S. 26.

17 Vgl. z. B. THE ROOKIE (1990; R: Clint Eastwood), MILLION DOLLAR BABY (2004; R: Clint Eastwood), RUSH HOUR (1998; R: Bret Ratner) und TRAINING DAY (2001; R: Antoine Fuqua).

18 Auch in diesem Fall reagiert der folgende Teil der Serie als Korrektiv: In SUDDEN IMPACT (Dirty Harry IV – Dirty Harry kommt zurück; 1983; R: Clint Eastwood) wird mit Jennifer Spencer eine unabhängige und potente Frau eingeführt.

19 Vgl. zur Selbstironie in Actionfilmen den Beitrag von Gerrit Lembke zu THE EXPENDABLES (2010; R: Sylvester Stallone) im vorliegenden Band.

20 Bei THE ENFORCER und THE DEAD POOL (Das Todesspiel; 1988; R: Buddy Van Horn) ist es wahrscheinlich, dass Clint Eastwood am Set der de-facto-Regisseur war.

21 Callahans Partner bezeichnet dies später treffend als »38-Kaliber-Vasektomie«.

22 Vielleicht wurde aufgrund der Ähnlichkeit der Szenen diese berühmteste *catchphrase* Callahans häufig fälschlicherweise mit dem ersten Teil in Verbindung gebracht; tatsächlich ist sie hier zum ersten Mal zu hören.

23 Im Film wird dies von beiden ironisch kommentiert.

24 John H. Foote: Clint Eastwood. Evolution of a Filmmaker. Westport 2009, S. 55.

25 Die Tendenz zur Überbietung vorangehender Reihentitel ist in Actionfilm-Serien nicht unüblich und bei SUDDEN IMPACT durch den gleichzeitigen Rückbezug auf den ersten Teil besonders deutlich; vgl. hierzu den Beitrag von Dominik Orth im vorliegenden Band.

26 Dies erinnert vermutlich nicht zufällig an die Entführung des Schulbusses durch den Killer Scorpio im ersten Teil.

27 Vgl. hierzu These 9 der Einleitung des vorliegenden Bandes.

28 Die Schnittmenge aus der Selbstreflexivität des Films und seiner Medienkritik ist der Bezug zu zeitgenössischen Medienphänomenen. Zu Beginn ist der Dreh eines Musikvideos zu sehen, das den Song *Welcome to the Jungle* der Filmfigur Johnny Squares vermarkten soll. In der außerfilmischen Realität ist dieser Song – sogar in der eingespielten Version – von der 1988 höchst populären Band Guns N' Roses. Auch die Ästhetik des Films entspricht dieser Idee. Howard Hughes (2009) bezeichnet sie daher in Abweichung zu den anderen Reihentiteln als »deliberately comic-book« (S. 75).

29 Vgl. hierzu Julia Bee: Folter und die Grenzen des Humanen. Zu einigen aktuellen und historischen Konfigurationen von Folter und Film. In: Karsten Altenhain et. al (Hg.): Die Wiederkehr der Folter? Interdisziplinäre Studien über eine extreme Form der Gewalt, ihre mediale Darstellung und ihre Ächtung. Göttingen 2013, S. 165–226, hier S. 208.

30 Dafür spricht die plötzliche Vielfalt sehr verschiedener Rollen, die er in den Jahren 1970 und 1971 annahm, z. B. in TWO MULES FOR SISTER SARA (Ein Fressen für die Geier; 1970; R: Don Siegel), KELLY'S HEROES (Stoßtrupp Gold; 1970; R: Brian G. Hutton), THE BEGUILED (Betrogen; 1971; R: Don Siegel) und besonders PLAY MISTY FOR ME (Sadistico; 1971; R: Clint Eastwood).

31 Bee 2013, S. 208.

32 Seeßlen 1996, S. 26.

33 Vgl. z. B. John Patterson: On film: A farewell to vengeance. In: The Guardian. 19.12.2008.

34 Vgl. Willem Strank: Twist Endings. Umdeutende Film-Enden. Marburg 2014 [i. Dr.], Kap. 3.2.5.

35 Vgl. hierzu den Beitrag von Ingo Irsigler im vorliegenden Band.

36 Vgl. hierzu den Beitrag von Gerrit Lembke zu FIRST BLOOD (Rambo; 1982; R: Ted Kotcheff) im vorliegenden Band.

37 Vgl. Wanat 2007, S. 77.

»Nothing is over! Nothing!«

Verdrängung und Erinnerung in FIRST BLOOD

Von Gerrit Lembke

»A Force of nature«

»When grown in the mountains, Rambo is smaller, more solid, and keeps better than when grown in warmer areas. [...] Several early references say Rambo originated in Delaware but others cite Pennsylvania. It became very popular in the 1800s in Pennsylvania and throughout the Ohio Valley. Some believe it originated with John Chapman, better known as ›Johnny Appleseed‹, but this is very doubtful.«[1]

Als David Morrell seine schriftstellerische Karriere begann und für den Titelhelden seines Romandebüts einen klingenden Namen suchte, so will es der selbstgeschaffene Mythos, kam die Ehefrau des Schriftstellers in sein Arbeitszimmer, um ihm Obst anzubieten:

»›You've got to try one‹ Donna said. ›They're wonderful.‹ Hunched over my typewriter in search of a name, I was hardly interested in apples, but I figured if I tasted one, I could get back to work, so I took a bite (I love the symbolism) and

was so surprisingly impressed that I asked for the apple's name. ›Rambo‹, she said. [...] I suppose my jaw dropped. If ever a name sounded like a force of nature, that was it.«[2]

Folgt man dieser Legendenbildung, ist also ein Ramburapfel der Namensgeber der Buch- und Filmfigur, weil der Name wie eine Naturgewalt klinge. Als der Roman 1972 unter dem Titel *First Blood* erschien, verhalf er seinem Autor David Morrell zu Bekanntheit. Als 1982 die Verfilmung (FIRST BLOOD; Rambo; R: Ted Kotcheff) in die Kinos kam, wurde Morrell berühmt, und seine Schöpfung, John J. Rambo, wurde eine Pop-Ikone. Die Romanvorlage ist heute kaum noch Bestandteil des kollektiven Gedächtnisses, der Film mit Sylvester Stallone als Verkörperung des heimkehrenden Vietnamveteranen hat sich hingegen zu einer derartigen Erfolgsgeschichte entwickelt, dass der Name ›Rambo‹ in der Populärkultur längst alle anderen Sinndimensionen zu Nebenbedeutungen degradiert hat. Dazu haben in erheblichem Maße die drei Sequels beigetragen, die den Namen des

Protagonisten immer mehr in den Vordergrund stellen: RAMBO: FIRST BLOOD PART II (Rambo II – Der Auftrag; 1985; R: George Pan Cosmatos), RAMBO III (1988; R: Peter MacDonald) und RAMBO (John Rambo; 2008; R: Sylvester Stallone). Aus dem Medium der Literatur heraus hat sich eine eigenständige Filmfigur entwickelt, die mit der Romanvorlage fast nur noch den Namen gemeinsam hat. Die weiteren Bücher, die Morrell schrieb, sind Sekundärprodukte, die keine original-literarischen Schöpfungen mehr sind, sondern auf den Filmdrehbüchern beruhen und Marketingmaßnahmen für die Filme darstellen. ›Rambo‹ ist seither aus dem Sprachgebrauch nicht nur des Englischen kaum noch wegzudenken: Der deutsche *Duden* führt unter dem Schlagwort »Ṛạm|bo, der« die Erklärung: »‹nach dem amerik. Filmhelden› (*ugs. für* brutaler Kraftprotz)«.[3] Das englische *Oxford Dictionary* verzeichnet an der gleichen Stelle: »a very strong and aggressive man«.[4] Richard Zoglin benutzt in einem Artikel im *Time Magazine* den Begriff der »Rambomania«, um dem Hype um Sylvester Stallone und ›seine‹ Kunstfigur des kämpfenden Kriegsheimkehrers Mitte der 1980er einen Namen zu geben: »Rambomania is spreading faster than the fire storms set by the hero's explosive warheads.«[5]

Rambo wurde zu einer solchen Identifikationsfigur der konservativen Reagan-Ära, dass Ronald Reagan den Spitznamen ›Ronbo‹ erhielt, nachdem er in einer TV-Ansprache behauptete, nach der Sichtung des zweiten Teils der Serie wüsste er nun,

was zu tun sei: »Boy, I saw Rambo last night. Now I know what to do the next time this happens.«[6] Und so sehr Rambo – und gleichermaßen Sylvester Stallone – zu einer ikonischen Actionfigur geworden ist, so sehr hat der Film FIRST BLOOD das Actionfilm-Genre geprägt. Die Charakteristika des Films treten umso deutlicher hervor, wenn man die Verfilmung vor dem Hintergrund des Romans betrachtet und sich so auf die stofflichen Modifizierungen des Drehbuchs konzentriert.

»Rambo slashed the razor straight across his stomach«. Rambo meets Rambo

Zum Zeitpunkt der Buchveröffentlichung (1972) war der Vietnamkrieg in der amerikanischen Bevölkerung längst nicht mehr als legitimer und notwendiger Krieg akzeptiert, sondern durch die im TV sichtbaren Grauen der Tet-Offensive (1968) und die Studentenbewegung als grausamer und schier endloser Krieg entlarvt. Die heimkehrenden Soldaten – deren Zahl im Laufe der zunehmenden Truppenrückzüge immer mehr anstieg – machten die physischen wie psychischen Kriegsfolgen für alle sichtbar und veränderten nachhaltig das Bild der Heimat vom Krieg in der Fremde. In der Literatur wie im Film ist der Vietnamkrieg in dieser Zeit zahlreich verarbeitet worden.[7]

Das Buch gestaltet den Konflikt zwischen dem Polizisten Wilfred Teasle und dem Vietnamveteranen John Rambo grundsätzlich anders als der Film: Durch eine alternierende interne Fokalisierung werden die Perspektiven beider Kontrahenten gleichmäßig berücksichtigt, der Leser entwickelt ein ausgewogenes (Un-) Verständnis für die Handlungen der beiden Helden und kann Sympathie wie Antipathie für beide Figuren zugleich empfinden. Dadurch erscheint Rambo keineswegs als der drangsalierte und zu Unrecht verstoßene Kriegsheld, den Sylvester Stallone im Film verkörpert, sondern wird wesentlich differenzierter gezeichnet: Seine Reaktionen auf die Anfeindungen der Polizisten werden drastischer geschildert, er tötet im Laufe seiner Flucht Dutzende von Menschen und bringt weitere in Gefahr; anstatt sich an einem zentralen Punkt des Romans zur Flucht zu entscheiden, wählt er den Angriff und geht zur Hetzjagd auf die Polizisten über. Sein erster Gewaltausbruch gestaltet sich dementsprechend drastisch:

»Galt continued fumbling for his gun, and awkwardly he had it out. He must really have been new on the job: he looked as though he could not believe he was actually raising the gun, his hand shaking, squeezing on the trigger, and Rambo slashed the razor straight across his stomach. Galt peered stupidly down at the neat deep slash across his belly, blood soaking his shirt and pouring down his pants, organs bulging out like a pumped-up inner tube through a slit in a tire. He took a finger and tried poking the organs back in, but they kept bulging out, blood soaking his pants and running out his cuffs onto the floor as he made a funny little noise in his throat and toppled across the chair, upsetting it.«[8]

So stark Rambo im Buch also als brutaler ›Killer‹ charakterisiert wird, ist er dennoch sporadisch zur kritischen Reflexion seiner Handlungen in der Lage und bedauert die eskalierende Entwicklung der Ereignisse, so räsoniert Rambo in einem gedanklichen Selbstgespräch:

»It wasn't only Teasle. You could have backed off.
For the sixteenth time for crissake? No way.
Even if it was for the hundredth time, so what? Backing off would have been better than this. Leave it alone. End it. Get away.
And let him do this to somebody else? Screw. He has to be stopped.
What? That's not why you're doing this? Admit you wanted all this to happen. You *asked* for it. [...] You *like* this.«[9]

Die weiße Weste, die Stallone seiner Filmfigur gegeben hat, entspricht also keineswegs den schmutzigen Händen, die David Morrell seinem Rambo angedichtet hat. Im Roman ist Rambo derjenige, der nicht bloß *reagiert*, wie Actionhelden dies allzuoft tun, sondern der selbst den Normverstoß (mit)verursacht und die Action in Gang setzt.[10] Der Roman gibt auch keinerlei Hinweise, dass es sich bei John Rambo um jenen exzessiven Bodybuilder handelt, dessen Körperlichkeit die Verfilmung so sehr geprägt hat. Ganz im Gegenteil erscheint der literarische Rambo eher als langhaariger Landstreicher. So wenig Morrells Rambo also dem Heldenideal des Actionfilms entspricht, so wenig passt sein Teasle in das Schema der Bösewichte: Die Figur hat (ansatzweise) biografische wie psychische Tiefe und erweckt beim Leser einige Sympathie. Seine Vergangenheit als Soldat im Korea-Krieg macht ihn keineswegs zu dem Film-Redneck, den Brian Dennehy im Film verkörpert, sondern eher zu einer gebrochenen und tragischen Gestalt. Teasle erliegt schließlich den Verletzungen, die Rambo ihm zugefügt hat, Rambo wird am Ende des Buches ausgerechnet von Colonel Trautman erschossen, der Film kann dies – schon aus dem Wunsch nach einer Fortsetzung heraus – nicht dulden und endet mit einem dramatischen Dialog zwischen dem bislang wortkargen Rambo und Trautman, in dem das ganze Vietnamtrauma *in nuce* zur Sprache kommt. Die zahlreichen Änderungen gegenüber der literarischen Vorlage gehen, so der Regisseur Ted Kotcheff, weitestgehend auf Stallone zurück, der die letztgültige von zahlreichen Drehbuchfassungen bearbeitete.[11]

Morrells Rambo ist ein ganz anderer als Stallones Rambo: Lebt die Buchvorlage von einer ambivalenten Sympathielenkung und Figuren, deren biografische und psychische Tiefe das Maß des Actionfilms übersteigt, so verzichtet der Film scheinbar auf die Perspektivenvielfalt, indem er ein klares Gut-Böse-Schema installiert und die Figurenkonzeption reduziert auf

Held und Schurke: Rambo und Teasle

das Gegeneinander eines heroischen Protagonisten und eines niederträchtigen Schurken als Antagonist. Aber: Diese Reduzierung der Perspektivenvielfalt wird keineswegs ersatzlos gestrichen, sondern im Film durch das Nebeneinander einer reaktionären Oberflächensemantik und einer liberalen Tiefensemantik kompensiert. Der Film erweist sich somit zugleich als Kriegsfilm *und* Antikriegsfilm, er hält ein Plädoyer für die Notwendigkeit des Kampfes *und* seine Gräuel zugleich. So wird der Film in ideologischer Hinsicht gleichermaßen akzeptabel für liberale Kritiker des Vietnamkriegs und konservative Kriegsbefürworter.

Rambo als »Körpertäter«

Rambo wird im Film zum strahlenden Helden, dem mit Teasle ein Bilderbuch-Bösewicht gegenübersteht. Durch die

Änderungen der filmischen Adaption wird Rambo zu einer idealtypischen Verkörperung des klassischen Actionhelden: Seine exzeptionelle Kraft und Überlegenheit im Kampf werden unübersehbar, wenn er zum Berserker wird und jegliches Maß verliert. Wie Achill in Homers *Illias* verletzt er in seinem heroischen Rausch die gesellschaftlichen Regeln, wenngleich er (fast) niemanden dabei tötet. Seine physische Kraft stellt der Film reichlich zur Schau, indem er die Figur möglichst leichtbekleidet zeigt und die Muskeln visuell zur Geltung kommen lässt. Susan Jeffords hat diesen Aspekt aller Rambo-Filme der 1980er Jahre ausführlich in ihrer Studie über Körperlichkeit und Männlichkeit im Film der Reagan-Jahre analysiert.[12] Rambo ist sozial ungebunden, hat weder Familie noch Freunde, er ist ein Landstreicher und kein Teil der Gesellschaft, die ihn bloß umgibt, nicht aber einschließt: Er bleibt ›draußen vor der Tür‹. Konflikte löst er nicht durch schlichtende Gespräche, sondern durch handfeste Taten, er ist ein »Körpertäter«, kein »Kopftäter«.[13] In allen vier Rambo-Filmen tritt dem Zuschauer ein sehr wortkarges Individuum gegenüber, im ersten Teil beschränken sich seine Wortäußerungen beinahe auf die ersten und letzten Minuten, vor und nach dem Einsetzen der Kampfhandlungen. Die Kampfszenen, die den größten Teil des Films ausmachen, erfüllen alle Anforderungen an einen Actionfilm: Verfolgungsjagden mit verschiedenen Verkehrsmitteln, überdimensionierte Schusswechsel, spektakuläre Stunts.[14]

All diese Elemente machen FIRST BLOOD zu einem Actionfilm. Aber damit ist die Geschichte nur zur Hälfte erzählt, denn im Gegensatz vor allem zum Sequel RAMBO: FIRST BLOOD PART II bietet der Film einige Elemente, die ihn zu etwas Besonderen im Rahmen der Gattung ›Actionfilm‹ machen: Und dies ist nicht nur die ausgesprochene Humorlosigkeit des Helden, dem die lockeren *oneliner* der Sequels völlig fehlen, oder die Abwesenheit jeglicher *love interests*. Die Actionhandlung wird von einem schmalen narrativen Rahmen umgeben. Diese Szenen sind keineswegs funktionslose Sequenzen, um die Affekte des Zuschauers zu regulieren (›tote Zeiten‹),[15] sondern stellen ein diskurslastiges Gegengewicht zur actionreichen Handlung dar. Der explosionsreichen und schusswechselgesättigten Handlung tritt ein Diskurs über die Legitimität des Vietnamkriegs entgegen, der für Actionfilme alles andere als typisch ist.[16] Der Held steigert sich schließlich in einen sehr unheroischen Weinkrampf hinein und verliert damit seine heroische Strahlkraft. Vietnam ist in zweierlei Weise präsent: Auf der sprachlichen Ebene dominiert das Thema den Film insbesondere zu Beginn (im Dialog zwischen Rambo und der Soldatenwitwe) und am Ende (im Dialog zwischen Rambo und Trautman). Auf der Handlungsebene steht der Vietnamkrieg in metaphorischer Weise während der Jagd- und Kampfszenen im Vordergrund. Auch wenn die Auseinandersetzungen nicht in Vietnam stattfinden, sind sie doch an Vietnam zurückgebunden: Dieser Bürgerkrieg ist zugleich ein Erinnerungskrieg um die Deutungshoheit über die amerikanische Rolle in Vietnam.

»He brought it back from 'Nam«. Vom *locus amoenus* zum *locus horribilis*

Die Eingangsszene des Films, die im Roman nicht enthalten ist, präsentiert eine ausgesprochen harmonische Welt, ein unverletztes, ›heiles Amerika‹: Der Protagonist, den der Zuschauer kurz darauf als Kriegsheimkehrer erkennen wird, wandert auf einem Waldweg aus dem Dickicht der Bäume heraus in eine sonnige Tallandschaft, die von Bergen und einem im Sonnenlicht funkelnden See komplettiert wird. Dieser Ort ist »ein schöner, beschatteter Naturausschnitt«, er besteht »aus einem Baum (oder mehreren Bäumen), einer Wiese und einem Quell oder Bach. Hinzutreten können Vogelgesang und Blumen. Die reichste Ausführung fügt noch Windhauch hinzu.«[17] Der Romanist Ernst Robert Curtius hat damit keineswegs FIRST BLOOD beschreiben wollen, sondern den klassischen, bis in die Antike zurückreichenden Topos der Natur-

idylle: den *locus amoenus*. Dieser ›anmutige Ort‹ wird erst im Dialog getrübt, denn dort erfahren Rambo und mit ihm der Zuschauer, dass sein ehemaliger Kamerad Delmare Berry an Krebs gestorben ist, oder wie dessen Witwe es sagt: »Delmare has gone. [...] He died last summer. [...] Cancer. He brought it back from 'Nam. All this orange stuff they spread around cut him down to nothing.« Indem die Witwe hier auf die Verwendung des chemischen Entlaubungsmittels ›Agent Orange‹ anspielt, das die US-Armee zur Unterstützung der Truppen verwendete und das erhebliche krebsfördernde Konsequenzen zeitigte, wird der Vietnamkrieg mit seinen tödlichen Folgen für die Amerikaner beschrieben. Und damit wird auch eine semantische Opposition konstruiert: Während Vietnam auf der Sprachebene mit ›Tod‹ korreliert wird, inszeniert der Film auf der Bildebene mit jenem *locus amoenus* einen Raum des ›Lebens‹. Die Grenze zwischen beiden Räumen wird durch die Heimkehr der Soldaten allerdings verletzt, der ›Tod‹ wird – ganz wörtlich – in die USA mitgebracht, »back from 'Nam«. In der Eingangsszene

›Heile Welt‹: *Locus amoenus* in FIRST BLOOD

besteht die Filmwelt noch aus einem einzigen, kontinuierlichen Raum, in dem keine Grenzen sichtbar sind: Der idyllische Blick über den See auf die fernen Berge signalisiert die Offenheit der dargestellten Welt, in der den Figuren alle Wege offenstehen und keine Türen verschlossen sind. Diese harmonische Welt mit spielenden Kindern stellt einen ungebrochenen Raum des Guten und Schönen dar – ohne dessen Kehrseite. Diese andere Seite wird erst sichtbar, wenn Rambo mit der Frau über Vietnam gesprochen hat und damit neben das gute, gesunde, saubere und heile Amerika das todbringende Vietnam gestellt wird. Im Folgenden wird im Film die Darstellung von Grenzen dominieren; die bisher grenzenlos scheinende Landschaft wird in verschiedene Teilräume gegliedert: Der idyllische Waldweg weicht einer stark befahrenen und die Landschaft durchschneidenden Straße, an der Rambo sichtbar demotiviert entlang schlendert; dieser übertritt die deutlich markierte Stadtgrenze und wird schließlich von dem Polizisten Teasle wieder aus der Stadt hinausgeworfen. Passend zur psychischen Situation des Protagonisten hat sich währenddessen das Wetter verändert: Der Sonnenschein ist einem bedeckten und unwirtlichen Himmel gewichen, es ist kalt, und der Straßenlärm ersetzt das Vogelzwitschern. Die Brücke schließlich, die Rambo zu überqueren gezwungen ist, verdient einige Aufmerksamkeit: Denn diese Brücke führt nicht nur Rambo von der Stadt in die Wildnis,

sie führt auch den Zuschauer in die Bildwelt des Kriegsfilms ein. Brücken haben nicht nur im Krieg als strategische Wegpunkte einen besonderen Status, sie haben vor allem im Kriegs*film* einen hohen symbolischen Wert als Elemente, die zugleich die Zweiteilung der Welt versinnbildlichen (gut vs. böse) und beide Seiten als Ort der Konfrontation miteinander verbinden. Denkt man an einige populäre Kriegsfilme zurück, wird die Bedeutung von Brücken ganz deutlich: THE BRIDGE ON THE RIVER KWAI (Die Brücke am Kwai; 1957; R: David Lean), THE BRIDGE AT REMAGEN (Die Brücke von Remagen; 1969; R: John Guillermin) oder A BRIDGE TOO FAR (Die Brücke von Arnheim; 1977; R: Richard Attenborough) sind nur einige filmische Beispiele. In FIRST BLOOD ist die Brücke mehr als nur eine Konstruktion, die zwei Landflächen über einen Wasserlauf hinweg miteinander verbindet, sondern sie ist zugleich das Symbol einer Welt, die in zwei Teile zerfallen ist: die Friedenswelt der USA, verkörpert durch die Kleinstadt mit dem klingenden Namen ›Hope‹, und die Kriegswelt von Vietnam, die psychisch wie topografisch aus dem Raum der Stadt verdrängt ist. Nun ist Vietnam auch in Amerika angekommen.

Nachdem Rambo, der die symbolträchtige Brücke entgegen der Anweisung Teasles Richtung Stadt überquert hat, unter polizeilichen Arrest gestellt ist, sollen seine Fingerabdrücke abgenommen und die Haare geschnitten werden. Sein Widerstand gegen das Haareschneiden ist auf einer zeichenhaften Ebene völlig verständlich, schließlich ist dies ein zentrales Ritual der militärischen Sozialisation, wie nicht zuletzt die Eingangsszene in Stanley Kubricks Vietnamkriegsfilm FULL METAL JACKET (1987) in ausschweifender Länge zeigt. Das Ritual markiert den Übertritt von der Zivilgesellschaft zum Militär und transformiert den Heimkehrer erneut zum Krieger; darüber hinaus wird die langhaarige (zivile) Gegenkultur damit der militärischen Doktrin auch visuell unterworfen. In der filmischen Darstellung wird diese Remilitarisierung plausibel gemacht durch eine Reihe von unwillkürlichen Erinnerungsfetzen an die Kriegszeit: Die Nähe des Rasiermessers erinnert Rambo an seine Gefangenschaft und Folter durch den nordvietnamesischen Vietcong.[18] Die Szene zeigt die beiderseitige Unmöglichkeit, den Vietnamkrieg vollständig zu vergessen: Weder kann Rambo seine individuellen Kriegserlebnisse verdrängen, noch kann Amerika das kollektive Trauma hinter sich lassen. Die Erinnerungen kehren als individuelle Flashbacks wieder; und die Kriegsmaschine Rambo als Symbol des vergessenen Vietnamkonflikts lässt sich nicht vertreiben. Und nun? Der anmutige Ort der Eingangssequenz repräsentiert nur die Erwartungen des Kriegsheimkehrers, der kurz darauf mit der Realität konfrontiert wird; und da erweist sich der *locus amoenus* rasch als *locus horribilis*. Rambo ist in Amerika angekommen und zugleich ist Vietnam aus den USA nicht so leicht zu verdrängen.

»Nothing is over! Nothing!«
Schwierige Konstellationen

Was vorher verdrängt und vergessen wurde, kann in der Abschlussszene des Films erstmals ausgesprochen werden:

»Nothing is over! Nothing! You just don't turn it off! It wasn't my war. You asked me, I didn't ask you! And I do what I had to do to win. But someone didn't let us win. And I come back to the world and I see all these maggots at the airport protesting me, spitting, calling me baby killer and all kinds of vile crap! [...] For me, civilian life is nothing. In the field we had a code of honor. You watch my back, I watch yours. Back here is nothing. [...] I can't get it out of my head.«

Es ist ganz bezeichnend, dass Rambo im gesamten Film kaum spricht, im Abschlussmonolog hingegen geradezu redselig wird. Wenn Rambo die Polizeistation wieder verlässt, ist das Vietnamtrauma immerhin zur Sprache gekommen: Die USA und Vietnam werden bildhaft versöhnt, das Verdrängte wird an die Filmoberfläche (und die Oberfläche der Stadt) geholt, und damit endet der Film – wenn auch nicht in völliger Harmonie, so doch mit einer Versöhnung der Gegensätze. Aber wer wird hier eigentlich mit wem versöhnt?

Der Roman hat durch die Perspektivierung der Erzählung zwei konkurrierende Sichtweisen auf die Handlung geboten: diejenige des drangsalierten, unkontrollierten Heimkehrers und diejenige des zivilen Ordnungshüters. Morrell habe, so seine in der Retrospektion sicherlich verklärte Meinung,[19] die unterschiedlichen Perspektiven zweier Generationen auf den Vietnamkrieg darstellen wollen. Durch die filmische Entscheidung, Teasle nicht länger als ambivalente Parallelfigur zu inszenieren, sondern ihn als fanatischen Antagonisten aufzubauen, wird diese doppelte Perspektive reduziert. Der Film kompensiert diese Reduktion durch ein komplexes semiotisches Konstrukt, das dem Film letztlich sogar eine größere Deutungsoffenheit bietet.

Der Film schildert nämlich eine ganze Reihe von Kriegen, indem er verschiedene Oppositionen überlagert und damit einen komplexen Zeichen-Krieg stiftet.

(1) Soldaten vs. Zivilisten: Auf der Filmoberfläche kämpfen Rambo und Teasle (bzw. dessen Polizisten) gegeneinander. Dies ist zwar ein Konflikt, der von zwei Individuen ausgetragen wird (bzw. deren Stellvertretern), aber dahinter ist leicht ein genereller Konflikt zwischen Kriegsheimkehrern und Daheimgebliebenen um Fragen der kollektiven Identität zu erkennen.[20] Der Film reinszeniert eine für Kriegsheimkehrergeschichten typische Problemkonstellation: Ein Soldat kehrt heim und stellt fest, dass seine früheren sozialen Bindungen keinen Bestand mehr haben. Rambos Kriegskamerad Delmare – und dieser steht hier stellvertretend für sämtliche Sozialkontakte – ist an Krebs gestorben; Rambo setzt seinen Weg fort, nun aber jeglicher Ziele beraubt. Anstelle einer Gesellschaft, die ihn für seinen Dienst am Vaterland respektiert, trifft er nun auf den Zivilisten Wilfred Teasle, der mit Rambo keine kameradschaftlichen Werte teilt, sondern diesen als Störung seiner Ordnung empfindet. Das Interesse der Zivilisten illustriert eine Szene im Gefängnis, als einer der Polizisten die Kriegswunden Rambos entdeckt und aufschrickt: »Holy shit. Look at this! What the hell has he been into?« Die Antwort gibt ein anderer: »Who gives a shit…« An einer gesellschaftlichen Reintegration des Veteranen besteht kein sonderliches Interesse. Die Gewalt, die daraufhin eskaliert, ist freilich unverhältnismäßig. Auf der Oberfläche initiiert Rambo einen Bürgerkrieg, der völlig absurde Ausmaße annimmt. Auf dieser Ebene dient die dargestellte Action einer orgiastischen Verherrlichung von Gewalt: Der Amerikaner Rambo hat das Recht, seine Ansprüche an die Gesellschaft mit aller Macht und gegen jeden Widerstand durchzusetzen. Dies macht die Figur zu einem selbstgerechten und maßlosen Patrioten, dem alle Mittel recht sind, der vom Zuschauer allerdings gerade dafür bewundert wird. In dieser Perspektive bietet der Film bereits eine militärkritische Lesart (weil das amerikanische Militär Rambo erst zu dieser Kriegsmaschine gemacht hat) und eine konservative Lesart, innerhalb derer die Gesellschaft nicht genug für die Re-

integration getan hat und insbesondere die Anti-Kriegs-Demonstranten in die Täterrolle gedrängt werden, wie Rambo dies abschließend tut: »Then I come back to the world and I see all these maggots at the air-

Rambo als Kläger: »All these maggots«

port, protesting me, spitting, calling me baby killer and all kinds of vile crap.« Das Unrecht ist nicht einseitig verteilt, sondern liegt auf vielen Schultern, auf Rambos freilich nicht.

(2) In der unterirdischen Zelle der Polizeistation wird Rambo Repressalien ausgesetzt, die sich nicht mit dem Selbstbild des friedlichen Amerika vereinbaren lassen. Diese Gewalt wird bezeichnenderweise auch nicht auf der Stadtoberfläche ausgetragen, sondern im Keller verborgen.[21] Gewalt ist von der Oberfläche der Straßen verdrängt, aber keineswegs getilgt: Teasle ist bei seiner Einführung zwar oberflächlich höflich, etwa wenn er die Passanten grüßt, lässt aber insgeheim seine abschätzige Weltsicht durchklingen, wenn er beiseite spricht: »Gonna take a bath this week?« Auch das Verhalten der Polizisten untereinander, die einander beleidigen und körperlich attackieren, ist von Gewalt geprägt (»You goddamned pansy!«). Im Laufe der Inhaftierung wird Rambo mehrfach an seine Gefangenschaft in Vietnam erinnert. Der erste Flashback ereignet sich, als er ein vergittertes Fenster erblickt,

das von einem Bambusgitter in Vietnam überblendet wird. Der zweite *trigger* ist ein Würgegriff mit dem Schlagstock, der Rambo an seine Folter im vietnamesischen Lager erinnert; diese Folter wiederum hat starke Ähnlichkeiten mit einer Kreuzigungsszene und stilisiert Rambo zu einem Christusäquivalent, das symbolisch die Leiden aller auf sich nimmt.[22] Schließlich, und dieser dritte Flashback ist schließlich der akute Auslöser für die gewalttätige Eskalation, wird Rambo durch den Anblick des Polizisten mit einem Rasiermesser wiederum an Vietnam erinnert. Das Gesicht des Polizisten wird überblendet mit einem feindlichen Soldaten, der mit seinem Messer Rambo einen tiefen Schnitt zufügt. Dieser dritte Erinnerungsfetzen identifiziert nicht nur Gegenstände miteinander, sondern Personen: Der amerikanische Polizist und der vietnamesische Soldat verschmelzen in Rambos Perspektive miteinander zu einem Feindbild, das ihm sadistische Gewalt antut. Durch dieses Ereignis wird Rambo langfristig in sein Kriegerdasein zurückversetzt. Er kämpft nun nicht nur als amerikanischer

»Nothing is over!« Rambos Flashbacks

Veteran gegen amerikanische Polizisten, sondern auch (wieder) als amerikanischer Soldat gegen vietnamesische Soldaten. Der Konflikt erfährt hier also eine semiotische Komplexitätssteigerung, indem die Konfliktparteien unterschiedlich besetzt werden. Der Krieg verlagert sich auf der räumlichen Ebene von einem internationalen in einen regionalen und weiter in einen lokalen Konflikt. Die Gewalt – so zeigt der Film anschaulich – kann dabei ebenso wenig verdrängt werden wie die Erinnerung an den Vietnamkrieg, bis schließlich der Showdown in der Polizeistation zur Bewusstwerdung des Konflikts führt. Die traumatische Erfahrung, die räumlich (wie psychisch) verdrängt und sprachlich totgeschwiegen wurde, wird nun verbalisiert und an die Oberfläche geholt.

(3) Rambo flüchtet aus der Polizeistation in die Wälder – natürlich überquert er auch jene Brücke wieder, über die Teasle ihn mehrfach aus der Stadt eskortiert hat. In den Wäldern, in denen er sich heimisch fühlt, kann er seine zahlenmäßige Unterlegenheit gegenüber den Polizisten und der Nationalgarde kompensieren. Trotz seiner quantitativen, technischen und logistischen Unterlegenheit bietet er dem Gegner die Stirn. Dass es sich um einen Wald handelt und nicht etwa ein Gebirge oder eine Wiesenlandschaft, ist ikonisch denkbar passend, denn dieses undurchsichtige Terrain ist

vergleichbar mit der Dschungellandschaft Vietnams, deren dichte Wälder es den Amerikanern im Krieg so schwer gemacht haben, dass sie sich gegen den technisch und zahlenmäßig unterlegenen Gegner nicht durchsetzen konnten. Hier zeigt sich nämlich, dass der Film nur auf der Oberfläche eine Art Bürgerkrieg zeigt. Dort kämpfen die staatlichen Ordnungshüter der USA gegen einen auf dem Papier deutlich unterlegenen Gegner, der sich im Wald verschanzt, letztlich aber nicht zu besiegen ist. Was der Konflikt damit gleichzeitig abbildet, ist nicht nur ein individuelles Folgeproblem des Vietnamkriegs, sondern letztlich auch der Vietnamkrieg selbst. Dies wird deutlich, wenn die in den Wald einrückenden Polizisten mit dem Übermut der US-amerikanischen Soldaten vorgehen und den Kampf aufgrund ihrer eigenen Überlegenheit bereits für entschieden halten: »He is *one* man. Wounded.« Mit demselben Argument der militärischen Hegemonie haben amerikanische Politiker seinerzeit stets behauptet, der Vietnamkrieg werde schnell gewonnen sein – womit sie sich ebenso gründlich geirrt haben wie die Polizisten in FIRST BLOOD.

Indem Rambo zu Beginn des Films arglos in die amerikanische Kleinstadt hineinspaziert ist, hat er das heile Amerika mit dessen kriegerischer Schattenseite konfrontiert. Und diese Grenzübertretung bleibt nicht ungesühnt; sofort setzt sich die Verdrängungsmaschinerie wieder in Gang: Der Vertreter der öffentlichen Ordnung, Teasle, dessen militäri-

sche Vergangenheit im Koreakrieg im Film kaum eine Rolle spielt, wirft den Veteranen Rambo aus der Stadt und bildet damit den psychischen (Verdrängungs-)Prozess aus dem kollektiven Gedächtnis Amerikas ab. Rambo stellt durch seinen Status als Heimkehrer einen Angriff auf das Selbstbild des friedliebenden Amerika dar und muss dementsprechend verdrängt und vergessen werden. Aber der Film zeigt selbst, wie brüchig dieses Selbstbild ist. Das Auseinanderklaffen von oberflächlichem Friedenswillen und tatsächlicher Gewalt wird beispielhaft durch die Medien illustriert: Nachdem Rambo in Notwehr einen Polizisten getötet hat (das einzige Todesopfer – ganz im Gegensatz sowohl zum Roman als auch zu den Filmsequels), berichtet die Presse völlig verfälschend von diesem Ereignis:

»Units of the state police along with local members of the national guard are now being mobilized. What still remains unexplained by local authorities is just how and where the former Green Beret came into possession of the weapons with which he allegedly killed one deputy sheriff and tried to kill six others. Only their skilled training in police enforcement techniques saved their lifes. Word now is the fugitive will be in custody in a matter of hours.«

Diese Schilderung enthält eine ganze Reihe von offensichtlichen Unwahrheiten: Zunächst einmal ist die Herkunft der Waffen, die Rambo besitzt, kein Geheimnis für die Polizisten, sind es doch diejenigen Waffen, mit denen sie ihn töten wollten; der Polizist, der ums Leben kommt, als Rambo sich zur Wehr setzt, ist durch einen Sturz gestorben, nicht

Unter dieser scheinbar harmonischen Oberfläche der Gesellschaft und zugleich unter der Oberfläche der Stadt Hope, im Keller der Polizeistation, zeigen sich die sadistische Ader einiger Polizisten und die latente Gewalt eines zivilen Amerika, das sich selbst aus dem Fernsehen ganz anders kennt.

Medienberichterstattung in FIRST BLOOD

als Folge von Waffengewalt. Die anderen sechs Polizisten hat er nicht zu töten versucht, sondern absichtlich bloß verwundet. Schließlich ist auch die Aussage unzutreffend, dass die Polizisten ihr Überleben ihrer Ausbildung zu verdanken hätten – vielmehr ist es die Gnade Rambos; ganz zu schweigen von der Fehleinschätzung, dass der Flüchtige in wenigen Stunden gefasst sein werde. Die irreführende und beschönigende Presse ist im amerikanischen Vietnamkriegsdiskurs (und damit auch in Vietnamfilmen) ein fester Topos, denn die Kriegsberichterstattung ist von der amerikanischen Bevölkerung tatsächlich als verlogen wahrgenommen worden.[23] Das verzerrte Bild, das die Medien von Rambo zeichnen, ist ebenso falsch wie das Selbstbild, das sie im Umkehrschluss von der eigenen Gesellschaft produzieren.

Die technische Überlegenheit sowohl der Polizisten in FIRST BLOOD als auch der Amerikaner in Vietnam manifestiert sich insbesondere in dem Hubschrauber, den Rambo mit einem gezielten Steinwurf – eine deutliche Reminiszenz an den Mythos von David und Goliath – ausschaltet. Diese Konstellation spiegelt sehr detailreich die Verhältnisse im Vietnamkrieg: allerdings mit Rambo in der Rolle des Vietcong und den Zuschauern unzweifelhaft auf dessen Seite. In dieser Perspektive repräsentiert Rambo zeichenhaft den Vietcong und die amerikanische Polizei das amerikanische Militär.

So wird deutlich, wie der Film seine zeichenhafte Offenheit generiert: Durch die Übertragung des Konflikts in die USA werden sämtliche Figuren mehrfach codiert. Während der Roman zwei Erzählperspektiven miteinander konfrontiert und damit das Problem von zwei Seiten beleuchtet hat, produziert der Film noch wesentlich mehr Komplexität, indem er die Figuren zu Bedeutungsträgern macht, die alles andere als eindimensional sind.[24]

Der Zuschauer kann in Rambo vielerlei sehen:

- einen Veteranen im Kampf um gesellschaftliche Anerkennung;
- einen traumatisierten Amerikaner im Kampf gegen vietnamesische Folterknechte;
- einen zu Unrecht verfolgten Vietnamesen im heroischen Kampf gegen eine militärische Übermacht.

FIRST BLOOD zeigt gewissermaßen drei Kriege, die zwischen Rambo und Teasle als symbolische Stellvertreter ausgefochten werden: Neben einem inneramerikanischen Konflikt (Verdrängung vs. Aufarbeitung) wird der Vietnamkrieg aus zweierlei Blickwinkeln wiederholt. So stellt der Film einer konservativen, Vietnam als Kriegsfeind dämonisierenden Perspektive eine liberale und selbstkritische Lesart gegenüber und kompensiert derart nicht nur die Perspektivenvielfalt des Romans, sondern geht weit darüber hinaus. Auf einer zeichenhaften Ebene verhandelt der Film den Vietnamkrieg als amerikanisches Kollektivtrauma viel differenzierter als es zunächst den Anschein hat, und zwar zugleich als ein Problem der Heimkehr aus dem Krieg und als Problem der Kriegsführung selbst sowie seiner medialen Verarbeitung.

»Strictly Marvel Comics«. Ausblick

Und der Zuschauer sieht auch: rasante Verfolgungsjagden, spektakuläre Schusswechsel, krachende Explosionen. Damit ist Rambo zu einer Ikone der Popkultur geworden, und diesen Nachruhm verdankt er zwar auch dem ersten Teil der inzwischen vierteiligen Rambo-Serie, aber sicherlich nicht hauptsächlich diesem. Das Sequel, das 1985 mit dem Namen der Figur ganz offensives Marketing betrieb, spielte an den Kinokassen weitaus mehr Geld ein als noch der Vorgänger (oder die beiden Nachfolger):[25]

FIRST BLOOD: 125.212.904 US $
RAMBO: FIRST BLOOD II: 300.400.432 US $
RAMBO III: 189.015.611 US $
RAMBO: 113.244.290 US $

Bei diesem Film handelt es sich in mancherlei Hinsicht um ein Actionfilm-Konzentrat, das wesentlich konsequenter als noch FIRST BLOOD auf all jene genre-untypischen Elemente verzichtet: Die ›toten‹ Zeiten‹ sind diesmal tatsächlich tote Zeiten, der Held demonstriert seine Härte bis zum Schluss (und bricht nicht in einen Weinkrampf aus), der Film zeigt mehr Humor und stellt dem Helden ein *love interest* an die Seite.[26] RAMBO: FIRST BLOOD PART II ist in vielerlei Hinsicht der klassischere Actionfilm – und in ideologischer Hinsicht wesentlich reaktionärer,[27] weil er – wie MISSING IN ACTION (1984; R: Joseph Zito) oder UNCOMMON VALOR (Die verwegenen Sieben; 1983; R: Ted Kotcheff) – suggeriert, dass in Vietnam immer noch Kriegsgefangene leben würden und die amerikanische Regierung diese im Stich gelassen hätte:

> »These films also share a specific political subtext and a literary form which are important to our understanding of the

Rambo films. The subtext is a reevaluation of the American defeat in the war. These films posit that America did not lose because of a failure on its half to understand the nature of the conflict in Indo-China, and it certainly did not lose because the North Vietnamese were better soldiers. America lost because of a conspiracy back home.«[28]

Als ein Dokument des Kalten Krieges, der auch auf den Kinoleinwänden ausgefochten wurde, steht dieser Film in direkter ideologischer Nachbarschaft etwa von INVASION U.S.A. (1985; R: Joseph Zito), IRON EAGLE (Der stählerne Adler; 1986; R: Sidney J. Furie) oder ROCKY IV (1985; R: Sylvester Stallone).[29] Rambo sei mit diesem Film, so Thomas Doherty, zu einer Kreuzung aus einer »action-adventure war fantasy« und einem Comic geworden: »He's strictly Marvel Comics«.[30]

Der dritte Teil, in dem Rambo zusammen mit der afghanischen Bevölkerung gegen die sowjetische Besatzungsmacht kämpft, demonstriert schließlich, wie kurzlebig Actionfilme sind, die sich allzusehr an dem politischen Tagesgeschehen orientieren: Als RAMBO III im Mai 1988 in die Kinos kam, war der Afghanistankonflikt quasi beendet, die Sowjets begannen das Land gerade zu verlassen und der Film blieb an den Kinokassen hinter den Erwartungen zurück. Und zwanzig Jahre später hat die politische Realität diesen Actionfilm in eine tragische Erzählung über den Ursprung von Gewalt verwandelt. Nur der erste Teil der Rambo-Serie hat eine differenzierte Reflexion darüber angestellt, wer das erste Blut vergossen hat; diesbezüglich stellt er mehr Fragen, als er Antworten gibt. ❑

Anmerkungen

1 Creighton Lee Calhoun: Old Southern Apples, Revised and Expanded. A Comprehensive History and Description of Varieties for Collectors, Growers, and Fruit Enthusiasts. White River Jct. 2001, S. 129.

2 David Morrell: Rambo and Me. The Story Behind the Story, S. 9. http://www.davidmorrell.net/stories/rambo-and-me/ [17.2.2014]. Eine gekürzte Version dieses Textes dient als Vorwort zu Morrells Roman *First Blood* (New York / Boston 2000, S. VII–XIV).

3 Dudenredaktion (Hg.): Duden. Die deutsche Rechtschreibung. Mannheim et al. 2004 (23. Aufl.), S. 789.

4 Catherine Soanes / Angus Stevenson: Oxford Dictionary of English. Oxford et al. 2005 (2. Aufl.), S. 1246.

5 Richard Zoglin: An Outbreak of Rambomania. Sylvester Stallone starts Hollywood's summer with a bang In: Time. 24.6.1985, S. 72–74, hier S. 72.

6 Susan Jeffords: Hard Bodies. Hollywood Masculinity in the Reagan Era. New Brunswick 1994, S. 28.

7 Vgl. Gert Raeithel et al. (Hg.): Vietnamkrieg und Literatur. Amerikas Auseinandersetzung mit dem Krieg in Südostasien. München 1972; John Newman / David A. Willson (Hg.): Vietnam War Literature. An Annotated Bibliography of Imaginative Works About Americans Fighting in Vietnam. Lanham 1996 (3. Aufl.).

8 David Morrell: First Blood. New York / Boston 2000, S. 50f. Einige deutsche Übersetzungen haben die gewalttätigen Passagen erheblich gekürzt, um die Figur dem Filmhelden anzunähern.

9 Ebenda, S. 133.

10 Vgl. Harvey O'Brien: Action Movies. The Cinema of Striking Back. London / New York 2012, S. 14 et pass. und die Einleitung des vorliegenden Bandes.

11 Eine ausführliche, auf die Vater-Sohn-Konflikte von David Morrell und Sylvester Stallone perspektivierte Darstellung des Text-Film-Verhältnisses findet sich bei Susan Faludi: Männer. Das betrogene Geschlecht. Übers. v. Ursula Locke-Gross et al. Reinbek 2001, S. 379–454.

12 Vgl. Jeffords 1994, S. 28–52.

13 Hans J. Wulff: Held und Antiheld, Prot- und Antagonist. Zur Kommunikations- und Texttheorie eines komplizierten Begriffsfeldes. Ein enzyklopädischer Aufriss. In: Hans Krah / Claus-Michael Ort (Hg.): Weltentwürfe in Literatur und Medien. Phantastische Wirklichkeiten – realistische Imaginationen. Festschrift für Marianne Wünsch. Kiel 2002, S. 431–448, hier S. 432.

14 Vgl. Steve Neale: Genre and Hollywood. London / New York 2000, S. 52.

15 Vgl. die Einleitung des vorliegenden Bandes und Umberto Eco: Wie man einen Pornofilm erkennt. In: ders.: Sämtliche Glossen und Parodien. Übers. v. Burkhart Kroeber / Günter Memmert. München 2002, S. 321–323.

16 Während FIRST BLOOD die Diskurselemente also an die Filmränder verdrängt und der Action so den Vordergrund überlässt, wählt DIE HARD einen anderen Weg, indem er mit Filmzitaten auf das Westerngenre verweist; vgl. hierzu den Beitrag von Ingo Irsigler im vorliegenden Band.

17 Ernst Robert Curtius: Europäische Literatur und lateinisches Mittelalter. Bern 1963 (4. Aufl.), S. 202.

18 Vgl. Hannes Fricke: Das hört nicht auf. Trauma, Literatur und Empathie. Göttingen 2004, S. 112–117.

19 Zu Morrells vermeintlicher Intention vgl. kritisch Fahudi 2001, S. 412f.

20 Im Roman stehen sich mit Rambo und Teasle auch zwei Veteranen des Korea- und Vietnamkriegs gegenüber.

21 Dieser Raum stellt einen der beiden topografischen Pole dar, zwischen denen die Handlung sich bewegt: der Keller der Polizeistation und die Höhle in den Bergen, wo Rambo seine *revenge* beginnt.

22 Vgl. hierzu These 8 der Einleitung des vorliegenden Bandes.

23 Vgl. Waltraud Wende: Über die Unfähigkeit der Amerikaner sich ein Bild vom Vietnam-Krieg zu machen … Der Krieg, die Rolle der Medien und Stanley Kubricks *Full Metal Jacket* (1987). In: Thomas F. Schneider (Hg.): Kriegserlebnis und Legendenbildung. Das Bild des »modernen« Krieges in Literatur, Theater, Photographie und Film. Bd. 3: »Postmoderne« Kriege? Krieg auf der Bühne. Krieg auf der Leinwand. Osnabrück 1999, S. 1075–1086.

24 Vgl. hierzu Michael Comber / Margaret O'Brien: Evading the War: The Politics of the Hollywood Vietnam Film. In: History. The Journal of the Historical Association 73 (1988), S. 248–260.

25 Die Daten stammen aus der Internet Movie Database (IMDb); vgl. http://www.imdb.com [17.2.2014].

26 Vgl. hierzu die These 3 und 4 der Einleitung des vorliegenden Bandes.

27 »That a movie as violent and one-dimensional as *Rambo* became the top-grossing film of the year was, in the exes of many critics, depressing confirmation of the troglodyte taste of the mass audience, as well as of its steadfast refusal to face the inglorious truth about our involvement in Vietnam.« Harold Schechter / Jonna G. Semeiks: Leatherstocking in 'Nam. RAMBO, PLATOON and the American Frontier Myth. In: James Combs (Hg.): Movies and Politics. The Dynamic Relationship. New York 1993, S. 115–129, hier S. 116.

28 Paul Budra: Rambo in the Garden. The POW Film as Pastoral. In: Literature/Film Quarterly 18.3 (1990), S. 188–192, hier S. 188.

29 LeSueur/Rehberger stellen beide Stallone-Filme in einen engen Zusammenhang und betonen mit vollem Recht die Bedeutung der Zivilisationskritik; vgl. Stephen C. LeSueur / Dean Rehberger: ROCKY IV, RAMBO II, and the Place of the Individual in Modern American Society. In: Journal of American Culture 11.2 (1988), S. 25–33.

30 Thomas Doherty: RAMBO: FIRST BLOOD PART II. In: Film Quarterly 39.3 (1986), S. 50–54; vgl. hierzu These 8 der Einleitung des vorliegenden Bandes.

Die beste aller möglichen Welten

James Camerons THE TERMINATOR
und TERMINATOR 2: JUDGMENT DAY

Von Eckhard Pabst

Am Anfang steht ein Fiebertraum: wahnhafte Bilder eines Metallskeletts, das sich aus Flammen erhebt oder – möglicherweise schon halb zerstört – mit Messern über den Fußboden voran arbeitet.[1] Der diesen Traum träumt und die Bilder sogleich mit Papier und Stift festhält, ist der junge James Cameron. Sein erster Gehversuch als Regisseur eines abendfüllenden Spielfilms ist kurz zuvor jäh unterbrochen worden, als man ihn nach nur acht Drehtagen des Horror-Spin-offs PIRANHA PART TWO: THE SPAWNING (Piranha 2: Fliegende Killer; 1981) vom Set feuerte. Um zu intervenieren, reiste Cameron zur italienischen Produktionsfirma nach Rom, wo er sich heftige Wortgefechte mit dem Produzenten Ovidio G. Assonitis lieferte und angeblich in den Schnittraum eindrang, um den Film nach seinen Vorstellungen zu montieren. Am Ende dieser abenteuerlichen Episode fängt er sich eine schwere Grippe ein, die ihn in einem römischen Hotelzimmer ans Bett fesselt. Und es sollen diese Tage gewesen sein, in denen Cameron die Vision zu einer Figur kam, um die sich wenige Jahre später ein langlebiger und breitlagernder filmischer Kosmos aufspannen sollte und die zu einer Ikone des popkulturellen Diskurses des ausgehenden 20. Jahrhunderts avancierte: der Terminator.

Beginnt die Erfolgsgeschichte von THE TERMINATOR (1984) also einerseits mit dem Glücksfall einer fiebrigen Inspiration, wurden andererseits bald Plagiatsvorwürfe gegen Autor und Regisseur laut: Das Motiv der Zeitreise, des Eingriffs in den Lauf der Geschichte und das Motiv des unaufhaltsam tötenden soldatischen Roboters seien zwei Folgen der TV-Serie *The Outer Limits* (USA 1963–65) und einer Kurzgeschichte des Autors Harlan Ellison entlehnt. Ellison und Cameron einigten sich schließlich außergerichtlich auf die Zahlung einer Entschädigung von knapp 400.000 US-Dollar; seitdem ist im TERMINATOR-Abspann der Passus »Acknowledgment to the works of Harlan Ellison« zu lesen.[2]

Ohne Zweifel sind das Zeitreisemotiv und die dadurch provozierten paradoxen Handlungswendungen ebenso bestimmend für THE TERMINATOR wie auch für seinen Nachfolger TERMINATOR 2: JUDGMENT DAY (1991).[3] Ob Cameron mit diesem Motiv nun aber ein konkretes filmisches Vorbild plagiiert hat oder die Idee gleichsam aus einem allgemeinen Stoffvorrat gängiger Science-Fiction-Topoi synthetisierte – mit Blick auf sein Gesamtwerk ist es nicht die Science-Fiction-Idee der Zeitreise an sich, die diesen Actionfilm so interessant macht, sondern die dramaturgische Funktionalisierung, nach der zwei Kontrahenten aus der Zukunft in die Gegenwart reisen, um im Hier und Jetzt einen in der Zukunft unentscheidbaren Kampf auszutragen bzw. die Bedingungen für das zukünftige Aufeinandertreffen zu manipulieren; damit zielt die Filmhandlung ins Zentrum des Cameronschen Universums, das sich in jedem seiner Filme um die sich immer wieder stellende Frage nach der Verantwortung des Subjektes für die Ordnung der Welt dreht.

In diesem Sinne ist dann auch die ›Action‹ dieses Cameron-Films – wie auch der meisten seiner anderen Spielfilme von ALIENS (1986) bis AVATAR (2009) – in der besonderen Weise eines Ordnungsdiskurses funktionalisiert.[4] Die Angriffe, die der Terminator auf Sarah Connor (Linda Hamilton) und ihren Beschützer Kyle Reese (Michael Biehn) ausübt, haben nicht nur das Ziel, diese Personen zu töten, sondern dadurch den Verlauf der weiteren Menschheitsgeschichte zu revidieren; und in diesem Sinne gilt Sarahs und Reese' Gegenwehr nicht nur ihrer unmittelbaren Verteidigung, sondern

mindestens ebenso sehr der Aufrechterhaltung von Handlungsfreiräumen gegenüber den künftigen Unterdrückern der Menschheit. All die Kämpfe im nächtlichen Los Angeles mit ihren kinetischen Impulsen wie Explosionen, Zertrümmerungen, raumgreifenden Verfolgungsjagden und immer wieder Schießereien sind mithin nicht bloß retardierende Ausweitungen eines nur um Bewegungsspektakel bemühten Unterhaltungskinos; vielmehr sind dies die äußeren Signaturen eines Kampfes um die Welt, wie sie einmal sein soll: zur Auslöschung alles Menschlichen determiniert oder in ihrem Fortbestehen offen für die Gestaltung nach freiem Willen.[5]

In diesem Aspekt berühren sich Camerons Filme wiederkehrend; denn mit großer Regelmäßigkeit ist das Subjekt in die Situation geworfen, das Fortbestehen der Welt sichern zu müssen: Wenn Ripley (Sigourney Weaver) im Laderaum der USS Sulaco den finalen Angriff der Alien-Königin abwehrt (ALIENS), wenn Bud Brigman (Ed Harris) am Grund des Kaimangrabens einen Atomsprengkopf entschärft (THE ABYSS; 1989), wenn Rose Dewitt Bukater (Kate Winslet) den Platz im Rettungsboot ausschlägt, um stattdessen an Jack Dawsons (Leonardo DiCaprio) Seite auf dem sinkenden Schiff zu bleiben (TITANIC; 1997), und wenn Jake Sully (Sam Worthington) die Seiten wechselt und den Stämmen der Na'vi im Kampf gegen die irdischen Invasionstruppen beisteht (AVATAR) – wenn all diese Figuren gegen übermächtige Gegner und Verhältnisse aufbegehren und dabei allerhand Reibungswärme freisetzen (also Action erzeugen), dann ist es diesen Kämpfenden auch immer um eine Weltordnung bestellt, die künftig eine bessere sein soll als jene, die sich ohne ihren Widerstand soeben festigen würde.

Nachts in Los Angeles

Wir schreiben das Jahr 2029, die Szene ist Los Angeles. Aber die Stadt, wie wir sie kennen, existiert nicht mehr – der Ort hat sich in eine Trümmerwüste verwandelt. Die Luft wird von langsam patrouillierenden Düsenjets beherrscht, den Boden zwischen den Hochhausruinen suchen Kampfpanzer ab, sogenannte ›Hunter-Killer-Tanks‹, die unablässig Lasergranaten auf alles abfeuern, was sich bewegt. Über die Bilder dieses düsteren Szenarios wird ein Insert geblendet: »The machines rose from the ashes of the nuclear fire. Their war to exterminate mankind had raged for decades, but the final battle would not be fought in the future, it would be fought here, in our present. Tonight ...«. Und auch dieses »tonight« wird bebildert: Bereits mit der nächsten Sequenz, unmittelbar nach den Titelcredits, eröffnet der Film die Ebene der Erzählgegenwart, die nunmehr im Los Angeles des Jahres 1984 angesiedelt ist. Es ist die Nacht, in der zwei Zeitreisende aus der Zukunft eintreffen, beide auf der Suche nach Sarah Connor: der eine – ein kybernetischer Organismus, Modell T-101 (Arnold Schwarzenegger),[6] der aus einem metallenen ›Endoskelett‹ mit lebendem

Überzug aus gezüchtetem menschlichen Gewebe besteht (und insofern von einem normalen Menschen nicht zu unterscheiden ist, solange seine Körperhülle nicht verletzt wird und die Metallkonstruktion hervortritt) – um Sarah zu töten, der andere – der Widerstandskämpfer Kyle Reese – um Sarah vor diesem sogenannten Terminator zu schützen.

Durch die 55-sekündige Eröffnungssequenz, in der der Film einen Blick in die postapokalyptische Zukunft[7] wirft, und ihre nachfolgende Sequenz, in der der Terminator einer Gruppe von Punks die Kleidung abnimmt, wird die Verschränkung des bizarren Zukunftsszenarios und der mit einem Müllwagen recht prosaisch einsetzenden Gegenwartshandlung eingeführt. Dabei mag die Wahl des Schauplatzes – das berühmte Griffith Observatory auf dem Hollywood Hill über Los Angeles – noch den subtilsten Hinweis auf eine noch nicht erkennbare, in ihrem Keim aber schon angelegte Zukunft geben. Das Observatorium ist der Ort, von dem aus sich Gebilde aufspüren und studieren lassen, die vielleicht gerade erst am Ereignishorizont unseres raumzeitlichen Kontinuums aufscheinen und deren Relevanz mithin noch nicht zu ermessen ist. Was immer aus räumlicher und zeitlicher Ferne[8] zu uns kommen mag – hier könnte man es entdecken. Die ersten Schritte des soeben ›gelandeten‹ Terminators führen ihn zum Geländer am Hang, von wo aus sein Blick über das endlose Lichtermeer der Metropole gleitet, die sich zurzeit also noch unzerstört präsentiert, in der Logik des Films aber durch die Ankunft des Terminators bereits ihrem Untergang geweiht scheint.

In dieser Hinsicht führt uns sogleich der szenische Anschluss nach dem Ende der Titelsequenz in die Irre: Was im ersten Moment wie ein Kampfpanzer im postapokalyptischen Los Angeles aussieht, erweist sich dann doch nur als Müllwagen, dessen drohend wirkende Hebegabel einen Abfallcontainer aufnimmt. Die Maschinenkolosse der Zukunft und Gegenwart ähneln sich in bestimmten Aspekten, der Entwicklungsschritte zwischen dem Müllfahrzeug und dem HK-Tank bedarf es nicht vieler; diesen Gedanken wiederholt wenig später noch einmal eine weitere Sequenz, in der Reese in der Nähe einer Baustelle im Halbschlaf von einem Raupenbagger aufgeschreckt wird und über diese Bildeindrücke in einen Traum verfällt, der ihn auf die Schlachtfelder der Zukunft zurückführt. Die entscheidende Differenz zwischen den harmlosen Arbeitsgeräten der Erzählgegenwart und den menschheitsbedrohenden HK-Tanks ist also auf der Ebene der Technologie-Anwendung zu finden, die ihrerseits durch die ideelle Grundordnung der filmischen Welt bestimmt ist. Ob Maschinen dem Menschen nutzen oder ihn vernichten, ist ausschließlich eine Frage der jeweiligen Software und bzw. oder der Programmierung.[9] Genau diese Disposition wird es dann im zweiten Teil der Filmreihe möglich machen, den abermals von Arnold Schwarzenegger verkörperten Terminator infolge einer schlichten Umprogrammierung nun als Beschützerfigur für Sarah Connor und ihren Sohn John auftreten zu lassen.

Die entscheidenden Hinweise auf die geradezu paradoxe Verschränkung von dystopischer Zukunft und vertrauter Gegenwart liefert freilich der Inserttext. Zunächst ist die Verwendung der bestimmten Artikel bemerkenswert, die auf *die* Maschinen und ihr Wiederauferstehen nach *dem* Atomkrieg (»nuclear fire«) als gleichsam bekannte, nicht zu hinterfragende Größen referieren. Weiterhin ist die zeitliche Verortung der Sprechsituation aufschlussreich: Die Vergangenheitsformen »rose« (standen auf) und »had raged« (hatte gewütet) lassen darauf schließen, dass der Sprechakt zu einem Zeitpunkt *nach* diesen Ereignissen erfolgt, also irgendwann nach dem Jahr 2029. Im abschließenden Passus verortet sich die Sprechinstanz dann aber durch die deiktischen Ausdrücke »here« und »tonight« in der Erzählgegenwart, wobei sie diese Sphäre explizit von der Zukunft unterscheidet. Da die Sprechsituation jedoch weiterhin die Vergangenheitsform wählt – das konjunktivische »the final battle [...] would be fought«, die finale Schlacht würde gekämpft werden –, klassifiziert sie dieses ausstehende Ereignis damit paradoxerweise dem langen Krieg der Maschinen gegen die Menschen zeitlich nach- *und* vorgeordnet. Eine Wahrnehmung, der sich die Ereignisfolge dieserart darstellte, fußt auf einem anderen als dem linearen Zeitkonzept: nämlich einem zirkulären, in dem nicht nur Zeitreisen denkmöglich sind, sondern auch durch Zeitreisen fundamentale Umstellungen des Kausalitätsgefüges der Welt insgesamt. Am Ende des Films, wenn Sarah Connor den Terminator besiegt und von Kyle Reese die Details der vor ihr liegenden Zukunft wie in einer Geschichtslektion gelernt haben wird, wird sie ihre Gedanken in ein Diktiergerät sprechen als eine Art Tagebuch für ihren noch ungeborenen Sohn John Connor. Nun mag sie ein Wissen haben, das die Formulierungen des einführenden Inserttextes rechtfertigen. Und wie schon das Observatorium zu Beginn der Binnenhandlung des Films ein Ort war, der symbolisch auf Kommendes verwies, so ziehen jetzt am Ende des Films, nicht minder symbolisch, drohende Gewitterwolken am Horizont auf. »There's a storm coming in«, sagt der Betreiber der Tankstelle zu Sarah, kurz bevor sie davonfährt. »I know«, lautet ihre Antwort, aber ihr Wissen ist ein anderes als das des wetterkundigen Tankwarts.

Was aber hat sich zwischen Anfang und Ende des Films verändert? Die Gefahr der unmittelbaren Bedrohung durch den Terminator mag gebannt sein, aber die Bedrohung durch die in Aussicht gestellte Atomkatastrophe ist insofern konkret geworden, als Sarah durch die Begegnung mit dem Terminator und Reese die Rolle als Mutter des späteren Helden John Connor angenommen hat; ja, das Bedrohungsszenario, das im Inserttext der Exposition knapp umrissen wird: Ein Atomschlag wird die Welt heimsuchen, und anschließend wird ein Jahrzehnte währender Krieg der Maschinen gegen

die Menschheit wüten – dieses Szenario wird gleichsam dadurch ermöglicht, dass der Terminator Jagd auf Sarah macht und diese sich mit Reese auf der Flucht vor der Kampfmaschine vereinigt. Mit dem Überwinden der Gefahr geht das Heraufbeschwören derselben Gefahr einher, Rettung und Untergang sind zu einem Komplex verklammert, der in der Schwebe bleibt und dessen finale Auflösung aussteht.

Mythos, Action

Die Wegstrecke zwischen dem apokalyptischen Anfang und dem gewittrigen Ende gestaltet Cameron als Actionkino in den Spuren der Heilsgeschichte.[10] Abgesehen von der in der Zukunft liegenden Vorgeschichte ist die Ausgangssituation und die sich anschließende Handlung vergleichsweise einfach: Da sich der Krieg in der postapokalyptischen Welt offenbar in einem unauflösbaren Patt zwischen menschlichen Rebellen und Maschinen festgefahren hat, entsenden die Maschinen den Terminator in die Vergangenheit, um Sarah, die Mutter des charismatischen Rebellenführers John Connor, zu töten, bevor sie ihren Sohn überhaupt gebären kann. John Connor schickt seinen besten Mann, Kyle Reese, ebenfalls in die Vergangenheit, damit der Johns Mutter vor den Angriffen des Terminators beschützt. Connor, der in diesem Film als handelnde Figur gar nicht auftritt, ist mithin als ein Messias zu denken, dessen Ankunft prophezeit wird und an dessen Wirken sich die Hoffnung der (gläubigen) Menschheit auf ihre Erlösung knüpft. Die Initialen ›J.C.‹ lassen dabei ebenso an Jesus Christus denken wie diverse Umstände im Umfeld seiner Geburt: Seiner Mutter (die mithin als Maria fungiert) wird die Schwangerschaft verkündet (durch Reese, den Erzengel), Johns Zeugung trägt, indem er sie selbst durch Reese' Entsendung initiiert, Züge einer Zeugung durch den Heiligen Geist und damit Züge einer Selbsthervorbringung der Dreieinigkeit von Gott-Vater-Sohn aus sich selbst,[11] die projektierte Tötung aller Frauen mit Namen Sarah Connor durch den Terminator erinnert an die systematischen Tötungen des biblischen Kindermordes, Reese' und Sarahs Flucht vor dem Terminator übernimmt das Motiv der Flucht nach Ägypten.

Die Produktivität des Cameron'schen Erzählens, das (übrigens nicht nur in den beiden TERMINATOR-Filmen) biblisch-mythische Motive und Stoffkreise synthetisiert, ist in der Forschung immer wieder herausgearbeitet worden; Bähr resümiert, dass auf diesem Wege »ohne allzu großen Aufwand erhebliche Bedeutungspotentiale zu erschließen«[12] wären, Langer macht dieses Verfahren für »einen großen Teil des Erfolges dieser Filme« verantwortlich, die den Zuschauer packten, »weil sie uralte Geschichten erzählen, und in einigen Fällen erzählen sie auf eine uralte Art und Weise, was das Funktionieren der erzählten Geschichten mindestens unterstützt, wenn nicht bedingt«.[13] Über solche erzählökonomischen Argumente hinausweisend

zeigt Langer zudem auf, dass Cameron seine Anlehnungen an mythische Ursprungserzählungen nun aber derart funktionalisiert, dass in ihnen gerade eine Überwindung der mythischen, zirkulären Verfasstheit der Welt, in der »alles immer schon war und immer schon gewesen sein muss, um zu sein«,[14] hin zu einer linearen, geschichtlichen Weltordnung erfolgt, die sich in eine offene und gestaltbare Zukunft entwickeln kann. Es ist dieser Umbau der Weltordnung, der den großen Aufwand an Action in Camerons Filmen rechtfertigt: Die Action ist narrativ gedeckt durch die Dringlichkeit des Problems, das die Cameron'schen Helden zu lösen haben. Und vor diesem notabwendenden Hintergrund kann dann das eigentlich zu Erzählende als mechanisches Geschehen in ganz und gar physische Aktionen aufgelöst werden.

Hier kommt Cameron sicherlich zugute, dass er, lange bevor man ihm die großen Budgets zur Realisierung seiner Regiearbeiten anvertraute, im Special Effects Department bei New World arbeitete, der Produktionsfirma des für billige Genrefilme bekannten Roger Corman. 1978 bewarb Cameron sich in dessen Studio, als Eintrittskarte fungierte dafür sein Kurzfilm XENOGENESIS (1978), den er als Student des Fullerton College (Kalifornien) realisiert hatte. Bereits dieses unvollendet gebliebene Frühwerk weist beachtliche Trickaufnahmen auf, zu deren eindrucksvollsten diejenigen gehören, in denen Cameron Modelltricks und Live-Action innerhalb derselben Einstellung

perspektivischen Grundlagen des filmischen Aufnahmeprozesses, der es ihm auch bei seinen späteren Filmen immer wieder ermöglichen würde, verschiedenste Tricktechniken zu kombinieren, um dieserart die überzeugendste Wirkung bei minimalem Budget zu erzielen. Am doppelten Showdown von THE TERMINATOR kann diese ökonomische Arbeitsweise gut beobachtet werden.

Die Sequenzfolge 1 (a–k) beginnt mit der letzten Etappe einer Verfolgungsfahrt, in deren Verlauf der – mittlerweile schon stark beschädigte Terminator – einen Tanklastwagen in seine Gewalt gebracht hat und Reese und Sarah in einem Industriegebiet verfolgt. Reese gelingt es, einen Sprengsatz am Truck zu befestigen und in Deckung zu gehen, Sarah hat im Davonlaufen noch ein wenig Vorsprung. Der

Doppelter Showdown vor Cyberdyne Systems (1a–c)

kombinierte, ohne dafür die eigentlich notwendige, präzise arbeitende Ausrüstung zur Verfügung zu haben. Camerons Biografen sprechen in diesem Zusammenhang immer wieder von seinem tiefen Verständnis für die fotografischen und Truck verfolgt sie, rammt dabei ein parkendes Fahrzeug vom Gehweg und explodiert schließlich. Aus dem brennenden Wrack steigt der Terminator, geht ein paar Schritte und bricht zusammen; Großaufnahmen zeigen den ausbrennenden Schädel. Doch schon wenige Augenblicke später erhebt er sich erneut aus den Flammen: Seine ›menschliche‹ Körperhülle ist von ihm abgefallen, seine Gestalt ist nun die eines metallenen Skeletts. Sogleich nimmt er wieder die Verfolgung von Reese und Sarah auf, die in die Montagehalle einer angrenzenden Fabrik flüchten. Reese gelingt es, dem Terminator einen weiteren Sprengsatz unterhalb des Brustkorbes zu befestigen, und die anschließende Detonation reißt den Roboter in Stücke. Aber dessen Torso gibt die Jagd auf Sarah immer noch nicht auf und folgt ihr kriechend durch eine Anordnung von Förderbändern und hydraulischen Pressen. In einer solchen kann Sarah den Terminator schließlich zerquetschen.

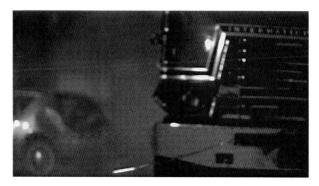

Beide Teilsequenzen – die Truck-Verfolgungsjagd und die Verfolgung durch

1d–f

die Fabrik – beruhen auf einer geschickten Verbindung von Live-Action-Aufnahmen und Modelltricks. Dabei kommt im ersten Abschnitt ein echter Tanklastzug zum Einsatz, mit dem die Verfolgung und die Karambolagen gefahren werden (1a+b); die Explosion hingegen wurde mit einem Modell realisiert (1e) – erkennbar in einer kurzen Einstellung, in der der Faden zu sehen ist, mit dem das Modell gezogen wird (1d). Die Aufnahmen, in denen Sarah vor der Explosion davonläuft, sind

1g+h

Sarah und Reese zuläuft) erfolgt wieder als *travelling matte*-Effektaufnahme (1k).

Paradoxe Zeitschleifen

Wie bereits mehrfach angedeutet, resultieren aus der Zeitreise des Terminators und des Widerstandskämpfers Reese einige paradoxe Konstellationen. John Connor schickt Reese zurück in die Vergangenheit, um seine Mutter beschützen zu lassen. Doch nur durch diesen Besuch wird Sarah überhaupt schwanger. Wenn John Connor also

im optischen Trickverfahren mit einer bewegten Maske (*travelling matte*, umgangssprachlich auch als ›blue screen‹ bezeichnet)[15] realisiert (1f). Ganz ähnlich verhält es sich mit dem zweiten Teil der Verfolgung im Inneren der Maschinenhalle. Groß- und Nahaufnahmen des Terminators zeigen mechatronische Puppenteile (1g+h),[16] die von Puppen-Operatoren geführt werden, Ganzkörperaufnahmen des Terminators sind im Stop-Motion-Verfahren mit einer kleineren Terminator-Variante ausgeführt (1i). Die Kombination von Live-Action und Stop-Motion (etwa wenn der Terminator durch den Gang der Fabrik auf Reese diese Aufgabe anvertraut, schickt er damit seinen eigenen Vater in die Vergangenheit; und wenn er dies nicht tun würde, hätte er keinen Vater und hätte folglich nicht gezeugt und geboren werden können.

Eine ähnlich paradoxe Konstellation ergibt sich aus einer kleinen Sequenz nach dem Showdown des Films, die in der finalen Schnittfassung allerdings nicht mehr enthalten, im Bonusmaterial von DVD-Editionen aber zugänglich ist. Sie zeigt, wie zwei Mitarbeiter der Fabrik, in der Sarah den Terminator schlussendlich vernichten konnte, ein Bauteil des Terminators finden und vor der Spurensicherung der Polizei verbergen. Abschließend zeigt die Kamera das Konzerngebäude von außen: Es ist die Zentrale von Cyberdyne Systems.

1991 kehrt die TERMINATOR-Erzählung an diesen Ort zurück – nun aber nicht mehr im Gewand eines mühsam finanzierten B-Movies, dessen Erfolg alle Beteiligten überraschte, Regisseur Cameron inbegriffen, sondern als Großproduktion eines Major-Studios: In TERMINATOR 2: JUDGMENT DAY reisen erneut zwei Figuren aus der Zukunft zurück in die Vergangenheit.

1i+k

Nachdem die erste Mission, Sarah Connor zu töten, misslang, entsenden die Maschinen einen weiteren Terminator, diesmal allerdings das neuere Modell T-1000 (Robert Patrick): Diese Weiterentwicklung aus flüssigem Metall, die mechanische Verletzungen umgehend ausgleicht und den Terminator älterer Bauart an Kampfkraft übertrifft,[17] soll den mittlerweile zehnjährigen John Connor (Edward Furlong) töten.[18] Die Rebellen schicken erneut einen Beschützer in die Vergangenheit, diesmal jedoch keinen menschlichen Kämpfer, sondern einen Terminator T-101 (Arnold Schwarzenegger), der aufgrund einer Neuprogrammierung nicht tötet, sondern die ihm Anvertrauten beschützt. In einer zentralen Sequenzfolge beschließt Sarah (Linda Hamilton), den Chefentwickler von Cyberdyne Systems, Dr. Miles Dyson (Joe Morton), zu töten, bevor der mit seiner Forschung und seinen Hard- und Softwareentwicklungen die Grundlagen für die Erschaffung von Skynet und der Terminatoren legt. Dyson aber entwickelt diese Technik im Grunde nicht selbst, sondern rekonstruiert sie aus zwei Fundstücken, die im Hochsicherheitstrakt der Firma aufbewahrt werden: dem Hauptchip des Terminators und einem seiner Arme – beides Überbleibsel des

Terminators aus dem ersten Film (das Auffinden dieser Bauteile wurde, wie oben erwähnt, gedreht, die Szenen wurden dann aber nicht verwendet). Auch hier also wieder eine paradoxe Konstellation: Der Terminator (und mit ihm die gesamte für die Macht der Maschinen verantwortliche Skynet-Anlage) kann nur entwickelt werden, wenn der entscheidende Teil seiner selbst – der Mikrochip mit der evolutionär neuartigen Programm- und Lernstruktur – den Beginn seiner Entwicklung initiiert. Der Terminator ist Voraussetzung seiner selbst, so wie John Connor Voraussetzung seiner selbst ist.

›Schicksal erdulden‹ in THE TERMINATOR vs. ›Geschichte schreiben‹ in TERMINATOR 2: JUDGMENT DAY

Im Verlauf der Handlung von TERMINATOR 2: JUDGMENT DAY wird berichtet, dass Sarah Connor vor Einsatz der Handlung bereits versuchte, die Zentrale von Cyberdyne Systems in die Luft zu sprengen. Ihr Vorhaben scheiterte allerdings, stattdessen wurde sie verhaftet und in einer geschlossenen psychiatrischen Klinik interniert. Nachdem John und der Terminator T-101 Sarah von dort befreit haben, setzen sie ihre Flucht vor dem übermächtigen T-1000 in Richtung Süden fort. Bei Freunden aus Sarahs Vergangenheit finden sie Unterschlupf und decken sich mit Waffen ein. In einer für den gesamten TERMINATOR-Kosmos zentralen Sequenz fasst sie den Entschluss, die mit den For-schungen im Cyberdyne-Konzern bereits eingeleitete Zukunft umzusteuern, indem sie ein Attentat auf den Chefingenieur Dyson plant (Abbildungen 2a–h). Auslösend für dieses Vorhaben ist ein Traum, dessen Bildrepertoire in ähnlicher Form mehrfach im Film vorbereitet, aber erst an dieser Stelle in Gänze entfaltet wird. Bevor dieser Traum einsetzt, sehen wir Sarah an einem Holztisch sitzend, wo sie mit einem Messer etwas in die Tischplatte ritzt (2a). Dann folgen die träumend wahrgenommenen Bilder, in denen Sarah über eine Rasenfläche zu einem Spielplatz geht, den sie aber nicht betreten kann, da ihr ein Drahtzaun den Zugang versperrt (2b). Immer verzweifelter versucht sie, die auf dem Spielplatz spielenden Kinder und einige Mütter (darunter Sarah selbst, als ob sie hier ein alternatives, bürgerliches Leben führen würde) zu warnen, aber ihre Rufe finden kein Gehör. Plötzlich überstrahlt ein Lichtblitz die Szenerie, und kurz nachdem hinter den Wolkenkratzern im Hintergrund ein Atompilz aufsteigt, rast ein Feuersturm über die Stadt, der Autos und Gebäude wegreißt und die auf dem Spielplatz spielenden Kinder und die Mütter verbrennt und zu Staub zerfallen lässt (2c–e). Aus diesem Traum schreckt Sarah auf (2f), um anscheinend erst jetzt in vollem Umfang wahrzunehmen, was sie, bevor sie in den Halbschlaf gefallen ist, in den Tisch geritzt hat: »NO FATE« (2g). Und indem sie diese gleichsam programmatische Losung liest, fasst sie den Entschluss, Dyson zu töten.

Von zentraler Bedeutung für den TERMINATOR-Kosmos ist diese Sequenzfolge deshalb, da Sarah hier von einer zirkulär-determinierten zu einer linear-offenen Konzeption von Geschichte und Zukunft gelangt.[19] Interessanterweise inszeniert Cameron diesen Übergang sowohl als ›aus dem Inneren‹ der Person angeregt als auch als spontane Eingebung. Grundsätzlich scheint Sarahs Impuls, Dyson als Verantwortlichen für die kommende Apokalypse zu töten, eine Folge des Schocks zu sein, den sie gleichsam durch die furchtbaren Traumbilder erlitten hat. Und tatsächlich sind einzelne Einstellungen der Atombomben-Sequenz von drastischer Brutalität. Diese auf der Handlungsebene subjektiv wahrgenommenen Bildeindrücke könnten durchaus Sarahs Aufbegehren gegen das aufziehende ›Schicksal‹ motivieren. So, wie die Sequenz montiert ist, ist es aber nicht der Schrecken über die Traumbilder, sondern erst die Lektüre der Worte, die Sarah unmittelbar vor dem Traum in den

Sarahs Apokalypse-Traum in TERMINATOR 2: JUDGMENT DAY (2a–d)

Tisch geritzt hat. Der Wortlaut aber wird von der filmischen Vermittlung bis nach dem Traum ausgespart. Wenn Schreiben nun eigentlich ein bewusster, intentio-

2e–h

Inhalt und Bedeutung der Parole werden zunächst nicht erfasst. Das jedenfalls folgt aus der Point-of-View-Struktur (POV) der Sequenz, die den Schreibvorgang als unvollständigen POV inszeniert: Die Sequenz zeigt Sarah schreibend, ihr Blick ist auf das Geschriebene gerichtet; was sie schreibt, wird jedoch nicht abgebildet (2a). Erst nach dem Traum nimmt die Montage die POV-Struktur wieder auf, um erst jetzt einen geschlossenen POV zu formen: Auf das Bild der lesenden Sarah (2f) folgt eine Einstellung mit den von ihr verfassten Worten »NO FATE« (2g), woraufhin eine dritte Einstellung wieder Sarah zeigt (2h).

Einerseits also hat Sarah die Parole »NO FATE« bereits vor dem Alptraum selbstständig formuliert und verschriftlicht. Andererseits hat sie diese Parole aber gleichsam unbewusst hervorgebracht

naler und intellektuell kontrollierter Akt ist, erscheint er in der filmischen Vermittlung dieser Sequenz wie eine unreflektierte Hervorbringung des Subjektes: und den Sinn, mindestens aber den perlokutiven Akt (die intendierte Aufforderung nämlich, die unheilvollen Entwicklungen im Hause Cyberdyne Systems aufzuhalten), noch nicht erfasst. Dies geschieht erst, nachdem sie aus dem Alptraum aufschreckt. Jene Traumbilder aber haben nicht den Status eines realen Szenarios, sie sind auch innerdiegetisch keine ›Dokumente‹ oder konkrete Erinnerungsbilder (wie sie u. U. Reese gehabt haben könnte); sondern sie sind eine Projektion[20] oder – anders formuliert – eine Inszenierung: eine Inszenierung, deren Rezeption erst das Subjekt in den Stand versetzt, aus vorhandenen Wissensmengen die notwendigen Schlüsse zu ziehen. Auf den Tag der Apokalypse wartend, hat Sarah – wie bereits erwähnt – schon einmal versucht, einen Anschlag auf die Firma Cyberdyne Systems durchzuführen. Aber dieses Attentat war offenbar nicht Teil einer systematischen Initiative, die Zukunft ändern zu wollen. Dieser Impuls kommt erst jetzt durch die Lektüre ihrer eigenen Parole und die ›Sichtung‹ ihres Traums.

Wenn es aber dieses Traumes, dieser inszenierten Bilderserie bedarf, um den Sinn einer sprachlichen Äußerung vollends zu begreifen, dann ist es also die Bilderserie, die den Impuls zur rettenden Initiative gibt. Um es noch einmal zu sagen: Die sprachliche Äußerung, die letztlich die zentrale Botschaft enthält – NO FATE –, kann nicht verstanden werden, solange sie nicht von einem Bilderstrang begleitet wird. Man kann das selbstreferentielle Potential dieser Sequenz kaum übersehen: Cameron führt hier vor, dass es (alp)traumhafte Bilderserien sind, die dem Subjekt ein handlungsleitendes Bild der Welt liefern. Auf der Handlungsebene entstammt dieses Bildrepertoire einem Traum; in der außersprachlichen Wirklichkeit, so wird man folgern dürfen, steht als Lieferant solcher Bilder das Kino.

Interessanterweise fällt im Traum gegenüber den früher im Film gezeigten, unvollständigen Traumvarianten auf, dass Sarah nun nicht mehr mit einem leichten Nachthemd bekleidet ist, sondern mit einer Art Kampfanzug. So martialisch ausgestattet geht sie zum Gitterzaun; aber ihre warnenden Rufe zeitigen keine Wirkung – die Gewarnten scheinen sie nicht einmal zu verstehen. Sarahs immer wiederkehrender Alptraum zeigt also mindestens dies: dass Warnungen – also Redeakte und Sprechhandlungen – angesichts der bevorstehenden Katastrophe ineffektiv, wenn nicht grundsätzlich sinnlos sind. Mehr noch, die ›warnende Rede‹ ist gleichbedeutend mit ›Nichtstun‹; Inaktivität, Passivität und Stillstand sind dem Aufziehen der Gefahr geradezu förderlich. Daraus folgt freilich, dass das Gegenteil dieser Positionen die vom Film favorisierte Option ist: Handeln. Wenn es von hier aus nur noch ein kurzer Schritt zur filmischen Action ist, dann offenbart sich hier kein rhetorischer Zufall, sondern das poetologische Programm des Regisseurs. Wie oben bereits angedeutet, gibt es in Camerons Filmen immer einen Punkt, an dem sich die actionreiche Tat leinwandfüllend Raum verschafft, um die Welt nach dem eigenen Willen zu gestalten. Ganz folgerichtig übrigens ist das dystopische Bild, das Cameron in beiden TERMINATOR-Filmen von der Zukunft entwirft, eines des Stillstandes und der differenzlosen Ödnis. Die Menschen vegetieren in Bunkerverschlägen unter der Erde, sie verharren duckend in Höhlen ohne Handlungsspielräume. Ihr Freiheitskampf ist zunächst einmal ein Existenzkampf, ein Kampf darum, überhaupt sein zu dürfen, und das heißt ›handeln‹ und ›gestalten‹ zu können.

Der Traum, so wie ihn Sarah jetzt im Wüstenlager träumt, erzählt ihr also nur ein weiteres Mal ein ihr bekanntes Szenario. Neu daran ist nun der Kampfanzug, also eine Art Ausrüstung, die Sarah für die nun anbrechende Phase des Handelns präpariert. Und mit der verstehenden Lektüre ihrer Parole auf dem Tisch findet sie ihre Kampfmission.

Dennoch bleibt die Frage, woher die Erkenntnis letztendlich kommt, unklar, insofern die Bausteine der dorthin führenden Argumentation – Parole, Traumbilder, Primat des Handelns über das Sprechen – alles Sarahs eigene Hervorbringungen sind. Sie hätte diese Erkenntnis auch schon früher haben können. Dem Moment dieses Erwachens wohnt das Merkmal des Spontanen inne, die Erkenntnis nimmt damit Züge eines evolutionären Sprungs an, zu dem Sarah (die Menschheit) nun fähig wird.[21] Und die Neuerung, die Sarah der Menschheit durch den Anschlag auf Dyson nunmehr bringen möchte, der Zukunft den Charakter eines determinierten Ablaufs zu

nehmen und sie als Handlungsraum für menschliches Tun zu öffnen, ist in der Tat gewaltig. Mit Sarahs Worten tritt die Menschheit in diesem Augenblick in »unerforschtes Gebiet« ein: »The future – always so clear to me – had become like a black highway at night. We were in uncharted territory now, making up history as we went along«.

»Machines need love, too!«

Die vielleicht grausamste und drastischste Sequenz des ersten TERMINATOR-Films ist jene, in der der Terminator in Sarahs Wohnung eindringt und (durch eine Verwechslung) Sarahs Freundin Ginger und deren Freund Matt tötet. Kurz nach den tödlichen Schüssen klingelt das Telefon, woraufhin der Anrufbeantworter mit der folgender Ansage anspringt: »You're talking to a machine. But don't be shy. It's OK. Machines need love, too. So talk to it.« Diese Tonbandansage ist insofern interessant, als sie – durch die Sprecherin ironisch gebrochen – ein Licht auf das angespannte Verhältnis von Mensch und Maschine in der vorgestellten Welt wirft. Ginger, die Sprecherin, eröffnet die Ansage mit einem kleinen Scherz, indem sie den Anrufbeantworter so bespricht, dass der Anrufende im ersten Moment denken muss, mit einer Person verbunden zu sein. Erst dann eröffnet Ginger dem Anrufenden, dass er mit einer Maschine spricht, um ihn im Folgenden, dessen Hemmungen ahnend, zu motivieren, dennoch mit einer Maschine zu sprechen. Kompliziert ist das Verhältnis von Mensch und Maschine also wohl deshalb, weil die Kommunikation zwischen beiden erschwert, wenn nicht unmöglich ist. Reese wird wenig später genau dies zu Sarah sagen: »That Terminator is out there. It can't be bargained with, it can't be reasoned with.« Mit dieser Maschine kann man nicht verhandeln und nicht vernünftig argumentieren, das Merkmal der Kommunikationsunfähigkeit hat sich damit radikalisiert. Im Prinzip hat Ginger mit ihrer Ansage auf dem Anrufbeantworter also bereits die richtige Strategie aufgezeigt, nämlich den Maschinen Liebe zu geben, was sich – allgemeiner formuliert – als Empathiefähigkeit oder Emotionalität verstehen ließe. Nur kann dies freilich nicht auf dem Wege der Kommunikation geschehen, sondern z. B. auf der Ebene der Programmierung (und eben dies wird in TERMINATOR 2: JUDGMENT DAY in Ansätzen geschehen, wenn der T-101 durch eine Umprogrammierung in ein Geschöpf verwandelt wird, das »can learn the value of human life«, also die Wertigkeit des menschlichen Lebens schätzen lernen kann).

Was das Verhältnis von Menschheit und Technologie angeht, erscheinen die Filme Camerons auf den ersten Blick einigermaßen ambivalent.[22] Schon auf der Ebene der Produktion sind Camerons Filme technische Spektakel höchsten Ranges, und in keiner der zugehörigen Publicity-Kampagnen wird versäumt, die besonderen Leistungen und spezifi-

schen Entwicklungen, die Cameron nicht selten persönlich initiiert oder gar geleistet hat, herauszustellen – das Publikum, das einen Cameron-Film sieht, soll wissen, dass jeweils neuartige druckfeste Tiefseekameras, Computeranimationen, 3D-Kameras oder Motion-Capture-Verfahren zum Einsatz kommen, ohne deren Verfügbarkeit das anstehende Filmereignis nicht möglich gewesen wäre. Diese produktionsbegleitende Technikeuphorie setzt sich auf der jeweiligen Handlungsebene fort, wenn die Figuren dort beispielsweise positive und durchaus segensreiche Allianzen mit Technologien eingehen: Tiefseebohrstationen, Laderoboter, Prothesen und Implantate, Raumschiffe, Atmosphärenwandler und nicht zuletzt Waffen bilden den Fundus, aus dem Cameron die handlungsrelevanten Requisiten für die Ausstaffierung seiner Filmwelten bezieht.

Dass diese technischen Apparate als solche im Grunde keine positive oder negative Wertigkeit besitzen, sondern dass ihr Wert anwendungsbezogen zu beurteilen ist, wurde bereits erwähnt: Der Terminator ist nicht an sich furchtbar, sondern immer nur im Rahmen seiner konkreten Anwendung; genau deshalb kann der T-101 zwischen den Filmen die Seiten wechseln. Es stellt sich allerdings die Frage, wie es möglich ist, dass die in jeder Hinsicht auf den Zweck der Vernichtung allen menschlichen Lebens optimierte Maschine schlussendlich doch überwältigt werden kann – und zwar von einem physisch unterlegenen Menschen.

Die Frage ist mit Blick auf die Entscheidungsprozesse zu beantworten, die im Inneren des Terminators ablaufen. In beiden TERMINATOR-Filmen finden sich POV-Strukturen, in denen rot eingefärbte Einstellungen die visuelle Wahrnehmung des Terminators repräsentieren. Interessanterweise sind diese POV-Ein-

Antwortoptionen des Terminators in THE TERMINATOR

stellungen von Inserts durchsetzt, die Zusatzinformationen zum primären Kamerabild liefern. Die operative Ebene des Terminators ist also als eine Instanz zu denken, die der visuellen Wahrnehmung durch die Augenkameras und andere Wahrnehmungsinstrumente nachgelagert ist; eine Instanz, die mindestens die Bilder der Augenkamera ›sieht‹ und die schriftlichen Inserts ›liest‹. Die Handlungsentscheidungen des Terminators erfolgen dann auf der Basis dieses Informationspools, den ihm seine Sensoren zuspielen. In THE TERMINATOR findet sich eine kurze Sequenz, anhand derer diese Schritte nachvollzogen werden können – gemeint ist jener Moment, in dem der

Terminator in einem billigen Hotel abgestiegen ist, um sein Auge und seinen Arm zu reparieren. Dabei wird er vom Hotelwirt gestört, der an die Tür klopft und sich über den (offenbar von den Wunden des Terminators herrührenden) Gestank beschwert. Der Terminator blickt zur Tür, die Einstellung zeigt rot eingefärbt den entsprechenden Ausschnitt des Zimmers, ergänzt um kleine, kaum lesbare Inserts mit Zahlen und Linien. Unmittelbar darauf wird eine Kolonne möglicher Antworten eingeblendet, die das Betriebssystem des Terminators offensichtlich aus einer internen Datenbank abruft: »POSSIBLE RESPONSE: / YES/NO / OR WHAT? / GO AWAY / PLEASE COME BACK LATER / FUCK YOU, ASSHOLE«. Die letzte der Optionen blinkt mehrfach auf, und der Terminator wählt und spricht diese Antwort, woraufhin der Hotelwirt verschwindet. Indem der Film die Bereitstellung dieser Optionen abbildet, wird deutlich, dass den Handlungen des Terminators Entscheidungen zugrunde liegen. Hier läuft kein starres Programm ab, sondern sein Handeln geschieht auf der Basis von Alternativen, die – anders ergäbe die Einblendung der möglichen Antworten keinen Sinn – allesamt mit seinen Zielvorgaben zu vereinbaren sein müssen. Ohne Zweifel ist das Ziel des Terminators ein zerstörerisches, seine gesamten Handlungen widersprechen allen Grundsätzen eines produktiven Zusammenlebens. Davon abgesehen aber wird aus der Hotel-Sequenz deutlich, dass auch die einzelnen Schritte und Initiativen der Maschine einem maximierten destruktiven Prinzip folgen. Und eben hier liegt der entscheidende Unterschied zum Menschen. Auch dessen Handlungen unterliegen Entscheidungen – ja, Entscheidungen zu treffen ist in den Welten des James Cameron gerade das höchste Erfordernis. Die Entscheidungen des Menschen aber folgen im günstigsten Fall Werten, die ein positives, kommunikatives und emotionales Zusammenleben fördern. Eben dies spricht aus Gingers Werbung auf ihrem Anrufbeantworter: Was die Menschen bereits besitzen, fehlt den Maschinen – noch; und wenn man den Berichten aus der Zukunft glaubt, fehlt sie auch noch für lange Zeit: die Liebe.

Der Weg in eine bessere Welt

»The unknown future rolls toward us. I face it for the first time with a sense of hope, because if a machine, a terminator, can learn the value of human life, maybe we can too.« Am Ende ihrer Mission wird Sarah diesen Satz sprechen. Fürs Erste scheint es gelungen, die dystopische Zukunft abzuwenden. Die Ambivalenz aber bleibt doch in der Welt. Denn nicht die Gewissheit einer besseren Zukunft liegt vor Sarah, sondern nur die Hoffnung darauf. Das schließt die Denk-

möglichkeit einer dennoch eintretenden Katastrophe mit ein. Denn nichts spricht kategorisch dagegen, dass die revolutionären Technologie-Entwicklungen nicht doch, ohne den Zeitreise-Anstoß durch die Terminatoren, geschehen könnten. Und das Hauptprojekt muss ja erst noch umgesetzt werden: dass die Menschen – endlich – den Wert des menschlichen Lebens erkennen. Mithin bleibt den Menschen nichts anderes, als die Welt, die sie als lebenswert erachten, immer wieder handelnd und entscheidend hervorzubringen. In diesem Sinne ist ein dualistisches Prinzip, das einem produktiven Ist-Zustand immer eine optierte Negation gegenüberstellt, Bedingung für das Fortbestehen des Guten.

Das Kino des James Cameron erzählt denn auch immer von beiden Welten – der zu rettenden und ihrem düsteren Gegenbild. Und mit Blick auf die Traumsequenz in TERMINATOR 2: JUDGMENT DAY wird deutlich, welcher Stellenwert dem bewegten Bild letztlich zukommt: Das Kino weist dem Menschen den Ausgang aus der selbstverschuldeten Unmündigkeit. Die Themen, die Cameron in seinen Filmen verhandelt, kreisen immer um Autonomie und Unterwerfung, Freiheit und Zwang, Frieden und Krieg, Leben und Tod. Und indem sein Actionkino – nicht selten mit dem Anflug eines Überbietungsgestus – erhebliches Getöse um diese basalen Konflikte veranstaltet, scheint es nicht nur unterhalten, sondern eben auch wachrütteln zu wollen; wachrütteln, so wie Sarah Connor –

eigentlich bereits alles wissend – endlich ›aufwacht‹ und zu handeln beginnt. Denn Stillstand, davon erzählen Camerons Actionfilme jedes Mal aufs Neue, ist der Tod. ☐

Anmerkungen

1 Vgl. Christopher Heard: Dreaming Aloud. The Life and Films of James Cameron. New York 1997, S. 34, und Marc Shapiro: James Cameron. An Unauthorized Biography of the Filmmaker. Los Angeles 2000, S. 88.

2 Konkret ging es um die Folgen SOLDIER (1964; R: Gerd Oswald) und DEMON WITH A GLASS HAND (1964; R: Byron Haskin), beide aus der zweiten Staffel der Serie, und die Kurzgeschichte *I Have No Mouth And I Must Scream* (1967). Shapiro (2000, S. 126–131) berichtet, dass Ellison bereits während der Dreharbeiten zu THE TERMINATOR (1984; R: James Cameron) von einem Journalisten auf den Plagiatsverdacht hingewiesen wurde, dem Cameron gesagt haben soll:»Oh, I ripped off a couple of Harlan Ellison stories« (S. 126). Heard schildert die Vorgänge derart, dass Ellison eher zufällig auf die motivische Verwandtschaft des Films zu seinen eigenen Werken gestoßen sei (1997, S. 77f.); vgl. auch Sean French: The Terminator. London 1996, S. 15f.

3 Die folgenden Überlegungen beziehen sich in der Hauptsache auf die beiden von James Cameron geschriebenen und inszenierten Spielfilme THE TERMINATOR und TERMINATOR 2: JUDGMENT DAY (Terminator 2: Tag der Abrechnung; 1991). Auf detaillierte Inhaltsangaben beider Filme wird hier verzichtet, siehe dazu etwa Ulrich Bähr: Der Determinator. Nonne und Aufklärerin, Maschine und Mensch, B-Movie und Blockbuster – Die Verwandlungen eines Filmstoffs. In: Eckhard Pabst (Hg.): Mythen, Mütter, Maschinen. Das Universum des James Cameron. Kiel 2005, S. 44–70.

4 Zu ausführlichen Einzelanalysen zu Camerons Filmen von XENOGENESIS bis GHOSTS OF THE ABYSS (Die Geister der Titanic; 2003) vgl.

Eckhard Pabst (Hg.): Mythen, Mütter, Maschinen. Das Universum des James Cameron. Kiel 2005.

5 Vgl. hierzu Bähr 2005, S. 60.

6 Hinsichtlich der Bezeichnungen der Terminator-Typen tauchen in der Literatur zu den Filmen gelegentlich unterschiedliche Namen auf; im Begleitheft der Sonderedition *Terminator Box*, die 2003 von Columbia Tristar Home Entertainment veröffentlicht wurde, finden sich folgende Angaben:»Das Modell T-101 entstammt der Serie 800 und wurde als Undercover-Kampf-Einheit von der Skynet-Tochterfirma CRS (Cyber Research Systems) entwickelt. [...] Er zeichnet sich durch absolute Unempfindlichkeit gegenüber Gewalteinwirkung von außen und den Beschuss durch Handfeuerwaffen aus. [...] Der T-1000 [aus dem Film TERMINATOR 2: JUDGMENT DAY; E. P.] [...] besteht aus einer flüssigen Leichtmetall-Legierung mit mimetischen Eigenschaften und der Fähigkeit zur Selbstregenerierung. Die Flüssigstruktur des T-1000 ermöglicht das Überstehen gravierender äußerer Einflüsse bei gleichzeitiger Aufrechterhaltung aller Funktionen. Nach Berührung vermag der T-1000 das Aussehen von Objekten gleicher Größe, soliden Metallkörpern oder Menschen in seiner Umgebung anzunehmen« (ohne Seitenangabe).

7 Zur Verwendung des Begriffs ›Apokalypse‹ im nicht-theologischen Kontext als von Menschen verursachter, globaler Katastrophe vgl. etwa Hans Krah: Weltuntergangsszenarien und Zukunftsentwürfe. Narrationen vom ›Ende‹ in Literatur und Film 1945–1990. Kiel 2004, S. 8–15 et pass.; vgl. ebenso Daniela Langer: Die Mythen des James Cameron. Motive, Diegesen und narrative Formen von Camerons Filmen. In: Eckhard Pabst (Hg.): Mythen, Mütter, Maschinen. Das Universum des James Cameron. Kiel 2005, S. 213–243, hier S. 216.

8 Man wird eingestehen müssen, dass Himmelsbeobachtungen in Bezug auf den Beobachterstandpunkt in Zeit und Raum immer nur ›vergangene Ereignisse‹ erfassen, niemals und prinzipiell nicht ›zukünftige‹ (vgl. etwa Stephen Hawking: Eine kurze Geschich-

te der Zeit. Die Suche nach der Urkraft des Universums. Übers. v. Hainer Kober. Reinbek 1991, S. 40ff.). In diesem Sinne ist das Observatorium für die TERMINATOR-Narration ein symbolischer Ort.

9 Vgl. dazu Theo Ligthart: Terminator ... Über das Ende als Anfang. Wien 2003, S. 23ff.

10 Vgl. dazu Bähr 2005, S. 55ff. und Langer 2005, S. 224ff.

11 Vgl. dazu ausführlicher Ligthart 2003, S. 21ff.

12 Bähr 2005, S. 57.

13 Langer 2005, S. 214.

14 Ebenda, S. 233.

15 Zur *travelling matte* siehe Markus Kempken / Beate Flückiger: Travelling Matte. In: Lexikon der Filmbegriffe. http://filmlexikon. uni-kiel.de/index.php?action=lexikon&tag =det&id=2204 [17.2.2014].

16 Die lebensgroßen Skelett-Puppen des Terminators (›Endoskelett‹) wurden von Stan Winston und seinem Team erstellt, die kleineren Puppen und die Stop-Motion-Effekte wurden von der SFX-Firma Fantasy II angefertigt. Die besondere Schwierigkeit dabei war, dass die jeweiligen Sequenzen zeitlich versetzt produziert werden mussten, da die lebensgroßen Terminator-Partien (Oberkörper und Kopf, Arme, Beine) nicht rechtzeitig fertig wurden; vgl. hierzu Heard 1997, S. 74–76 und French 1996, S. 25f.

17 Vgl. Anm. 6.

18 Im Film sind die Angaben einer Polizei-Datenbank zu sehen; demnach ist John Connor am 28.2.1985 geboren und zum Zeitpunkt der Filmhandlung zehn Jahre alt; daraus folgt wiederum, dass die Filmhandlung im Jahre 1995 angesiedelt ist. Gespielt wird der junge John Connor von dem zum Zeitpunkt der Dreharbeiten 14-jährigen Edward Furlong, wodurch die Figur eine deutlich ältere und reifere Ausstrahlung erhält, als ihr Rollenalter erwarten lässt.

19 Vgl. dazu Langer 2005, S. 235.

20 Für Sarah besitzen die geträumten Ereignisse den Status der Faktizität. In der psychiatrischen Klinik spielt ihr betreuender Arzt Dr. Silberman die Videoaufzeichnung eines therapeutischen Gesprächs mit ihr vor, in der sie von ihren wiederkehrenden Alpträumen berichtet. Als Silberman ihr in diesem Gespräch versichert, es seien nur Träume, die keineswegs real wären, entgegnet sie: »On August 29th, 1997, it's going to feel pretty fucking real to you, too. [...] God, you think you're safe and alive. You're already dead. Everybody, him, you, you're dead already! This place, everything you see, is gone. You're the one living in a fucking dream, Silberman!«

21 Mit dem sprunghaften Erkenntnisgewinn mag Cameron dem Beispiel von Stanley Kubricks 2001: A SPACE ODYSSEY (2001: ODYSSEE IM WELTRAUM; 1968) gefolgt sein. In dessen erstem Erzählabschnitt ›The Dawn of Man‹ vollziehen vorzeitliche Menschenaffen den Schritt zur Erkenntnis – in diesem Fall die Idee, Werkzeuge zu nutzen – durch die Ankunft eines Monolithen, der eines Morgens plötzlich vor ihrer Höhle steht. Am Ende des Films folgt diesem evolutionären Sprung ein weiterer, als Astronaut Bowman das Ziel der Weltraumexpedition zum Jupiter erreicht hat und sich nach einer erneuten Begegnung mit einem Monolithen in ein neues, höheres Wesen (›Starchild‹ genannt) wandelt. Cameron hat immer wieder betont, dass Kubricks Film für ihn eine Art kreativ-künstlerisches Erweckungserlebnis gewesen sei (vgl. etwa Shapiro 2000, S. 32).

22 Vgl. dazu Eckhard Pabst: »One of those Machines we've seen before.« James Camerons Anfänge als Filmemacher. In: ders. (Hg.): Mythen, Mütter, Maschinen. Das Universum des James Cameron. Kiel 2005, S. 11–32, hier S. 12ff.

Cowboy John McClane

Traditionsbezüge und Wertediskurs in DIE HARD

Von Ingo Irsigler

Die Figur John McClane aus der DIE HARD-Reihe[1] gehört bis heute zu den populärsten Actionhelden der USA. Dies zeigen nicht nur die Einspielergebnisse an den Kinokassen, die große Popularität der Figur dokumentiert sich vor allem im Internet: In sozialen Netzwerken und Foren wird nicht dem Schauspieler Bruce Willis, sondern dem von ihm verkörperten Polizisten McClane gehuldigt. Bemerkenswert für eine Filmfigur ist vor allem die im US-Wahlkampf 2008 installierte Webseite www.votejohnmcclane.de, die McClane als positiven Gegenentwurf zu einem vermeintlich unfähigen, prinzipienlosen Berufspolitiker erscheinen lässt:

>»He's an American. [...] He's a lover AND a fighter. So, shouldn't we, The United States of America, have someone like John McClane in office? He would be the perfect leader of the free world. [...] He won't lie to our faces, he'll tell it like it is. He wears his heart upon his sleeve, when he's wearing sleeves. [...] Yeah, he's a goddamn American and he's goddamn proud of it. America needs John McClane.«[2]

Dieser Wunsch nach einem genauso sensiblen wie prinzipientreuen *leader* fällt in die Zeit der auslaufenden Präsidentschaft von George W. Bush, dessen Amtsführung seit 2005 verstärkt in die Kritik geraten war. Auf den Punkt gebracht hatte der Musiker Neil Young diese Kritik auf seinem Album *Living with War* aus dem Jahr 2006, auf dem er nicht nur die Amtsenthebung des Präsidenten forderte (»Let's impeach the president for lying«), sondern überdies nach einem neuen Hoffnungsträger Ausschau hält: »Looking for a leader to bring our country home«.

Auch wenn die Web-Kampagne für John McClane in erster Linie als augenzwinkernder Kommentar auf den Mangel an (konservativer) Führerschaft zu verstehen ist,[3] so demonstriert sie seine Tauglichkeit zur Sehnsuchts-, Integrations- und Identifikationsfigur Amerikas, die sich auch an anderen Stellen dokumentiert findet: Die Strahlkraft des Helden sowie die sinnstiftende Funktion der im Film erzählten Geschichte bildet sich etwa im *Forbes Magazine* ab, das DIE HARD (Stirb langsam; 1988; R: John Mc-

Tiernan) 2011 zum besten Weihnachtsfilm aller Zeiten kürte:

»DIE HARD is everything every Christmas movie should always be forever. It's a mix of the baddie from THE GRINCH WHO STOLE CHRISTMAS; the unbeatable hero who shows up to teach everyone a lesson from MIRACLE ON 34TH STREET; the ghosts of past, present, and future who bring insight and change from *A Christmas Carol*; plus every redemptive struggle about family and personal evolution and good versus evil [...]. There's Christmas, and then there's Christmas with *punching terrorists in the face and winning back your entire family* — which do YOU prefer?«[4]

Wie ist der Status des Films als Weihnachtsgeschichte und der Heldenfigur als ›Heilsbringer‹ erklärbar, wo sich Actionfilme doch primär über eine hohe Frequenz von Gewaltsequenzen und damit die tendenzielle Abwesenheit einer substantiellen ›Erzählung‹ definieren,[5] vorrangig also »selbstzweckhafte Schauspiele der Gewalt, der Geschwindigkeit, der Körper [...] präsentieren«?[6] Die Bezeichnung des Films als Weihnachtsklassiker verdeutlicht jedenfalls, dass DIE HARD und sein Held dem Zuschauer offensichtlich mehr bieten als eine visuelle Show expressiver Gewalt.[7] Ein Blick auf die eigentliche Narration, die überwiegend am Anfang und Ende des Films etabliert wird, mag zumindest ansatzweise die Lesart des *Forbes Magazine* erhellen: Erzählt wird anfangs, wie

der New Yorker Polizist John McClane am Weihnachtsabend nach Los Angeles fliegt, um mit seiner Frau und den Kindern die Festtage zu verbringen. Das Ehepaar lebt getrennt, seit Holly (Bonnie Bedelia) gegen den Wunsch ihres Mannes eine Stellung bei einem japanischen Konzern in Los Angeles angenommen hat. Die kriselnde Beziehung wird dadurch betont, dass seine Frau den Namen ›McClane‹ abgelegt und ihren Mädchennamen ›Genero‹ angenommen hat. Nach dieser rund 15-minütigen Exposition beginnt die spektakuläre Actionshow: McClane, der sich mittlerweile im Nakatomi-Gebäude befindet, wo die Firma seiner Ehefrau eine Weihnachtsfeier ausrichtet, erlebt, wie eine Bande Krimineller das Gebäude kapert und die Belegschaft als Geiseln nimmt. Im Anschluss zeigt der Film, wie der Held John McClane die Terrorbande bekämpft, wobei Kampfszenen, Schießereien und Explosionen die Handlung prägen. Erst am Ende beruhigt sich die Szenerie: Das vor den Ereignissen dieser Nacht streitende Ehepaar John und Holly fährt in inniger Umarmung in die Nacht von Los Angeles hinaus. Der Zuschauer lauscht dabei den Klängen des Weihnachtsklassikers *Let it Snow* und ahnt dadurch, dass das Paar nun mit den Kindern Weihnachten feiern wird. Für John McClane gilt genau dasjenige, was in *Let it Snow* besungen wird: »How I'll hate going out in the storm / But if you'll really hold me tight / All the way home I'll be warm.« Es ist die wärmende Kraft der Liebe, die den Helden die Stürme des Lebens bewältigen lässt.

Ob man den Film nun als Weihnachtsklassiker verbucht oder nicht: Reduziert man ihn auf seinen erzählerischen Kern, so handelt er – wie viele Weihnachtsfilme – von der Verteidigung basaler *Familien- und Gesellschaftswerte.*[8] Die Gewalt ist in diesem Szenario instrumenteller Natur:[9] Die Krise, ausgelöst durch die Terroristen, verlangt nach einer zielgerichteten Reaktion des Helden, um Unschuldigen das Leben zu retten.[10]

DIE HARD ist nicht nur ein spektakulärer Actionfilm mit hohem Schauwert, sondern, so möchte ich im Folgenden näher erläutern, auch eine jener ›großen Erzählungen über das Selbstverständnis Amerikas‹, wie sie das US-amerikanische Kino von Beginn an bestimmt hat. Diese ›Erzählung‹ vom starken, sich in der Krise bewährenden Individuum, das die Gesellschaft an basale Werte der amerikanischen Gründerzeit wie ›Glaube, Liebe und Hoffnung‹ erinnert, erfolgt weitgehend indirekt, durch Verweise auf andere identitätsstiftende Erzählungen. John McClane erscheint durch solche Bezüge als Wiedergänger des Westernhelden; er wird als moderne Variante des Cowboys inszeniert, der das ›alte Amerika‹ gegen Angriffe von außen und, wie sich zeigen wird, gegen eine narzisstische, die Werte Amerikas korrumpierende Form des Kapitalismus verteidigt.

»Yippee-ki-yay«: Der Actionheld als Westernheld

Schon der berühmte *oneliner* ›yippee-ki-yay, motherfucker‹ zeugt von Traditionsbewusstsein, denn der erste Teil des Spruches ist der Sprache der Cowboys entlehnt; er bezeichnet »[an] exclamation of joy popular with cowboys in the mid 19th century«.[11] Das Idiom aus der Westernsprache wird mit einem Schimpfwort der *street culture* verbunden und die Tradition des Westernfilms auf diese Art und Weise an die Moderne angeschlossen. Dass sich DIE HARD in die Tradition des Western stellt, belegen etliche Bezugnahmen auf die Filmgeschichte.[12] Besonders aufschlussreich ist ein Dialog zwischen McClane und dem Terroristenchef Hans Gruber (Alan Rickman), in dem zahlreiche Heldenfiguren des amerikanischen Films bzw. ihre Darsteller erwähnt werden. Hans Gruber fragt zunächst:

»Mr. Mystery Guest? Are you still there?« – »Yeah, I'm still here. Unless you wanna open the front door for me.« – »Uh, no, I'm afraid not. But, you have me at a loss. You know my name but who are you? Just another American who saw too many movies as a child? Another orphan of a bankrupt culture who thinks he's John Wayne? Rambo? Marshal Dillon?« – »Was always kinda partial to Roy Rogers actually. I really like those sequined shirts.« – »Do you really think you have a chance against us, Mr. Cowboy?« – »Yippee-ki-yay, motherfucker.«

Im Umfeld des *oneliners* ›yippee-ki-yay‹ wird der legendäre Westernheld-Darsteller John Wayne erwähnt, außerdem die Figuren John Rambo und Marshall Dillon, bekannt aus der Westernserie *Gunsmoke* (Rauchende Colts; USA 1955–75). Später im Film wird auf die Schauspieler Arnold Schwarzenegger und Gary Cooper Bezug genommen. Über diese Helden und Filmschauspieler etabliert der Film ein Bezugssystem, in dem die Figur John Mc-Clane positioniert wird.

Eine exponierte Stellung nimmt der ›singende Cowboy‹ Roy Rogers ein – einer der für den Frühwestern prägenden Darsteller,[13] den McClane in obigem Dialog zu seinem *role model* erklärt. Diese Vorbildfunktion wird zusätzlich dadurch betont, dass McClane sich selbst über weite Strecken des Films ›Roy‹ nennt, um im Funkverkehr mit den Terroristen seine wahre Identität zu schützen. Die Identifikation des Helden Mc-Clane mit dem Westernpionier Rogers findet ihre Entsprechung auf der Ebene der Plot-Struktur, die erkennbare Züge des Roy-Rogers-Films THE BORDER LEGION (1940; R: Joseph Kane) trägt.[14] Der Film erzählt die Geschichte eines Arztes, der von der Ostküste in den Westen flieht, weil er Ärger mit dem Gesetz hat. Im Westen trifft er auf einen anarchischen, rechtlosen und gewaltbesetzten Raum; »over its boundaries«, so wird die erzählte Welt zu Beginn des Films charakterisiert, »poured the ruffians and outlaws from many States to despoil – at the command of rifle and six-shooter – the riches of gold fields and land«. Der von Rogers verkörperte Held mutiert – ähnlich wie McClane – zum Cowboy, nimmt den Kampf gegen eine Bande von Gesetzlosen auf und gewinnt. Der Westen ist ein Stück weit befriedet und der Held ein besserer Mensch geworden. Beiden Filmen gemeinsam ist die (viele Westernfilme bestimmende) Reise vom Osten in den ›chaotischen‹ Westen, wo der Held eine Bande Krimineller bekämpft, die ökonomische Interessen vertritt. Wie sein Vorgänger gewinnt McClane den Kampf und wird insofern ein besserer Mensch, als er den Wert von Ehe und Familie wiederentdeckt.

Wandelt McClane also auf den Spuren früherer Westernhelden wie Roy Rogers und den von ihm verkörperten Figuren, so grenzt er sich von den Actionhelden seiner Zeit ab. Der Dialog mit Gruber verdeutlicht jedenfalls, dass McClane sich von der Actionfigur John Rambo distanziert. An anderer Stelle begründet der Film diese Distanzierung, wenn ein anderer Vertreter des Actionkinos, Arnold Schwarzenegger, ironisch als Übermensch bezeichnet wird. Die Terroristen, so äußert McClane, hätten genügend Sprengstoff und Raketen, um (sogar) Schwarzenegger ins All zu befördern. Deutlich manifestiert sich die Differenz zwischen dem Actionhelden als exzeptionellem Individuum, das nicht von dieser Welt erscheint, und dem ›Durchschnittstypen‹, den der Polizist John McClane verkörpert.[15] Seine

Die *shoot out*-Sequenzen ...

Durchschnittlichkeit veranschaulicht der Film in der Eingangssequenz: Sie zeigt einen Helden, der Flugangst hat.[16] Ein Fluggast verrät ihm daraufhin »the secret to surviving air travel. After you get where you're going, take off your shoes and socks. Then you walk around on the rug barefoot and make fists with your toes.« Die Tatsache, dass McClane später bei der Terroristenbekämpfung weder Schuhe noch Socken tragen wird, markiert zeichenhaft die Angst des Helden: »Die klaustrophobe Situation, die sich schon im Flugzeug angekündigt hat, wiederholt sich in extremer Art« im Hochhaus.[17]

Das Figurenkonzept des sensiblen, verletzbaren Helden korrespondiert mit der Selbstpositionierung McClanes in-nerhalb der erzählten Welt: Nicht Rambo oder Schwarzenegger sind die Bezugsgrößen für das Figurenkonzept McClanes, sondern der Durchschnittsheld, wie er im amerikanischen Westernfilm auftritt.[18] Interessant ist, dass der Film auch Differenzierungen innerhalb der Cowboy-Darsteller vornimmt. Wird John Wayne schon in obigem Gespräch mit Hans Gruber als *role model* McClanes abgelehnt, so führt das Finale des Films diese filmgeschichtliche Referenz weiter aus. In der Duellszene korrigiert McClane seinen Widersacher, weil dessen Filmbildung lückenhaft ist: Auf die Feststellung Grubers »This time John Wayne does not walk off into the sunset with Grace Kelly« antwortet McClane: »That was Gary Cooper, asshole«.[19]

... in HIGH NOON und DIE HARD

Aufgerufen wird in dieser Szene der Filmklassiker HIGH NOON (Zwölf Uhr mittags; 1952; R: Fred Zinnemann), in dem Gary Cooper die Figur Will Kane verkörpert. Bedeutsam ist dieser Dialog deshalb, weil die finale *shoot out*-Szene filmästhetisch erkennbar den Western-klassiker zitiert – und McClane zum Wiedergänger Will Kanes stilisiert.[20] In beiden Fällen erweisen sich die Gegner als feige, denn sie benutzen die Frau als Schutzschild. In beiden Fällen werden sie vom Helden zur Strecke gebracht, woraufhin die Filme den Helden und seine Ehefrau in inniger Umarmung vereint zeigen. Hinzu kommt, dass John McClane seinen Widersacher mit einer Pistole tötet, die er in Cowboy-Manier zieht; und nach dem gewonnenen *shoot*

out erfolgt die typische Cowboy-Geste: das Pusten auf die abgefeuerte Waffe. Auch der Rest des Films weist deutliche Gemeinsamkeiten mit HIGH NOON auf, erweist sich geradezu als moderne In-szenierung des Klassikers: Der Schau-platz des Geschehens belebt sich, ein junger Mann erscheint – nicht wie in HIGH NOON im Pferdewagen, sondern mit einer schwarzen Limousine – der Held steigt mit seiner Frau ein. Beide Fahrzeuge setzen sich in Bewegung, in HIGH NOON fährt die Kutsche in den Son-nenuntergang, in DIE HARD in die Weih-nachtsnacht. Gemeinsam ist beiden En-den, dass sie sich – zumindest für die Helden und ihre Familien – als hoff-nungsvoller Aufbruch in eine positive Zukunft deuten lassen.[21]

DIE HARD verortet sich über bildästhe-tische und intertextuelle Verweise in der Genretradition des Westernfilms, er ord-net sich also weniger dem zeitgenössi-schen Actionfilm zu, sondern zeigt viel-mehr, dass er eine Aktualisierung des Westerns ist;[22] und mehr noch: Die *shoot out*-Szene illustriert innerhalb der Fik-tion die Relevanz filmischer Erzählun-gen. McClane meistert die Situation, weil er im Schema des ›Westerners‹ agiert, wie er es im amerikanischen Erzählkino kennengelernt hat.[23] Darüberhinaus be-tont der Film nicht nur die Relevanz von Filmklassikern, sondern stellt sich selbst in die Tradition jener wertvollen Kultur-güter, wie sie beispielsweise von HIGH NOON repräsentiert werden. Interessant ist in diesem Zusammenhang, dass sich der Actionfilm ausgerechnet auf HIGH NOON bezieht – einen untypischen Westernklassiker, der deshalb als »Edelwestern« gilt, weil er eine »Botschaft« enthält, »sich nicht selbst genug ist, sondern Interpretationen provoziert. Die politisch-moralischen Koordinaten sind nicht zu übersehen: Es geht um Integrität, Gewissen, Würde, Pflicht, Gemeinwohl. Sie stehen gegen Feigheit, Opportunismus, Eigennutz.«[24] Durch die intertextuellen Verweise übernimmt DIE HARD die mit dem berühmten Vorläufer verbundenen Zuschreibungen und wertet sich selbst auf: Er stellt selbstbezüglich aus, dass er nicht nur Unterhaltungskino sein, sondern auch eine Botschaft vermitteln will.

Kaum verwundern kann daher, dass sich die Bezüge zu HIGH NOON nicht im Zitieren einzelner Szenen erschöpfen. Vielmehr rufen die Verweise dasjenige auf, wofür der Film steht. Die erzählten Welten beider Filme weisen Parallelen auf, und zwar sowohl, was die Bedrohung amerikanischer Werte als auch die Werte-Konzeption ihrer Helden angeht: Der Western HIGH NOON erzählt vom Angriff auf eine bereits zivilisierte, mit demokratisch-rechtlichen Strukturen versehene Stadt durch eine Gruppe Banditen. Ihr Anführer ist Frank Miller (Ian Mac-Donald), den Town Marshal Will Kane (Gary Cooper) fünf Jahre zuvor verhaftet hatte, der nun begnadigt worden ist und sich auf dem Weg in die Stadt befindet, um sich an Kane zu rächen. Der Film setzt mit der Hochzeit Kanes ein, der mit sei-ner frisch angetrauten Ehefrau die Stadt verlassen möchte und sein Amt damit aufgibt. Entgegen dem Drängen seiner Frau und anderen Bürgern der Stadt, er möge die Stadt verlassen, bevor es zum Showdown mit Miller kommt, bleibt Kane in der Stadt. Er möchte verhindern, dass die durch ihn etablierte Rechtsordnung durch die Banditen aufgelöst, der Ort also wieder zur rechtsfreien Zone wird. Für diesen Kampf sucht Kane Helfer, bald muss er allerdings einsehen, dass er die Sache weitgehend allein regeln muss. Erst am Ende findet er in seiner Frau eine Verbündete. DIE HARD nimmt in mehrfacher Hinsicht Grundstrukturen des Westernklassikers auf:

Erstens kämpft in beiden Filmen ein isolierter Held gegen die Bedrohung der Ordnung von außen. Sowohl Kane als auch McClane verstehen sich anfangs nicht als Helden. Sie wollen eigentlich gar nicht den Helden spielen. Genauso wie McClane als normaler Polizist in die Handlung eingeführt wird, wird Will Kane nicht als Draufgänger inszeniert, ganz im Gegenteil: Gegenüber seiner Frau betont er: »I'm not trying to be a hero. If you think I like this, you're crazy.«

Zweitens wird in beiden Filmen eine ähnliche Motivation der Helden ersichtlich, sich dem Kampf gegen die scheinbar übermächtigen Banditen zu stellen. Beiden Figuren gemein ist, dass sie zwar Rechtshüter sind, in der jeweiligen Situation allerdings keine rechtliche Befugnis haben, zu handeln. Sie agieren also nicht im Kontext ihres Amtes, sondern aus einem verinnerlichten Pflicht- und Rechtsgefühl heraus. Deutlich wird die Position Kanes, wenn er zu Beginn des Films in einem Gespräch mit seiner Frau Amy (Grace Kelly) sagt:

»He was always wild and kind of crazy. He'll probably make trouble.« – »But that's no concern of yours, not any more.« – »I'm the one who sent him up.« – »Well, that was part of your job. That's finished now. They've got a new marshal.« – »He won't be here until tomorrow. Seems to me I've got to stay. Anyway, I'm the same man with or without this.« *[He pins his badge on his vest]*

Es ist also nicht die Funktion als Town Marshal, die für sein Handeln ausschlaggebend ist, sondern die innere Haltung, die ihn antreibt. Kane will die Stadt nicht dem Chaos überlassen. Auch McClane greift ein, ohne die dafür notwendige institutionelle Ermächtigung zu haben. Beide Helden sind also Selbsthelfer, die ihrem Rechtsgefühl folgen, und – wenn notwendig – ihre Kompetenzen übertreten, sich also außerhalb der Rechtsvorschriften bewegen.[25] Deutlich wird diese Tendenz zum eigenmächtigen Handeln am Ende von DIE HARD akzentuiert, wenn die Polizei von Los Angeles McClane für die Zerstörung des Nakatomi-Gebäudes zur Verantwortung ziehen will. »You've got some things to answer for«, erklärt der Deputy Chief of Police Dwayne Robinson (Paul Gleason), »Ellis's murder for one. Property damage! Interfering with police business!« Schon vorher hatte McClane die Rolle eines bürokratisch agierenden Polizeiapparats wie folgt auf den Punkt gebracht: »If you're not a part of the solution, you're a part of the problem.«

Drittens: Beide Helden müssen agieren, weil die zuständigen gesellschaftlichen Institutionen und ihre Repräsentanten versagen. Bis auf einzelne Verbündete wie bspw. den Streifenpolizisten Powell (Reginald VelJohnson), der wie McClane ein Underdog ist, muss er die Sache selbst regeln. Auch Will Kane findet keine Unterstützung durch die Institutionen: So will etwa der zuständige Richter, den Kane um Hilfe bittet, fluchtartig die Stadt verlassen, als er von der Freisetzung Millers erfährt. Als zeichenhaft ist zu verstehen, dass er die amerikanische Nationalflagge, Symbol für den Rechtsstaat und seine Werte, einpackt und mitnimmt.

Schließlich verteidigen *viertens* beide Helden ihre Familie und damit die zivilisatorischen Werte – also die Zukunft – Amerikas. Hier unterscheiden sich beide Filme lediglich in der Akzentuierung: Will Kane, so betont der Film, opfert sich für die Werte der Zivilgesellschaft, was er als Voraussetzung für ein friedliches Leben mit seiner Ehefrau begreift. Dem Handeln McClanes liegt hingegen primär der »Impuls [zugrunde], seine Frau zu retten«.[26] Beide Filme rekurrieren allerdings auf eine uramerikanische Vorstellung: dass die Familie die Keimzelle und Wertebasis der Gesellschaft bildet und deshalb um jeden Preis gegen Eindringlinge verteidigt werden muss.

HIGH NOON und DIE HARD haben also ein gemeinsames Thema: In ihnen zeigt sich, wie die zivilisatorischen Werte Amerikas durch eine Bande Krimineller bedroht werden und wie diese Bedrohung (zumindest vorübergehend) abgewendet werden kann. Dafür ist in beiden Fällen ein starkes Individuum notwendig, wohingegen sich die Gesellschaft und ihre Institutionen als schwach erweisen.[27]

»You use a gun, I use a fountain pen, what's the difference?« Gesellschaftsbild und Wertestruktur

Die Bezüge zum Western verdeutlichen, dass DIE HARD mit seinem Protagonisten eine Grundform der amerikanischen Mentalität beschreibt, womit er insgesamt auf eine kritische Kommentierung der zeithistorischen Wirklichkeit der ausgehenden 1980er Jahre abzielt.

Der Film bringt eine doppelte Gefährdung der US-amerikanischen Ordnung zur Darstellung: Zum einen wird diese Ordnung von den Terroristen bedroht, der Kampf McClanes richtet sich damit gegen die äußeren Feinde. Gleichzeitig repräsentiert das Hochhaus eine Welt, in der allein die Gesetze der Ökonomie herrschen. Diese Ökonomie ist – schon der Name der Firma verrät es – japanisch geprägt. Es sind also keine genuin amerikanischen Regeln, denen das Wirtschaftssystem folgt, sondern diese sind gleichsam aus der ›Fremde‹ importiert. »Hey, we're flexible«, so der ironische Kommentar des Firmenchefs Joseph Takagi (James Shigeta), »Pearl Harbor didn't work out so we got you with tape decks.«[28]

Dass es dem Film aber nicht um eine Kritik am asiatischen Kapitalismus geht, signalisiert er, indem er den Firmenchef Joseph Takagi als relativ umsichtigen Firmenpatriarchen mit festen Prinzipien darstellt.[29] Hingegen wird mit der Figur Harry Ellis (Hart Bochner) ein amerikanischer Kapitalist ins Zentrum des Films gestellt, der die narzisstisch-hedonistische Prägung des Finanzsystems verkörpert. Er wird als Kokain schnupfender Wohlstandsgewinner gezeigt, der sich am Weihnachtsabend mit Holly vergnügen will, wohlwissend, dass diese verheiratet ist und die Kinder zuhause auf sie warten. Im Gegensatz zu den McClanes sind für Ellis Familienwerte irrelevant; er vertritt geschäftlich wie privat ausschließlich egoistische Interessen: »He thought«, so bringt Holly den Charakter von Ellis auf den Punkt, »he was God's greatest gift«. Genauso profitorientiert präsentiert sich der Journalismus in Person des Reporters Dick Thornburg. Er will um jeden Preis Quote machen, spürt deshalb die Kinder McClanes auf und zerrt sie vor die Kamera.[30]

Die Gesellschaft in DIE HARD ist eitel, arrogant und am maximalen Gewinn orientiert – Merkmale, die zweifelsohne auch auf die Terroristen zutreffen. Sie präsentieren sich als ›Lifestyle-Terroristen‹ im Designeranzug, sind also geradezu ein Abziehbild der ökonomischen Klasse im Nakatomi-Gebäude. Dies markiert der Film bereits durch die optische Parallele zwischen Ellis und dem Bandenchef Hans Gruber.

Der Terrorismus ist ein Spiegelbild derjenigen Kapitalisten, wie sie von Ellis repräsentiert werden. Der vermeintlichen Terrorbande geht es nicht um eine politische Idee,

Der Terrorist Gruber und der Kapitalist Ellis

sondern schlicht darum, Geld zu stehlen. »You want money? What kind of terrorists are you?«, so die Frage Takagis an Hans Gruber, worauf dieser antwortet: »Who said we were terrorists?« Dass die Kriminellen in dieser rein ökonomischen Ausrichtung ihres Handelns Schnittmengen zum Kapitalismus aufweisen, bringt der Film in einem Monolog von Ellis in wünschenswerter Klarheit zum Ausdruck:

»It's not what I want, it's what I can give you. Look, let's be straight, okay? It's obvious you're not some dumb thug up here to snatch a few purses, am I right? [...] Hey, I read the papers, I watch 60 minutes, I say to myself, these guys are professionals, they're motivated, they're happening. They want something. Now, personally, I don't care about your politics.

Maybe you're pissed at the Camel Jockeys, maybe it's the Hebes, Northern Ireland, that's none of my business. I figure, you're here to negotiate, am I right? [...] Hey, business is business. You use a gun, I use a fountain pen, what's the difference?«

Terrorismus und Kapitalismus weisen also Analogien auf; beiden gemeinsam ist, dass sie als genauso lukratives wie kompromissloses Geschäft bezeichnet werden, das von Profis betrieben wird. Handeln die vermeintlichen Terroristen also im Sinne eines enthemmten Kapitalismus, so ließe sich die Analogie auf den Punkt bringen, arbeitet der Kapitalismus mit terroristischen Mitteln. Beide Bereiche sind jedenfalls unpolitisch, es gibt kein höheres Ideal, an dem sich das Handeln ausrichten würde. Auf die Parallele zwischen Kapitalismus und Terrorismus verweist überdies die Filmmusik, präziser: die ›Ode an die Freude‹ aus Beethovens *9. Symphonie*, die anfangs auf der Firmenfeier gespielt wird; gegen Ende wird die gleiche Musik auf der extradiegetischen Ebene eingesetzt, um den zwischenzeitlichen Triumph der Terroristen über ihre Beute musikalisch zu untermalen.

John McClane führt vor dem Hintergrund der Strukturhomologie von Terrorismus und Kapitalismus einen zweifachen Kampf. Dargestellt wird nicht nur der »Kampf gegen das System der Gangster, gegen die Logik des Terrors«, sondern auch »gegen die des Geldes«.[31] Beide Logiken symbolisiert der Handlungsschauplatz, das Hochhaus am Nakatomi Plaza, in dem sich der Narziss-

mus und die Eitelkeit der Geschäftswelt mit Gewalt und Terror verbinden. Der Film greift dabei auf ein ikonografisches Zeichen zurück, das eine lange kulturhistorische Tradition besitzt. Schon in der Exposition blickt John McClane skeptisch auf die Türme von Los Angeles. Hohe Türme, seit der Bibel Symbol menschlicher Hybris,[32] sind im Film Zeichen eines neoliberalen Zeitgeistes, der primär von Profitdenken geprägt ist. Genauso bedeutungstragend wie das Turmmotiv ist dasjenige der Turmzerstörung: Am Ende von DIE HARD ist das Gebäude ziemlich ramponiert, was nicht nur an den Terroristen, sondern auch an John McClane liegt. Dieses Zerstörungswerk veranschaulicht die zeichenhafte Bekämpfung kapitalistisch-neoliberaler Werte durch John McClane, der in der Geschäftswelt von Beginn an als Außenseiter erscheint.[33]

Kaum verwunderlich ist deshalb, dass McClane – im Unterschied zu zahlreichen anderen Filmhelden des amerikanischen Kinos – das ›Haus‹, präziser: die dieses Haus symbolisierenden Werte, *nicht* verteidigt; er befindet sich im Epizentrum des modernen Kapitalismus – in einem Umfeld, dessen Werte er ablehnt. Die Turmzerstörung lässt sich somit symbolisch als Akt

Die Zerstörung des Hochhauses

gegen den narzisstischen Kapitalismus interpretieren, der durch das Hochhaus repräsentiert wird.[34]

Neben der Architektur hat auch die Kleidung in DIE HARD symbolischen Charakter: Über sie wird von Anfang an die Fremdheit McClanes innerhalb der kapitalistischen Gesellschaft verdeutlicht. McClane ist für die Weihnachtsfeier nicht angemessen angezogen, und die Terroristen in Designeranzügen bekämpft er ohne Schuhe und im schlichten Unterhemd. Diese Outfits veranschaulichen gleichsam den Kampf zwischen der naturhaften Körperlichkeit des Helden und der technisch-kulturellen Überlegenheit seiner Widersacher.[35] Und der Gegensatz steigert sich im Verlauf des Films: Während Frisur und Anzug sowohl bei Ellis als auch Gruber bis zum Ende perfekt sitzen, wird McClane mit zunehmender Handlungsdauer immer stärker auf die eigene Körperlichkeit reduziert. Im Duell ›Mann gegen Mann‹ steht er schließlich gleichsam ›nackt‹ und blutend vor Gruber. Dieses Bild hat eine hohe Symbolkraft: Es zeigt, dass der Kampf für die zivilisatorischen Errungenschaften Amerikas nur dann gelingt, wenn der Held seinen Körper einsetzt, d. h. sein nacktes Leben in die Waagschale wirft: genauso, wie es die Helden aus den klassischen Westernfilmen vorgemacht haben.

Schlussbemerkungen

Actionfilme waren in den 1980er Jahren Massenware. Die Frage, warum einige Filme aus der Masse herausragten und zudem über Jahre populär geblieben sind,

Der lädierte Held

lässt sich allgemein nur schwer beantworten. Im Falle von DIE HARD lassen sich zumindest einige Gründe benennen, die erklären, weshalb der Film im Gedächtnis des (US-amerikanischen) Publikums geblieben ist. *Erstens:* DIE HARD bietet mehr als Spektakel und Gewaltexzesse. Über die Bezüge zu HIGH NOON stellt er sich vielmehr in die Erzähltradition des Westernfilms – ein Genre, das zwar action-affin ist, dem Zuschauer allerdings Pausen gönnt, die für das Verständnis der Filme von zentraler Bedeutung sind: In ihnen entfaltet sich die eigentliche ›Erzählung‹. Die Erzählung von Helden und Outlaws, vom *»Prozess der Zivilisierung«,* der *»Entdeckung neuer Grenzen«,* von der Etablierung, Gefährdung und Verteidigung ziviler Werte der Nation ›Amerika‹.[36] Dass sich DIE HARD ausgerechnet den Spielfilm HIGH NOON als filmhistorischen Referenzpunkt wählt, scheint kein Zufall zu sein: HIGH NOON repräsentiert gerade *nicht* das klassische Westernkino; durch die Verweise auf den außergewöhnlichen Western positioniert sich DIE HARD im Spektrum des Unterhaltungskinos als Genreabweichung; zumindest findet eine deutliche Abgrenzung vom Mainstream des populären Actionkinos der ausgehenden 1980er Jahre statt.

Interessant ist vor diesem Hintergrund die dramaturgische Umkehrung von DIE HARD im Verhältnis zu seinem selbsternannten Vorläufer. Lebt der Actionklassiker von spektakulären Kampfszenen, so beschränkt sich die Action im Westernklassiker HIGH NOON – für einen Western untypisch – auf die Schlussszene. DIE HARD macht sich die diskursive Ausrichtung seines Prätextes zunutze: Durch die Referenz auf den berühmten Vorläufer stellt er sich zum einen nicht nur in die Tradition der großen mythischen Erzählungen über Amerika, sondern inkorporiert auch dessen Wertediskurs.

Dieser Wertediskurs bildet *zweitens* – und dies erklärt zumindest ansatzweise die hohe Publikumswirksamkeit des Films – die Pole ›Konservativismus‹ und ›Erneuerung‹ gleichzeitig ab. Durch die Westernbezüge orientiert er sich an konservativen Werten, durch die Kritik an einem aus den Fugen geratenen Finanzkapitalismus kritisiert er gleichzeitig die aktuelle wirtschaftsliberale Prägung des Konservativismus, wie sie in den 1980er Jahren durch die Reagan-Bush-Administration vertreten wurde.[37] *Drittens* werden die Pole ›Tradition‹ und ›Progression‹ auch auf formaler Ebene ausgestellt: Der Film präsentiert sich selbstbezüglich als moderner Westernfilm, gerade die Zurschaustellung dieses Traditionsbewusstseins war für das Actionkino der ausgehenden 1980er Jahre äußerst innovativ.[38] ❑

Anmerkungen

1 Bisher besteht die Reihe aus fünf Folgen: DIE HARD (Stirb langsam; 1988; R: John McTiernan); DIE HARD 2 (Stirb langsam 2; 1990; R: Renny Harlin); DIE HARD WITH A VENGEANCE (Stirb langsam – Jetzt erst recht; 1995; R: John McTiernan); LIVE FREE OR DIE HARD (Stirb langsam 4.0; 2007; R: Len Wisemen); A GOOD DAY TO DIE HARD (Stirb langsam – Ein guter Tag zum Sterben; 2013; R: John Moore).

2 Vgl. http://www.votejohnmcclane.com [17.2.2014].

3 Es handelt sich hier um eine parodistische Bezugnahme auf John McCain, den damaligen republikanischen Präsidentschaftskandidaten.

4 Mark Hughes: Top Ten Best Christmas Movies Of All Time. http://www.forbes.com/sites/markhughes/2011/12/14/top-ten-best-christmas-movies-of-all-time [17.2.2014].

5 Vgl. Susanne Rieser: ›Absolut action‹. Zur Politik des Spektakels. In: Film und Kritik 4 (1999), S. 5–20, hier S. 5.

6 Thomas Morsch: Die Macht der Bilder. Spektakularität und die Semantisierung des Blicks im Actionkino. In: Film und Kritik 4 (1999), S. 21–43, hier S. 21. Diese dichte Frequenz von Actionszenen unterscheidet den Actionfilm der 1980er Jahre von anderen actionaffinen Vorläufern – wie etwa dem Western-, Gangster-, oder Kriminalfilm. »Die Narration wird immer wieder unterbrochen – durch Stunts, durch Explosionen, durch Verfolgungsjagden, sie wird angehalten, sie

wird suspendiert.« Claudia Liebrand: »Here, we'll start over again«. Game over and Restart in Screwball Comedies mit dem Fokus auf Preston Sturges' UNFAITHFULLY YOURS. In: Rainer Leschke / Jochen Venus (Hg.): Spielformen im Spielfilm. Zur Medienmorphologie des Kinos nach der Postmoderne. Bielefeld 2007, S. 21–40, hier S. 23.

7 Vgl. Lothar Mikos: Genrespezifische Ästhetik der Gewaltdarstellung in Film und Fernsehen. In: Christoph auf der Horst (Hg.): Ästhetik und Gewalt. Physische Gewalt zwischen künstlerischer Darstellung und theoretischer Reflexion. Göttingen 2013, S. 157–184, hier S. 167f.

8 Eine Analogie zum klassischen Weihnachtsfilm besteht in der narrativen Grundstruktur des Films: Der Vater ist am Weihnachtstag unterwegs, es ist nicht sicher, ob er es bis zum Fest nach Hause schafft – in DIE HARD werden John McClane ein Dutzend Terroristen in die Quere kommen. Zur thematischen und visuellen Bedeutung von Weihnachten in DIE HARD vgl. Thomas Elsaesser: Hollywood heute. Geschichte, Gender und Nation im postklassischen Kino. Berlin 2009, S. 84f.

9 Zum Begriff ›instrumentelle Gewalt‹ vgl. Mikos 2013, S. 162ff.

10 Gerade durch die Legitimation von Gewalt, die der Film über seine narrativen Elemente hervorhebt, wird dem Zuschauer ermöglicht, sich dem ›Gewaltüberschuss‹, den der Film über weite Strecken bietet, genussvoll hinzugeben.

11 http://www.urbandictionary.com/define. php?term=yippie%20ki-yay [17.02.2014]. Die Phrase bezieht sich auf Cowboy-Sprache, wie sie in anderen Kunstwerken der Populärkultur, z. B. in Country-Songs tradiert worden ist.

12 Vgl. John C. Lyden: Myths, Moral and Rituals. Film as Religion. New York et al. 2003, S. 148ff.

13 Der Verweis ist auch bezogen auf die Rollen von Bruce Willis vor DIE HARD interessant: Der Film scheint die Figur McClane an das bisherige Image des Schauspielers anschließen zu wollen. Willis war dem Publikum in den 1980er Jahren zwar nicht als singender Cowboy, aber immerhin als ›singing detective‹ aus der Serie Moonlighting (Das Model und der Schnüffler; USA 1985–89) bekannt.

14 In diesem Film singt Roy Rogers den Cowboy-Song Whoopie Ti Yi Yo, worauf der oneliner McClanes erkennbar Bezug nimmt.

15 McClane wurde – so der Produzent Lawrence Gordon – als »everyman« konzipiert: »He seems to be a man that you believe could lose«. Eric Lichtenfeld: Action Speaks Louder. Violence, Spectacle, and the American Action Movie. Middletown 2007, S. 165. Die Heldenkonzeption unterscheidet sich vom prototypischen Helden, wie er in These 8 der Einleitung beschrieben wurde. Dies zeigt, dass dieser Typus Ende der 1980er Jahre derart etabliert war, dass sich einzelne Filme von ihm abgrenzen konnten.

16 Außerdem hat er ein großes Plüschtier dabei, das er seinen Kindern zu Weihnachten schenken möchte.

17 Georg Seeßlen: DIE HARD (1988). In: Annette Kilzer (Hg.): Bruce Willis. Berlin 2000, S. 139–146, hier S. 142; zum Motiv der Füße vgl. Elsaesser 2009, S. 90.

18 Im Unterschied zu vielen Actionhelden der 1980er präsentiert der Film einen Heldentypus, der emotional, verwundbar und alles andere als perfekt ist: Dies zeigt sich in den DIE HARD-Filmen besonders an den familiären Konflikten; vgl. Thomas Morsch: Muskelspiele. Männlichkeitsbilder im Actionkino. In: Christian Hißnauer / Thomas Klein (Hg.): Männer – Machos – Memmen. Männlichkeit im Kino. Mainz 2002, S. 49–74, hier S. 65.

19 Dass sich im soeben zitierten Dialog John Wayne buchstäblich als ›falsche Besetzung‹ entpuppt, lässt sich als Präferenz John McClanes für den von Cooper verkörperten Will Kane deuten. McClane repräsentiert also eher den Typus ›Will Kane‹ als einen jener heroischen Machos aus dem Wilden Westen, für die John Wayne im öffentlichen Bewusstsein steht.

20 Diese Entsprechung beider Figuren ist in ihrer Namensverwandtschaft angelegt.

21 Im Falle von HIGH NOON (Zwölf Uhr mittags; 1952; R: Fred Zinnemann) lässt sich von einem positiven Ende tatsächlich nur in Bezug auf Will Kane sprechen. Dass Kane den Bewohnern der Stadt den Sheriff-Stern vor die Füße wirft, verdeutlicht zumindest seinen Zukunftspessimismus in Bezug auf die Wehrhaftigkeit der Demokratie und ihrer Institutionen.

22 Vgl. hierzu auch den Beitrag von Willem Strank im vorliegenden Band.

23 Sein (deutscher) Widersacher hingegen scheitert, weil er diese Tradition nicht verinnerlicht hat.

24 Hans Helmut Prinzler: Zwölf Uhr mittags. In: Bernd Kiefer / Norbert Grob (Hg.): Filmgenres Western. Stuttgart 2003, S. 154–160, hier S. 157.

25 Für den Westernfilm ist diese Situation typisch: Wer die Ordnung verteidigt, gehört ihr meist nicht an, steht (zumindest für den Zeitraum des Kampfes) außerhalb des Rechts.

26 Seeßlen 2000, S. 142.

27 Vor diesem Hintergrund lässt sich genauer verstehen, weshalb McClane sich in die Tradition von Gary Cooper stellt und nicht John Wayne als Rollenmodell wählt. DIE HARD bezieht sich hier auf die Konkurrenz zwischen HIGH NOON und dem von Howard Hawks selbst zum Gegenmodell stilisierten Film RIO BRAVO (1959), in dem John Wayne die Hauptrolle spielt. Im Unterschied zum gesellschaftlichen Versagen in HIGH NOON betont RIO BRAVO den kollektiven Zusammenhalt einer intakten Solidargemeinschaft.

28 Zu den Aspekten Transnationalismus und Globalisierung in DIE HARD vgl. Elsaesser 2009, S. 88ff.

29 Takagi kümmert sich um seine Mitarbeiter, so lässt er John McClane mit einer Limousine vom Flughafen abholen. Und er stellt sich den Terroristen, obgleich seine Mitarbeiter ihn nonverbal auffordern, sich nicht zu erkennen zu geben. Schließlich verrät er den Terroristen den Zugangscode nicht, er lässt sich also nicht erpressen, woraufhin er erschossen wird.

30 In DIE HARD 2 löst der Journalist Thornburg am Flughafen durch seine Berichterstattung eine Massenpanik aus.

31 Seeßlen 2000, S. 142.

32 Gemeint ist hier die Geschichte vom Turmbau zu Babel (Gen 11,1–9).

33 Vgl. Seeßlen 2000, S. 140.

34 Zur Symbolik zerstörter und einstürzender Architektur vgl. Susanne H. Kolter: Architecture Criente: Nine Eleven zwischen Katastrophenästhetik, biblischem Strafgericht und Dekonstruktivismus. In: Ingo Irsigler / Christoph Jürgensen (Hg.): Nine Eleven. Ästhetische Verarbeitungen des 11. September 2001. Heidelberg 2008, S. 345–367.

35 Susan Jeffords zeigt, dass die körperliche Überlegenheit der Helden konstitutives Element der Actionfilme der 1980er Jahre ist; vgl. Susan Jeffords: Hard Bodies. Masculinity in the Reagan Era. New Brunswick 1994, S. 52.

36 Norbert Grob / Bernd Kiefer: Einleitung. In: dies. (Hg.): Filmgenres Western. Stuttgart 2003, S. 12–40, hier S. 22ff.

37 Susan Jeffords weist darauf hin, dass McClanes Kritik an den Behörden ein Echo des Films auf die Bürokratiekritik von Ronald Reagan sei. Dieser fühlte sich durch bürokratische Regelungen daran gehindert, seinen Job als Präsident zu machen; vgl. Jeffords 1994, S. 60. Gleichzeitig steht Reagan aber auch für jenen neokonservativen und wirtschaftsliberalen Kurs, den der Film kritisiert.

38 Vgl. Seeßlen 2000, S. 145.

Revisionen des Actionhelden

Eine Genreanalyse der MISSION: IMPOSSIBLE-Reihe

Von Dominik Orth

Zum Potenzial von Genreanalysen

Innerhalb filmwissenschaftlicher Genreansätze ist eine zunehmend gegenstandsorientierte Ausrichtung zu konstatieren, die sich explizit mit Genreanalysen auseinandersetzt.[1] Neben der breit angelegten Untersuchung von spezifischen Einzelgenres konzentrieren sich entsprechend ausgerichtete Studien insbesondere auf die Analyse von einzelnen Filmen hinsichtlich ihrer Genrebezüge.[2] Der Actionfilm wird dabei auffallend vernachlässigt, spielt er doch – entgegen dem in der Regel durchaus großen Zuspruch an den Kinokassen – als filmwissenschaftlicher Gegenstand eine untergeordnete Rolle.

Allerdings stellt sich auch die Frage nach Sinn, Zweck und Erkenntnisgewinn von Analysen, die lediglich die Zugehörigkeit von Filmen oder Filmgruppen zu einem Genre reflektieren, ohne daran anknüpfende Fragestellungen zu verfolgen. In solchen Studien wird oftmals nicht deutlich, was mit der Zuordnung oder Nicht-Zuordnung eigentlich gewonnen ist, zumal Filme in der Regel Elemente von einer Vielzahl von Genres aufweisen und in dieser Hinsicht als Genrehybride gelten können. Produktiver jedoch ist die spezifischere Frage danach, wie sich einzelne Filme durch vielfältige Verweise auf ein Genre beziehen, es dadurch variieren und damit Einblick in Einzelphasen oder Aspekte der Geschichte eines Genres gewähren. Filme lassen sich so aufgrund ihrer genrespezifischen Verankerung auf eine bestimmte Weise verstehen, denn indem sie sich explizit oder implizit zu ihrem spezifischen Genre verhalten, situieren sie sich genregeschichtlich und weisen somit Bedeutungsebenen auf, die analysiert und gedeutet werden können. Im Rahmen einer kontextuellen Ausweitung lassen sich anschließend – zumindest thesenhaft – soziokulturelle Ursachen für die Fortführung oder Abweichung von filmhistorisch tradierten Genrekonzepten herausarbeiten.

Ein in dieser Hinsicht tragfähiges Beispiel für das Genre des Actionfilms ist die MISSION: IMPOSSIBLE-Reihe um den von Tom Cruise dargestellten Geheimagenten Ethan Hunt. Die bislang vier Filme eignen sich insbesondere deshalb für eine Genreanalyse, da sie einerseits in mehrfacher Hinsicht auf die Geschichte des Actionfilms verweisen, indem sie elaborierte Genrekonzepte aufgreifen und variieren, andererseits selbst wiederum prägend für das Genre wirken. Darüber hinaus symbolisiert diese Reihe *in nuce* die Entwicklung von Genres allgemein und des Genres des Actionfilms im Besonderen.

Die Spezifik der Filme MISSION: IMPOSSIBLE (1996; R: Brian De Palma), MISSION: IMPOSSIBLE II (2000; R: John Woo), MISSION: IMPOSSIBLE III (2006; R: J. J. Abrams) und MISSION: IMPOSSIBLE – GHOST PROTOCOL (Mission: Impossible – Phantom-Protokoll; 2011; R: Brad Bird) manifestiert sich dabei insbesondere in der Rolle des Actionhelden, der seit jeher ein konstitutives Element des Actionfilms ist. Auf der Basis einer allgemeinen Genreanalyse dieser vier Filme soll daher im Folgenden überprüft werden, inwiefern die fiktive Figur Ethan Hunt – als Actionheld dieser Reihe – prototypische Actionheld-Konzepte internalisiert oder variiert und damit den MISSION: IMPOSSIBLE-Filmen eine spezifische Kontur innerhalb des Actiongenres verleiht. Daran anknüpfend kann die Funktion des Schauspielers Tom Cruise in seiner Eigenschaft als Verkörperung dieses Actionhelden reflektiert werden, um der soziokulturellen Dimension des Genrekonzepts gerecht zu werden. Dabei wird deutlich – so meine

These –, dass Cruise mit dem Agenten Hunt einen neuen Actionheld-Typus entworfen hat, der nicht nur das Genre des Actionfilms erneuern will, sondern darüber hinaus dem Schauspieler Tom Cruise zur vermeintlichen Verbesserung seines Images dienen soll, indem er sich als ›neuer‹ männlicher Actionheld in Szene setzen lässt, dessen implizite Männlichkeitskonzeption bisherige Formen der Geschlechtsdarstellungen des Genres sowohl zu kombinieren als auch zu ergänzen und aufzuwerten versucht.

Genreanalyse von Actionfilmen

Eine Genreanalyse von Actionfilmen erfordert zunächst die Akzeptanz der Prämisse, dass es sich beim Actionfilm um ein Genre handelt.[3] Zudem sind – um die Rahmenbedingungen der Analyse zu klären – methodische Reflexionen notwendig. So gilt es im Folgenden, das spezifische Genrekonzept zu skizzieren, das dem als Genre verstandenen Actionfilm zugrunde gelegt wird. Daran anschließend ist es möglich, konkret die Aspekte der Genreanalyse zu benennen, die für die Auseinandersetzung mit der MISSION: IMPOSSIBLE-Reihe unter der hier verfolgten Fragestellung von Bedeutung sind.

Es ist – dies gilt jedoch grundsätzlich für alle Genres – nicht unproblematisch, das Actiongenre konkret zu definieren oder notwendige Konstituenten zu beschreiben: »Eine empirisch abgesicherte Konfiguration von Grundmustern, die von allen Filmen eines Genres und nur von diesen geteilt wird, existiert nicht.«[4] Grundsätzlich geht es im Actionkino, so lässt es sich zumindest in Ansätzen umschreiben, um audiovisuelle Spektakel, um die »Ausstellung der Schauwerte von Gewalt-, Verfolgungs- und Kampfspektakeln«,[5] wie es Thomas Morsch auf den Punkt bringt, oder, wie Susanne Rieser es formuliert: »Actionkino ist der Versuch, auf der Hintergrundfolie narrativer Sparsamkeit jenen atemberaubenden Suspense-Surplus zu entwickeln, der sich schlußendlich im spektakulären Exzeß des audiovisuellen Overkills entlädt.«[6]

Vom konkreten Genre abstrahierend kann den folgenden Ausführungen ein spezifisches Verständnis von Genre zugrunde gelegt werden, das die konkrete Stoßrichtung der Fragestellung und damit die Ausrichtung der Analyse adäquat berücksichtigt. Innerhalb der filmwissenschaftlichen Genretheorie existieren unterschiedliche Schulen und Konzepte, also divergierende Genrebegriffe.[7] Aufgrund dieser Vielzahl von diskutierten Konzepten innerhalb der Genretheorie ist es wichtig darzulegen, auf welches Genrekonzept man sich bei einer konkreten Genreanalyse bezieht, denn die Form (und damit das Ergebnis) der Analyse sind abhängig vom spezifischen Verständnis, das man von dem Begriff ›Genre‹ aufweist. Darüber hinaus sollte das zugrunde gelegte Konzept mit der gewählten Fragestellung korrespondieren, da nur dann adäquate Ergebnisse hinsichtlich des Erkenntnisinteresses zu erwarten sind.

Für den hier gewählten Ansatz einer Analyse von Einzelfilmen im Hinblick auf ihre Genrebezüge, einer darauf basierenden Konzentration auf das Element des Actionhelden und einer soziokulturellen Kontextualisierung sind insbesondere Konzepte relevant, wie sie innerhalb der Genretheorie von Neale, Hickethier und Schweinitz entwickelt wurden.[8] Genres werden demnach als *historisch variabel* und *kontextuell verankert* verstanden: »Eine bestimmte Genreausprägung muss somit immer auch vor dem Hintergrund des jeweiligen Entstehungskontexts und des jeweiligen historischen Genrebewusstseins betrachtet werden.«[9] Auf einem solchen Verständnis von Genre fußt die ›klassische Definition‹ des Begriffs, wie sie von Kuhn, Scheidgen und Weber vorgeschlagen wird:

»Genres sind Gruppen von Filmen, die spezifische Merkmale teilen und die in bestimmten historischen Kontexten in der Filmpraxis, der Filmrezeption und/ oder anderen Diskursen einander zugeordnet worden sind. In diesem Sinne sind sie analytisch und theoretisch erfassbare Konfigurationen historisch wandelbarer formaler, ästhetischer, thematischer, inhaltlicher, narrativer, dramaturgischer, visueller und auditiver Merkmale.«[10]

Vor diesem Hintergrund lassen sich konkrete Aspekte einer Genreanalyse der hier im Fokus stehenden Einzelfilme in ihrem Verhältnis zu ihrem Genre festlegen:[11] »Der einzelne Film wird im Genrerahmen verortet, dabei innerhalb eines intertextuellen Zusammenhangs gesehen, gleichzeitig aber auch innerhalb einer spezifischen historischen Situation, in der einerseits seine Produktion und andererseits seine Rezeption stehen.«[12] In Ermangelung eines unumstrittenen Katalogs von notwendigen Genreelementen ist es dabei sinnvoll, vor dem Hintergrund von ›Prototypen‹ des Genres, die im Rahmen eines ›lebendigen Genrebewusstseins‹ im Diskurs virulent sind, die einzelnen Filme zu betrachten.[13] Als relevante Prototypen können dabei – nicht nur aus pragmatischen Gründen – die in diesem Band diskutierten Filme gelten, da sie durch die Aufnahme in eine Publikation, die ihnen durch den Untertitel *Moderne Klassiker des populären Films* einen gewissen Status innerhalb ihres Genres zuweist, zu einem Bewusstsein von genrekonstitutiven Elementen und Merkmalen beitragen, das durch eben diese Filme geprägt wird.

Variationen eines Erfolgskonzeptes. Die MISSION: IMPOSSIBLE-Reihe als Teil des Actionkinos

Ohne die historische Entwicklung des Actiongenres – dessen Beginn auf die 1960er Jahre datiert wird[14] – gäbe es die MISSION: IMPOSSIBLE-Reihe nicht in der Form, wie sie im Verlauf der bisherigen vier Filme ihren Weg auf die Leinwand gefunden hat. Vor allem drei Einflüsse sind im Kontext der Etablierung dieser Reihe im Jahr 1996 durch Brian De Palmas Film von Bedeutung: die James-Bond-Filme als direkte Konkurrenz,[15] zu der sich MISSION: IMPOSSIBLE als im Agentenmilieu situierter Actionfilm als Alternative positionieren konnte, die gleichnamige Fernsehserie und schließlich der Status des Actionfilms, der durch immer wiederkehrende Wiederholungen von Genremustern in den 1990ern eine gewisse Stagnation aufwies. Zu diesen populären Phänomenen bestehen einerseits Bezüge und lassen sich andererseits Abgrenzungen beobachten; in der Dynamik aus diesen drei film- und fernsehhistorischen Einflüssen konnte die MISSION: IMPOSSIBLE-Reihe in einer zeitlich günstigen Situation von Cruise – der von Beginn der Reihe an als Produzent beteiligt und Mitte der 1990er Jahre auf dem Höhepunkt seiner Schauspielkarriere war[16] – etabliert werden.

Die James Bond-Reihe durchlitt Anfang der 1990er Jahre eine Krise: LICENCE TO KILL (James Bond 007 – Lizenz zum Töten; 1989; R: John Glen), der zweite und letzte Bond-Film mit Timothy Dalton als 007, gilt als einer der größten Misserfolge der Reihe, die Figur des Geheimagenten mit der Lizenz zum Töten wurde sogar »von diversen Feuilletons endgültig für tot erklärt«.[17] Mit GOLDENEYE (1995; R: Martin Campbell) versuchte die Reihe erst sechs Jahre nach dem Misserfolg und mit Pierce Brosnan als neuem Darsteller einen Neustart. Diese schwierige Phase der Neufindung in der Geschichte des genrekonstituierenden Actionhelden James Bond wussten die produktiven Köpfe hinter MISSION: IMPOSSIBLE zu nutzen und platzierten nur ein Jahr später mit der Figur Ethan Hunt ein alternatives Actionangebot im Geheimagenten-Milieu, das an der Kinokasse offensichtlich zu überzeugen wusste.[18]

Neben dieser Bezugsetzung zu einer Reihe, die immerhin seit mehreren Jahrzehnten mal mehr, mal weniger erfolgreiche Actionfilme auf die Leinwände brachte, kann es als geschickter Schachzug gelten, dass nicht nur ein neuer Agentenfilm produziert wurde, sondern darüber hinaus ein Agentenfilm, der einen Vorläufer in der Popkultur aufwies und somit auf ein gewisses Grundinteresse stoßen konnte. Von 1966 bis 1973 strahlte das US-amerikanische Fernsehen 171 Folgen der Serie *Mission: Impossible* aus. In den USA war die Serie ein großer Erfolg, sie gewann zahlreiche Emmys, 1988 bis 1990 folgten sogar zwei weitere Staffeln.[19]

Schließlich wies das Actiongenre mit seinen zahlreichen Reihen, die in den 1970er oder 80er Jahren etabliert wurden – wie etwa DIRTY HARRY, RAMBO, TERMINATOR oder DIE HARD – und inzwischen stets nur Fortsetzungen bisheriger Erfolgsmuster boten, gewisse Ermüdungserscheinungen auf.[20] Insbesondere die dezidiert körperbetonte Phase der 1980er Jahre mit den in der Forschung als »Hard Bodies« oder »Spectacular Bodies«[21] bezeichneten Darstellern Sylvester Stallone und Arnold Schwarzenegger, die oftmals simplifizierend als filmische Verkörperung der Reagan-Ära gedeutet wurden, eröffnete das Potenzial für einen Actionhelden, der nicht nur seinen Körper, sondern auch seinen Kopf einzusetzen verstand.

Vor diesem medienhistorischen Kontext ist die *Initialisierung* der neuen Reihe durch MISSION: IMPOSSIBLE zu sehen, wobei Brian De Palmas Auftakt – als Genrefilm gesehen – insofern überrascht, als der Film verhältnismäßig wenige explizite Action-Sequenzen aufweist. Zwei Szenen jedoch sind besonders relevant, nicht zuletzt, da sie sich in ihrer Konzeption als Actionsequenz diametral gegenüber stehen. Eine der entscheidendsten Szenen ist eine Variation des für den Actionfilm typischen Genreelements ›Stunt‹. Ohne Explosionen und lautstarke Geräuschkulisse bricht Ethan Hunt, unterstützt von seinem Team, in einen Hochsicherheitsraum ein, um eine wichtige Datei zu entwenden. Der Stunt, in dem der Agent wie eine Spinne vom Dach hängt und zur Stille verdammt ist, um keinen Alarm auszulösen, steht in Kontrast zu prototypischen Stunts, die meist an der freien Luft spielen und mit möglichst viel Krach auf Schaueffekte abzielen. Die Inszenierung des Stunts bricht mit etablierten Mustern; aus der Ausgangslage, dass eine Schweißperle den Boden nicht berühren darf, zieht die Szene ihre Spannung. Diese Sequenz verleiht dem Film somit ein eigenes Profil, was im Zuge der Etablierung einer neuen Reihe von Bedeutung ist.[22] Eher klassisch inszeniert hingegen ist die Verfolgungsjagd am Ende, wobei jedoch die Wahl der sich verfolgenden Gefährte durchaus als innovativ gelten kann. Ein Hubschrauber verfolgt einen Zug, zunächst unter freiem Himmel, dann jedoch sogar in einem Tunnel. Mit den zahlreichen Explosionen und der Geschwindigkeit der Transportmittel steht die Szene in direktem Kontrast zur eben genannten Sequenz, gerade aus der Gegensätzlichkeit dieser beiden zentralen Actionszenen bezieht der Film seine spezifische Gestaltung als Genrefilm. Dieser hat den Actionfilm zwar nicht erneuert; die Initialisierung einer neuen Reihe war aber offensichtlich erfolgreich genug, um Sequels zu rechtfertigen.

Die erste Fortsetzung erfolgte vier Jahre später durch John Woo. Zentrales Merkmal seines Films ist eine Form der *Ästhetisierung*: Durch den Einsatz von Zeitlupen, pathetischer Musik und ostentativer Choreografien traditioneller Actionelemente wie Verfolgungsjagden oder Schießereien betont MISSION: IMPOSSIBLE II die ästhetische Dimension des Mediums Film. Diese Ästhetisierung ist insofern bezeichnend, als sie sich sowohl von Brian De Palmas Film als auch von üblichen Genreinszenierungen – wenn man einmal von Woos spezifischer Handschrift absieht – entscheidend abhebt.

Der dritte Teil hingegen kann als tendenzielle *Überbietung* charakterisiert werden: Eine Vielzahl an typischen Genreelementen wie Verfolgungsjagden, Explo-sionen, Schießereien etc. wird – entgegen der artifiziellen Gestaltung im zweiten Teil – bewusst naturalistisch gehalten. Die im Vergleich zu den bisherigen Filmen der Reihe zahlreichen Actionszenen selbst sind hektisch inszeniert, weisen viele sowie schnelle Schnitte und oftmals Handkameraeffekte auf, wodurch versucht wird, die Hektik der dargestellten Handlungen formal umzusetzen. Der Film gewinnt lediglich durch die Vielzahl der Actionszenen ein besonderes Profil, hebt sich dadurch aber eher von den Vorgängern der Reihe als von typischen Vertretern des Genres ab.

Im bislang letzten Film der Reihe – der finanziell der erfolgreichste aller vier Teile war[23] – ist eine auffällige Tendenz zur *Selbstironisierung* zu beobachten. Erkennungsmerkmale der Filmreihe werden komödiantisch unterlaufen und ironisiert, so etwa die typische Art und Weise der Missionsbeschreibung, die stets damit endet, dass sich die Nachricht selbst zerstört. Als Hunt in MISSION: IMPOSSIBLE – GHOST PROTOCOL seine Mission über einen offensichtlich veralteten vermeintlichen Münzfernsprecher übermittelt bekommt, versagt die Technik dabei, sich selbst zu zerstören. Erst als der Agent genervt auf den Kasten schlägt, geht der Apparat kaputt. Auch zahlreiche andere Hilfsmittel und Agenten-Gimmicks versagen im weiteren Verlauf des Films und integrieren dadurch komödiantische Elemente, in denen traditionelle Elemente der Reihe bloßgestellt werden. Selbst die Maskierungen, die es den Agenten der

Impossible Mission Force erlauben, ihre Gegner zu täuschen, werden Gegenstand selbstreflexiv-ironisierender Kommentare, etwa wenn das Teammitglied Benji ständig davon spricht, wie gern auch er einmal eine solche Maske tragen möchte. Diese Form der selbstreflexiven Ironie hat innerhalb des Genres durchaus Tradition, bereits in anderen Reihen ist eine Form der Selbstironisierung zu beobachten, so etwa in MOONRAKER (James Bond 007 – Moonraker – Streng geheim; 1979; R: Lewis Gilbert) oder TERMINATOR 3: RISE OF THE MACHINES (Terminator 3: Rebellion der Maschinen; 2003; R: Jonathan Mostow).[24]

Mit diesen unterschiedlichen Charakteristika – Initialisierung, Ästhetisierung, Überbietung und Selbstironisierung – weist die MISSION: IMPOSSIBLE-Reihe eine Vielfalt an Genreausprägungen und -variationen auf. Die einzelnen Filme der Reihe zeigen daher zum einen unterschiedliche Facetten und mögliche Ausgestaltungen des Genres auf, zum anderen bilden sie als Reihe beispielhaft drei der vier Phasen ab, die Hickethier im Rahmen seines Phasenmodells der Historizität von Genres erarbeitet hat.[25]

An den MISSION: IMPOSSIBLE-Filmen lässt sich daher – so meine These – die Entwicklung von Genres beispielhaft darlegen, da die einzelnen Filme der Reihe einzelne Phasen der Geschichte von Genres im Allgemeinen und des Actionfilms im Besonderen abbilden. Nach Hickethier durchlaufen Genres in der Regel folgende Phasen: »Entstehung – Stabilisierung –

Erschöpfung – Neubildung.«[26] Bis auf die Neubildung finden sich diese Phasen auch in der hier analysierten Actionreihe innerhalb des Actiongenres. Der erste Teil, der durch Initialisierung gekennzeichnet ist, bildet den Auftakt: Eine neue Actionreihe *entsteht*. Als Fortsetzung des ersten Films *stabilisiert* der zweite Teil die Reihe. Die Variationen in Woos Film sind Teil dieser Stabilisierung, wobei die Varianz insbesondere in der Ästhetisierung besteht. Teil drei befindet sich dann bereits zwischen den Phasen der Stabilisierung und der *Erschöpfung*; einerseits wiederholt Abrams' Spektakel typische Muster, andererseits bietet er darin recht wenig Innovation, sodass der Film zwischen Stabilisierung und Erschöpfung changiert. Dies drückt sich sogar in den Zuschauerzahlen aus: Der dritte Teil weist das geringste Einspielergebnis auf. Mit der Selbstironisierung in Teil vier wird diese ›Erschöpfung‹ reflektiert und damit sogar zum Thema des Films. Als eine Form der Neubildung kann dies nicht gelten, vielmehr stehen die Ironisierungen auf einer Stufe mit Genreparodien, die nach Hickethier wiederum typisch für die Phase der Erschöpfung sind. Die selbstreflexiven Elemente betonen gerade die immerwährende Wiederholung bekannter Muster, der Film geht nur anders damit um, indem er explizit und selbstironisch darauf verweist.

Wendet man den Blick von der Reihe auf das gesamte Genre des Actionfilms, so lassen sich interessanterweise dieselben Phasen beobachten: Das Genre entsteht in den 1960er Jahren, woran die James-Bond-Reihe entscheidend beteiligt ist. In den 1970er und 80er Jahren stabilisiert es sich, wovon Filmreihen wie DIRTY HARRY, RAMBO, TERMINATOR oder DIE HARD zeugen. Ende der 1980er und in den 90er Jahren finden sich zunehmend selbstreflexive Elemente in Filmen des Genres, was für die Phase der Erschöpfung spricht.[27] Diese hält im Grunde genommen bis heute an und wird in genrereflexiven Filmen wie THE EXPENDABLES (2010; R: Sylvester Stallone), THE EXPENDABLES 2 (2012; R: Simon West), RED (R.E.D. – Älter, Härter, Besser; 2010; R: Robert Schwentke), RED 2 (R.E.D. 2 – Noch Älter. Härter. Besser; 2013; R: Dean Parisot) oder ESCAPE PLAN (2013; R: Mikael Håfström) deutlich, in denen die Stars von einst – insbesondere Bruce Willis, Arnold Schwarzenegger und Sylvester Stallone – mitunter selbstironisch das Genre und sich selbst als ehemalige Ikonen des Genres in Szene setzen (lassen).[28] Eine Neubildung des Genres hingegen ist bislang eher nicht zu beobachten.[29]

Die MISSION: IMPOSSIBLE-Reihe stellt also – so lässt sich zusammenfassen – eine zwar recht neue, aber insgesamt recht typische Actionfilm-Reihe dar, in der sich darüber hinaus die Entwicklung des gesamten Genres und von Genres überhaupt widerspiegelt. Wie andere Vertreter des Genres verfügen auch diese Filme über eines der zentralen Elemente des Actionkinos: einen Actionhelden.

Ethan Hunt als Held, die Inszenierung von Männlichkeit und das Image eines Stars

In Bezug auf das Medium Film kann ein Held zunächst einmal, mit Jens Eder gesprochen, als »ein positiv besetzter Protagonist mit überdurchschnittlichen Fähigkeiten und Tugenden«[30] verstanden werden. Dieser sieht sich in der Regel mit besonderen Schwierigkeiten konfrontiert: »Die Aufgabe scheint nicht zu bewältigen zu sein«.[31] Diese Beschreibung verdeutlicht die Herausforderungen, denen sich Ethan Hunt als Protagonist und Held der MISSION: IMPOSSIBLE-Filme zu stellen hat, geradezu buchstäblich.

Der Actionheld – als spezifischer Heldentypus – verfügt zumeist über genrebedingte Eigenschaften wie etwa »Souveränität, Entschlossenheit, Härte und Unabhängigkeit«.[32] Die Darstellung dieser Eigenschaften geht häufig einher mit einer diesem Genre immanenten typischen Zuschreibung auf das männliche Geschlecht und eine damit verbundene Inszenierung von Männlichkeit: »Kein anderes filmisches Genre weist eine dem Actionkino vergleichbar ostentative Beschäftigung mit dem männlichen Körper auf.«[33]

Über die genrespezifischen Eigenschaften der Souveränität, Entschlossenheit, Härte und Unabhängigkeit verfügt Ethan Hunt, der Held der Reihe. Gleich zu Beginn des ersten Films kann der Geheimagent diese unter Beweis stellen, indem er sich von seinem Mentor löst. Dieser ist niemand Geringeres als Jim Phelps (Jon Voight), seines Zeichens seit der zweiten Staffel die Hauptfigur aus der TV-Serie *Mission: Impossible.* Die Figurenkonstellation von Brian De Palmas MISSION: IMPOSSIBLE ist geschickt: Durch die Figur Phelps wird einerseits eine Kontinuität zum Serienkosmos etabliert, andererseits wird durch den Austausch des Protagonisten die Möglichkeit eröffnet, einen unverbrauchten Helden zu etablieren, der keine serielle Vergangenheit hat und somit als neuer Held in Szene gesetzt werden kann. Allerdings wird diese Etablierung eines neuen Helden in der durch die Fernsehserie konstruierten Diegese teuer erkauft: Die bisherige Identifikationsfigur Phelps entpuppt sich als Maulwurf, der seine und die Ideale der Impossible Mission Force verraten hat. Die Ablösung des Protagonisten geschieht daher auf der Basis eines Charakterbruchs, doch gerade dieser Bruch – der zugleich die Kontinuität zur Serie bezeugt – stellt Hunt als *unabhängigen* Helden umso mehr ins Zentrum.

Hunt ist außerdem ein körperlich *starker* Held, auch wenn er im Vergleich zu den ›Hard Bodies‹ des 1980er-Jahre-Actionkinos physische Defizite aufweist. In allen vier Teilen von MISSION: IMPOSSIBLE jedoch sind entsprechende Einstellungen und Szenen zu finden, in denen der muskulöse Oberkörper des Protagonisten zu sehen ist und seine Körperbeherrschung in Szene gesetzt wird. MISSION: IMPOSSIBLE II beispielsweise beginnt mit einer Freeclimbing-Sequenz,

und in MISSION: IMPOSSIBLE – GHOST PROTOCOL hangelt sich Hunt am Burj Khalifa, dem höchsten Gebäude der Welt, entlang. Als Leiter von Spezialisten-Teams, die ihn bei seinen Missionen unterstützen – worin eine entscheidende Abgrenzung zum Einzelkämpfer James Bond liegt –, kann er außerdem als *intelligent* gelten. Darüber hinaus weist diese Figur eine ausgeprägte *emotionale* Seite auf – ein weiterer Unterschied zum britischen Geheimagenten 007[34] –, die ihn jedoch erpressbar macht, was eine Form von *Schwäche* impliziert: In MISSION: IMPOSSIBLE II sind es seine Gefühle für die weibliche Hauptfigur Nyah, im dritten Teil für seine Ehefrau Julia, die ihn zu Rettungsmissionen motivieren und auch die *egoistische* Facette seines Charakters zeigen: Er stürzt sich primär in unmögliche Missionen, um sich selbst oder die Personen, die er liebt, zu beschützen, womit er auch eine *fürsorgliche* Seite offenbart. Dass er dabei zumeist auch die Welt rettet, ist gewissermaßen ein Nebeneffekt. Im ersten und vierten Teil ist es seine Ehre, die auf dem Spiel steht – er steht im Verdacht, ein Verräter oder Terrorist zu sein –, im zweiten und dritten Teil ist es die Liebe zwischen ihm und einer Frau – die jeweils in der Gewalt seines Antagonisten ist –, die ihn vermeintlich unmögliche Missionen überwinden lässt.

Mit dieser für das Genre des Actionfilms charakterlich relativ vielseitigen Figur durchbrechen die für das Genre einflussreichen Filme um Ethan Hunt das

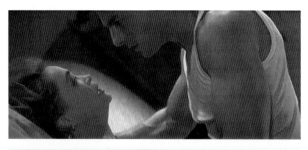

Inszenierte (körperliche) Männlichkeit in MISSION: IMPOSSIBLE, MISSION: IMPOSSIBLE II, ...

aus dem Genre des Actionfilms geborenes Konzept von Männlichkeit variiert, das bis Ende der 1980er Jahre noch überwiegend von einem »physischen Exzess der Männlichkeit«[35] geprägt war.

Die Figur Ethan Hunt spielt somit eine entscheidende Rolle bei den Veränderungen des Genres in den 1990er Jahren, »die sich«, so Morsch, »in einem kontinuierlichen Bedeutungsverlust des muskulösen Helden niederschlagen«[36] und schließlich dazu führen, dass »sich der Actionheld vom harten, muskulösen und dominanten Mann der achtziger Jahre zum überlegt handelnden, besorgten, fürsorglichen und aufopfernden ›neuen‹ Mann der Neunziger«[37] wandelt.[38] Dass Ethan Hunt von einem der erfolgreichsten Hollywoodstars verkörpert wird, ist in diesem Kontext von entscheidender Bedeutung.

Muster des körperbetonten Actionkinos der 1980er Jahre. So wie sich Hunt von seinem britischen Geheimdienstkollegen abgrenzen lässt, so distanziert sich die Figur auch von den ›Hard Bodies‹, ohne – dies zeigen die ›starken‹ Seiten der Figur – die Traditionen des Genres völlig aufzugeben. So ist es nicht nur die MISSION: IMPOSSIBLE-Reihe selbst, die – wie im vorigen Abschnitt aufgezeigt – von den Einflüssen der Fernsehserie, des Bond-Imperiums und des körperbetonten Actionkinos geprägt ist; auch der Protagonist als Held steht im Kontext von Kontinuität und Wandel im Bezug zu diesen popkulturellen Einflüssen. Mit diesen gleichzeitigen Bezügen und Abgrenzungen – so meine These – wird darüber hinaus mit MISSION: IMPOSSIBLE ein

Der Zusammenhang zwischen Genrekino, Genderkonzepten und Starsystem wird seit einigen Jahren innerhalb der Medienwissenschaft immer wieder betont.[39] Ein dynamisches Verständnis von Genres impliziert grundsätzlich die Prämisse, dass es sich bei Genres um ein »diskursives, kontextuelles und soziokulturelles Phänomen«[40] handelt, bei dem »Filmtext und Kontext [...] in einem reziproken, Bedeutung generierenden Wechselverhältnis zueinander«[41] stehen. Aus kulturwissenschaftlicher Sicht verhandeln Filme als kulturelle Artefakte – zumindest implizit – unter anderem Konzepte von Geschlechtlichkeit: »Gender-Konfigurationen werden von Genres modelliert; und Gender-Konfigurationen konstituieren Genres«.[42] Schauspielerinnen und Schauspielern, in diesem Fall dem Star Tom Cruise, kommt dabei eine tragende Bedeutung zu:

… MISSION: IMPOSSIBLE III und MISSION: IMPOSSIBLE – GHOST PROTOCOL

»Die wohl wichtigste Bedeutungskategorie, die sich im Star-Körper materialisiert, ist die des Geschlechts. Geschlechtlichkeit ist die grundlegende kulturelle Kodierung des Körpers; jeder menschliche Körper wird als Geschlechtskörper wahrgenommen«.[43] In ihrer Funktion als Stars prägen Schauspielerinnen und Schauspieler mit ihren Verkörperungen gesellschaftliche Geschlechtskonzeptionen: »Auch Stars repräsentieren und ›performen‹ Geschlecht, und mit ihren ›heavenly bodies‹ besitzen sie eine erhebliche Relevanz für die gesellschaftliche Perpetuierung und Gestaltung der Geschlechterordnung«.[44]

Der MISSION: IMPOSSIBLE-Reihe soll nun nicht zugesprochen werden, ein neues Männerkonzept durchgesetzt zu haben; dies wäre zuviel der Ehre. Allerdings lässt sich an den bislang vier Filmen zeigen, inwiefern sich der Actionheld im Verlauf der Geschichte des Actionkinos gewandelt hat – in dieser Hinsicht bildet die Reihe nicht die historische Entwicklung des Genres ab, sondern zeigt einen Wandel innerhalb des Genres auf, der sich nur in der Bezugsetzung zu seinen Vorläufern offenbart. Dies verweist zum einen auf ein gewandeltes Männerbild in der westlich geprägten Welt, das sich in diesen Filmen spiegelt, und zum anderen leistet die Reihe einen Beitrag dazu, ein gewandeltes Konzept von Männlichkeit in die Gesellschaft zu tragen.[45] Das Verhältnis zwischen Film und Gesellschaft ist reziprok, woran auch die Schauspielerinnen und Schauspieler entscheidend beteiligt sind:

»Star-Images reproduzieren zum einen Konzepte von Männlichkeit oder Weiblichkeit, die in der Gesellschaft kursieren, welche sie hervorgebracht hat [...]. Zum anderen aber produzieren sie diese Geschlechtskonzepte auch [...], die wiederum – über die medialen Kanäle der Bildkultur – die gesellschaftliche Konstruktion von Männlichkeit(en) und Weiblichkeit(en) beeinflussen«.[46]

An der Konstruktion dieses in den MISSION: IMPOSSIBLE-Filmen zum Ausdruck kommenden Konzepts von Männlichkeit ist Tom Cruise nicht nur als Schauspieler entscheidend beteiligt. An allen vier Teilen hat er als Co-Produzent mitgewirkt und somit auch in dieser Hinsicht Einfluss auf die Konstruktion des Protagonisten ausgeübt. Dies wiederum wirkt sich auf sein Image aus und zwar sowohl auf sein ›innerfilmisches Image‹ als auch auf sein ›außerfilmisches Image‹.[47] Inwiefern diese Konturierung seines Images von der Person Tom Cruise tatsächlich intendiert ist und war, bleibt reine Spekulation. Festzuhalten ist jedoch, dass als Funktionspotenzial beschrieben werden kann, inwiefern sich das durch die MISSION: IMPOSSIBLE-Filme generierte Männlichkeitskonzept auf sein Star-Image auswirkt. Hinsichtlich des innerfilmischen Images[48] wird das Portfolio von Cruise als Schauspieler um das Genre des Actionkinos erweitert. In Bezug auf das außerfilmische Image[49] wird – zumindest potenziell – die Männlichkeit der Person Cruise entweder evoziert oder stabilisiert, was insbeson-

dere hinsichtlich der nach außen getragenen privaten Beziehungen des Stars und seines Verhaltens in der Öffentlichkeit von Bedeutung ist, durch die traditionelle Vorstellungen von Männlichkeit[50] immer wieder unterlaufen werden. So kann beispielsweise seine ›männliche‹ Unabhängigkeit im Zuge seiner Rolle für Scientology ebenso infrage gestellt werden wie die Fähigkeit, sich unter Kontrolle zu halten, wenn es darum geht, Emotionen zu zeigen – zu denken ist an seinen berühmten Auftritt in einer Talkshow, in der Cruise auf einem Sofa hüpfend den Gefühlen zu seiner damaligen Partnerin Katie Holmes Ausdruck verlieh. Das Image eines Stars ist dynamisch und flexibel: »Ein Star kann im Lauf der Zeit völlig an Bedeutung verlieren, er kann sein Image verändern oder für verschiedene Teile des Publikums in verschiedenen Kontexten unterschiedliche Bedeutungen haben.«[51] Daher lässt sich der vierte Teil auch als Versuch verstehen, das etwas angeschlagene Image von Cruise der letzten Jahre wieder zu verbessern und die durch die Figur Ethan Hunt zum Ausdruck gebrachte Form von Männlichkeit zu restabilisieren. Dazu trägt bei, dass immer wieder kolportiert wird, Cruise würde mitunter die Stunts, in denen per se Stärke und Tatkraft zum Ausdruck kommen, selbst realisieren.[52]

Schlussbemerkungen

Ethan Hunt kann als Sinnbild für eine aktualisierte Form von Männlichkeit gelten, die an Geschlechtskonzepte von

Prototypen des Genres – insbesondere das Bond-Universum und das Körperkino der 1980er Jahre – anknüpft, sich damit in die Tradition des Actiongenres stellt und diese Konzeption entscheidend variiert, sodass an dieser Figur Revisionen des Actionhelden zu beobachten sind. Tom Cruise in seiner Eigenschaft als Schauspieler und Produzent spielt eine tragende Rolle bei der Konturierung dieser Figur. Zumindest potenziell greift die MISSION: IMPOSSIBLE-Reihe auf die Vorstellungen von Männlichkeit ein: »Betrachtet man also einen Filmstar, kann man davon ausgehen, dass das von ihm repräsentierte Männlichkeits- oder Weiblichkeitskonzept eine erhebliche Bedeutung für den gesellschaftlichen Diskurs seiner Zeit besitzt«.[53] Inwiefern Cruise allerdings tatsächlich zeitgenössische Männlichkeitskonzeptionen beeinflusst, müsste mit empirischen Methoden oder einer umfassenden Diskursanalyse erforscht werden.

Genrefilme – so hat es diese Analyse gezeigt – sind auf mehreren Ebenen kontextuell verwoben: Zum einen setzen sie sich als Genrefilm zwangsläufig in den Kontext ihres Genres und können somit auf ihre Rolle für das Genre hin untersucht werden. Zum anderen sind sie Zeugnisse ihrer Entstehungszeit, in denen explizit und implizit kulturelle Konzepte und Diskurse verhandelt werden. Genreanalysen vermögen beides aufzuzeigen: die intramediale Dimension ebenso wie die Wechselwirkungen zwischen Filmen und Kulturen. ❑

Anmerkungen

1 Vgl. im deutschsprachigen Raum dazu insbesondere Markus Kuhn et al. (Hg.): Filmwissenschaftliche Genreanalyse. Eine Einführung. Berlin/Boston 2013 und Jennifer Henke et al. (Hg.): Hollywood Reloaded. Genrewandel und Medienerfahrung nach der Jahrtausendwende. Marburg 2013. Allerdings betonen bereits die im deutschsprachigen Kontext elementaren Texte zum Thema ›Genre‹ von Schweinitz (zumindest am Rande) und Hickethier (ganz explizit) den Aspekt der Analyse; vgl. Jörg Schweinitz: ›Genre‹ und lebendiges Genrebewußtsein. Geschichte eines Begriffs und Probleme seiner Konzeptualisierung in der Filmwissenschaft. In: montage/AV 3.2 (1994), S. 99–118; Knut Hickethier: Genretheorie und Genreanalyse. In: Jürgen Felix (Hg.): Moderne Film Theorie. Mainz 2002, S. 62–96. Diese Entwicklung geht einher mit einer tendenziellen »allgemeinen Aufwertung des Genrefilms im öffentlichen Diskurs«, wie sie von Henke et al. konstatiert wird; vgl. Jennifer Henke et al.: Einleitung. Genres zwischen Medienkultur und Kulturkritik. In: dies. (Hg.): Hollywood Reloaded. Genrewandel und Medienerfahrung nach der Jahrtausendwende. Marburg 2013, S. 7–14, hier S. 11.
2 Vgl. Hickethier 2002, S. 90f.
3 Vgl. zum Genrecharakter des Actionfilms die Einleitung des vorliegenden Bandes.
4 Kuhn et al.: Genretheorien und Genrekonzepte. In: dies. (Hg.): Filmwissenschaftliche Genreanalyse. Eine Einführung. Berlin/Boston 2013, S. 1–36, hier S. 26.
5 Thomas Morsch: Die Macht der Bilder: Spektakularität und die Somatisierung des Blicks im Actionkino. In: Film und Kritik 4 (1999), S. 21–43, hier S. 22.
6 Susanne Rieser: ›Absolut action‹. Zur Politik des Spektakels. In: Film und Kritik 4 (1999), S. 5–20, hier S. 5.
7 Vgl. für eine Übersicht Kuhn et al. 2013, S. 3–16.
8 Vgl. Steve Neale: Questions of Genre. In: Barry Keith Grant (Hg.): Film Genre Reader III. Austin 2007, S. 160–184; Schweinitz 1994; Hickethier 2002.

9 Kuhn et al. 2013, S. 14.

10 Ebenda, S. 22. Die Autoren betonen die besondere Eignung dieser Definition »für eine Genreanalyse, die den Fokus auf die filmischen Werke selbst legt« (ebenda).

11 Vgl. zum Folgenden und zu entsprechenden theoretischen Überlegungen zu einer derart ausgerichteten Form von Genreanalyse insbesondere Hickethier 2002, S. 90–92 sowie Kuhn et al. 2013, S. 27–29.

12 Hickethier 2002, S. 91.

13 Vgl. zu den Konzepten der Prototypen und des lebendigen Genrebewusstseins die Ausführungen bei Schweinitz 1994, insbes. S. 110–116.

14 Vgl. Hans J. Wulff: Action-Film. In: Lexikon der Filmbegriffe. http://filmlexikon. uni-kiel.de/index.php?action=lexikon&tag=det&id=862 [17.2.2014]. Gruteser nennt eine mögliche Ursache für die Entstehung des Genres: »Das eigentliche Action-Genre entwickelt sich aus dem Kriminalfilm sowie einem generell gesteigerten Bedürfnis des Publikums nach physisch intensiveren Darstellungen.« Michael Gruteser: Actionfilm. In: Thomas Koebner (Hg.): Reclams Sachlexikon des Films. Stuttgart 2011 (3. Aufl.), S. 13–15, hier S. 14; Jahnke/Scholten sehen darin den Versuch, sich vom Fernsehen als Medium abzugrenzen: »Um gegen die immer populärer werdende Fernsehkonkurrenz bestehen zu können, musste das Kino durch große Bilder, teure Sets und Tabubrüche wie die Darstellung extremer physischer Gewalt beeindrucken.« Wolf Jahnke / Michael Scholten: Die 199 besten Action-Filme &-Serien. Marburg 2012, S. 7.

15 Vgl. allgemein zu den Bezügen zwischen der James Bond- und der MISSION: IMPOSSIBLE-Reihe Patrick Kraft: MISSION: IMPOSSIBLE. In: Thomas Koebner / Hans J. Wulff (Hg.): Filmgenres Thriller. Stuttgart 2013, S. 434–438.

16 Vgl. Andrew Morton: Tom Cruise. Der Star und die Scientology-Verschwörung. Übers. v. Volker Zenwachs / Johanna Reischmann. München 2008, S. 246: »Er [...] war 1996 der erste Schauspieler, dem es je gelang, mit fünf aufeinanderfolgenden Filmen, darun-

ter JERRY MAGUIRE und MISSION: IMPOSSIBLE, an den amerikanischen Kinokassen jeweils über 100 Millionen Dollar einzuspielen.«

17 Andreas Rauscher: Im Angesicht der Postmoderne. James Bond und der postklassische Actionfilm. In: ders. et al. (Hg.): Mythos 007. Die James-Bond-Filme im Fokus der Popkultur. Mainz 2007, S. 102–121, hier S. 105.

18 Der Internet Movie Database (IMDb) zufolge konnte MISSION: IMPOSSIBLE (1996; R: Brian De Palma) weltweit ca. 100 Millionen US-Dollar mehr einspielen als GOLDENEYE (James Bond 007 – GoldenEye; 1995; R: Martin Campbell), insgesamt etwa 450 Millionen US-Dollar; vgl. http://www.imdb.com [17.2.2014].

19 Einzelne Folgen der ersten Serie wurden in Deutschland unter dem Titel *Kobra, übernehmen Sie*, später unter dem Titel *Unmöglicher Auftrag* ausgestrahlt. Die neuen Staffeln aus den Jahren 1988–1990 wurden mit *In geheimer Mission* betitelt; vgl. u. a. Jahnke/Scholten 2012, S. 168.

20 Vgl. dazu auch ebenda, S. 8.

21 Vgl. Yvonne Tasker: Spectacular Bodies. Gender, Genre and the Action Cinema. London / New York 1993 sowie Susan Jeffords: Hard Bodies. Hollywood Masculinity in the Reagan Era. New Brunswick 1994.

22 Nach Kraft (2013, S. 438) ist es diese Szene, »durch die MISSION: IMPOSSIBLE sich seinen Platz in der Filmgeschichte gesichert hat«.

23 Insgesamt haben die Filme über zwei Milliarden US-Dollar eingespielt; vgl. Jahnke/ Scholten 2012, S. 169.

24 Vgl. zur Ironie in Actionfilmen auch den Beitrag von Gerrit Lembke zu THE EXPENDABLES (2010; R: Sylvester Stallone) und THE EXPENDABLES 2 (2012; R: Simon West) im vorliegenden Band.

25 Vgl. zum Folgenden Hickethier 2002, S. 70–74.

26 Ebenda, S. 71.

27 Vgl. dazu auch Thomas Morsch: Muskelspiele. Männlichkeitsbilder im Actionkino. In: Christian Hißnauer und Thomas Klein (Hg.): Männer – Machos – Memmen. Männlichkeit im Film. Mainz 2002, S. 49–74, hier S. 64f.

28 Vgl. dazu auch Gruteser 2011, S. 15: »Im postklassischen Kino erfährt der Actionfilm [...]

eine ebenso mythische wie ironische Renaissance im Bewusstsein um seine Geschichte als Kinogenre.«

29 In diesem Kontext sei darauf hingewiesen, dass das Phasenmodell von Hickethier, obwohl es sich auf das Actiongenre gut übertragen lässt, als dynamisch zu verstehen ist, worauf Kuhn et al. (2013, S. 7f.) zu Recht verweisen: »Der evolutionäre Charakter, der dieses Phasenmodell auszeichnet, ist keineswegs zielgerichtet, sondern vielmehr als kontinuierlich andauernd und zirkulär zu verstehen. Es handelt sich bei der Entwicklung von Genres nie um einen abgeschlossenen Prozess; auch gehen die einzelnen Phasen nicht überschneidungsfrei ineinander über, sondern überlappen sich vielfach.«

30 Jens Eder: Held. In: Lexikon der Filmbegriffe. http://filmlexikon.uni-kiel.de/index. php?action=lexikon&tag=det&id=666 [17.2.2014].

31 Ebenda.

32 Morsch 2002, S. 51.

33 Ebenda, S. 50. Nur wenige Vertreter des Genres, wie beispielsweise die TOMB RAIDER-Reihe, stellen eine Actionheldin als Hauptfigur ins Zentrum der Narration; vgl. hierzu auch den Beitrag von Christoph Rauen im vorliegenden Band.

34 Bis zu Daniel Craigs Einstieg als Bond-Darsteller in CASINO ROYALE (James Bond 007 – Casino Royale; 2006; R: Martin Campbell) kann der Geheimagent mit der Lizenz zum Töten nur bedingt als ein ausgeprägt emotionaler Held bezeichnet werden. Als Ausnahme kann lediglich ON HER MAJESTY'S SECRET SERVICE (James Bond 007 – Im Geheimdienst Ihrer Majestät; 1969; R: Peter R. Hunt) gelten, in der die Figur einmalig von George Lazenby verkörpert wurde. Nach dem Ausstieg von Sean Connery war man bemüht, Bond menschlicher zu zeigen; vgl. dazu Georg Mannsperger: Eine Nummer – sechs Darsteller. Die unterschiedlichen Typologien des 007. In: Andreas Rauscher et al. (Hg.) 2007, S. 36–59, insbes. S. 40–44. Es stellt sich die Frage, inwiefern die zunehmende Emotionalisierung von Bond, die seit CASINO ROYALE zu beobachten ist (vgl. hierzu den Beitrag von

Jan Tilman Schwab im vorliegenden Band), durch die unter anderem emotionale Ausrichtung von Hunt beeinflusst sein könnte.

35 Morsch 2002, S. 55.

36 Ebenda, S. 63.

37 Ebenda, S. 65.

38 Vgl. zur Rolle der Figur Ethan Hunt in diesem Prozess auch Peretz, der MISSION: IMPOSSIBLE als Film bezeichnet, »that takes upon itself most rigorously to redefine the action film and the action hero«. Eyal Peretz: Becoming Visionary. Brian De Palma's Cinematic Education of the Senses. Stanford 2008, S. 173; vgl. außerdem, etwas salopper formuliert, Jahnke / Scholten 2012, S. 9: »Der männliche Actionheld fürs neue Jahrtausend kam eher klein, flink und clever daher wie Tom Cruise als Ethan Hunt in der MISSION: IMPOSSIBLE-Reihe.«

39 Vgl. dazu einschlägig unter anderem die Beiträge in Claudia Liebrand / Ines Steiner (Hg.): Hollywood hybrid. Genre und Gender im zeitgenössischen Mainstream-Film. Marburg 2004 oder auch Susanne Weingarten: Bodies of Evidence. Geschlechtsrepräsentationen von Hollywood-Stars. Marburg 2004.

40 Kuhn et al. 2013, S. 18.

41 Ebenda.

42 Claudia Liebrand / Ines Steiner: Einleitung. In: dies. (Hg.): Hollywood hybrid. Genre und Gender im zeitgenössischen Mainstream-Film. Marburg 2004, S. 7–15, hier S. 7, oder auch Weingarten 2004.

43 Weingarten 2004, S. 7.

44 Ebenda, S. 8.

45 Vgl. zur Darstellung von Männlichkeit im Film den differenzierten Überblick von Christian Hißnauer / Thomas Klein: Visualität des Männlichen. Skizzen zu einer filmsoziologischen Theorie von Männlichkeit. In: dies. (Hg.): Männer – Machos – Memmen. Männlichkeit im Film. Mainz 2002, S. 17–48; vgl. außerdem, allerdings überwiegend bezogen auf den männlichen Körper, die Ausführungen von Morsch (2002) sowie Sandra Rausch: Männer darstellen/herstellen. Gendered Action in James Camerons TERMINATOR 2. In: Claudia Liebrand / Ines Steiner (Hg.): Hollywood hybrid. Genre und Gender im zeit-

genössischen Mainstream-Film. Marburg 2004, S. 234–263.

46 Weingarten 2004, S. 294.

47 Vgl. zu diesen Begriffen und zu weiteren theoretischen Überlegungen zum Star-Image insbesondere die Ausführungen von Stephen Lowry: Stars und Images. Theoretische Perspektiven auf Filmstars. In: montage/AV 6.2 (1997), S. 10–35, hier insbes. S. 16.

48 »Das innerfilmische Image entsteht aus der spezifischen Realisierung der Filmrollen und umfaßt sowohl die Rollen selbst als auch unseren Eindruck, den wir vom Schaupieler haben.« Ebenda, S. 16.

49 »Das außerfilmische Image ist durch das öffentlich bekannte Privatleben des Stars geprägt, das vor allem durch Medien wie Presse, Werbung, Fernsehen etc. vermittelt wird.« Ebenda.

50 Vgl. zu stereotypen männlichen Eigenschaften die Übersicht bei Hißnauer / Klein 2002, S. 26.

51 Lowry 1997, S. 14f.

52 Vgl. beispielsweise Jahnke / Scholten (2012, S. 169) in Bezug auf den vierten Film der Reihe: »Höhepunkt des Films ist die Freeclimbing-Partie am höchsten Gebäude der Welt, dem Burj Khalifa in Dubai, das Cruise ohne Double beklettert haben will.«

53 Weingarten 2004, S. 8.

Übermann, Übermensch, Übermutter

KILL BILL als Rache- und Familienfilm

Von Christoph Rauen

Actionreiche Rache: SHOGUN ASSASSIN und KILL BILL

Was ein Action- und Kampfsportfilm der 1970er und 80er Jahren braucht, das hat SHOGUN ASSASSIN (1980; R: Robert Houston / David Weimann): ans Fantastische grenzende Stunts, Großaufnahmen von Augen, die den Gegner fixieren, Blutgeysire und allerlei abgetrennte Gliedmaßen. Die Handlung des auf einer japanischen Serie basierenden Films folgt einem Racheschema und dreht sich um die Wiederherstellung einer verletzten Symmetrie. Dem eigentlichen Geschehen geht ein ›Urverbrechen‹ voraus: Die Killer des Shogun, Handlanger ohne persönliche Beziehung zum Opfer, töten die Frau des Helden, der zu einer Gefahr für den Shogun geworden ist. Der Anschlag hat die gesamte Familie treffen sollen, doch sowohl die Hauptfigur als auch ihr Sohn, Daigoro, überleben und müssen der Mutter bzw. Ehefrau beim Sterben zusehen – eine Schlüsselszene, die ähnlich in den meisten Rachefilmen der 1970er und 80er Jahre zu finden ist.

Es geht um den Verlust einer geliebten Person, eine tiefe emotionale Verwundung und den expliziten oder impliziten Entschluss, das Familienmitglied um jeden Preis zu rächen. Alle Grausamkeit, die dem Held dafür abverlangt wird, ist damit vorab wenn nicht gerechtfertigt, so doch motiviert. Moralische Skrupel kann er sich nicht leisten, weil sie die Ausübung seiner Pflicht stören würden. Andere Pflichten und Gesetze stellt er hintan, seien es gesellschaftliche oder religiöse. In SHOGUN ASSASSIN und beispielsweise auch in SHURAYUKIHIME (bzw. Lady Snowblood; 1973; R: Toshiya Fujita) entscheiden sich die Hauptfiguren für eine zwielichtige Existenz, deren ›Gesetzlosigkeit‹ ihnen etwas Dämonisches verleiht. Als der Held in SHOGUN ASSASSIN sich aufmacht, die Mörder seiner Frau zur Strecke zu bringen, erfährt er eine Wandlung, die der Sohn Daigoro ganz zu Beginn des Films so beschreibt:

»When I was little, my father was famous. He was the greatest Samurai in the empire, and he was the Shogun's decapitator. He cut off the heads of 131 lords for the Shogun. It was a bad time for the empire. The Shogun just stayed inside his castle and he never came out. People said his brain was infected by devils, and that he was rotting with evil. The Shogun said the people were not loyal. He said he had a lot of enemies, but he killed more people than that. It was a bad time. Everybody living in fear, but still we were happy. My father would come home to mother, and when he had seen her, he would forget about the killings. He wasn't scared of the Shogun, but the Shogun was scared of him. Maybe that was the problem. [...] Then, one night the Shogun sent his ninja spies to our house. They were supposed to kill my father, but they didn't. That was the night everything changed, forever. That was when my father left his samurai life and became a demon. He became an assassin who walks the road of vengeance. And he took me with him.«

Das Handlungsmuster ›Rache‹ besteht aus einer im Wesentlichen unumkehrbaren Reihenfolge von Ereignissen. Es lässt sich in verschiedenen Genres und Filmtypen realisieren, wie gesehen im Eastern bzw. Samuraifilm, aber auch im Western (C'ERA UNA VOLTA IL WEST; Spiel mir das Lied vom Tod; 1968; R: Sergio Leone) und im Blaxploitation- bzw. Gangsterfilm (COFFY; 1973; R: Jack Hill). Sämtliche dieser Filme enthalten Actionsequenzen, und man findet wohl schwerlich ein *revenge movie* aus den 1970er und

80er Jahren, das auf sie verzichten würde.[1] Und gerade in den asiatischen Filmen hat die Action nicht nur Schauwert, sondern markiert zentrale Stellen des Racheplots. In Trainingssequenzen, in denen ein Kampfsport-Meister die Hauptfigur quält und diese sich die für den *revenge*-Kampf notwendigen Fähigkeiten aneignet, zeigt sich deren Willensstärke und Entschlossenheit. Die Kämpfe sind so inszeniert, dass eine fast übernatürliche Überlegenheit deutlich wird, etwa wenn der Held seine Gegner buchstäblich in ihre körperlichen Bestandteile zerlegt. Wenige Bilder berühren so wie die von aufgeschlitzten Körpern, und das Kino der 1970er und 80er Jahre, das ›Goldene Zeitalter‹ des ultrabrutalen Rachefilms, hat dieses Potential weidlich ausgeschöpft.

»When I was little …«: Gemetzel für Jugendliche in Begleitung von Erziehungsberechtigten

Die oben genannten Genre-Klassiker, SHOGUN ASSASSIN, COFFY und SHURAYUKIHIME, lassen sich zusätzlich unter der Rubrik ›Exploitation-Movie‹ einordnen, Synonym für eine im Vergleich mit dem Mainstream-Kino rückhaltlose und auf Sensationsgier und ›Angstlust‹ spekulierende ›Ausbeutung‹ von Gewalt und Sex. Weil diese Filme kaum Rücksicht auf Anstand und Geschmack nehmen, verfügen sie über ein großes Wirkungspotential, dem man sich nur schwer entziehen kann, gerade in jungen Jah-

Mediale Prägungen: Butch vor dem TV in PULP FICTION

ren, wenn sie ohne Abgleich mit langjähriger Erfahrung gesehen werden und sich einprägen. Für Quentin Tarantino (*1963), filmsozialisatorisch ein Kind der 1970er Jahre, übernahmen dies Filme wie COFFY und Italo-Western. Er ist kein Einzelfall, denn Exploitation-Filme fanden in den 1980er Jahren auf Video massenhaft den Weg in die Wohnzimmer, wo sie auf ein Publikum trafen, das für sie laut Altersfreigabe zu jung war. Tarantino hat solche medialen Prägungserlebnisse in Interviews geschildert und dabei diejenigen Filme herausgehoben, die Eingeweide *zeigen* und ›in die Eingeweide *fahren*‹:

> »Revenge movies were the first movies I got completely caught up in [...]. COFFY just works. It's really nice when you have a *visceral response* to a film at an early age. [...] I didn't know what an exploitation movie was. I just knew that they had more sex and violence than the other movies, which was a good thing for me.«[2]

In Tarantinos Filmen finden sich mehrfach Szenen, die Kinder vor Fernsehgeräten zeigen und damit auf eine mediale Prägung der Persönlichkeit verweisen. Unvergessen der Gesichtsausdruck des kleinen Butch, der in PULP FICTION (1994) selbstvergessen vor dem TV-Gerät sitzt, kurz bevor ihm Captain Koons (Christopher Walken) von der goldenen Uhr seines Vaters erzählt. Man darf darin auch eine Art Selbstporträt Tarantinos sehen und einen Hinweis auf den Ursprung seiner Liebe zum Film.

Nun ist es ein großer Unterschied, etwas zu lieben, Fan zu sein, oder aufgrund dieser Liebe wie Tarantino zu versuchen, Vergleichbares herzustellen. Tarantinos Filme sprechen für ein tiefsitzendes Bedürfnis, andere an den Freuden des ›Kinos der Drastik‹ teilhaben zu lassen und ihnen einschneidende Rezeptionserlebnisse zu schenken. Hinzu kommen filmpolitische Ambitionen, da der Regisseur die gängige Kinoware der späten 1990er und frühen 2000er Jahre, der Zeit also, in die Konzeption und Herstellung von KILL BILL: VOL. 1 und VOL. 2 (KILL BILL – VOLUME 1 bzw. 2; 2003 bzw. 2004; R: Quentin Tarantino) fallen, zum größten Teil für verwässert hält; es fehle ihnen, so heißt es in einem Interview, die durchschlagende Kraft extremer Gewaltdarstellungen.[3] Entsprechend zielt KILL BILL darauf, den ultrabrutalen Rachefilm in den Mainstream zurückzuholen. Man muss sehen, dass in den 1980er Jahren auch viele Blockbuster und Popcorn-Filme nicht eben zimperlich waren, man denke an den wüsten Schwarzenegger-Klassiker CONAN THE BARBARIAN (Conan der Barbar; 1982; R: John Milius), der ähnlich wie KILL BILL dem Western ebenso viel verdankt wie dem Eastern, oder die Gore- und Splatter-Effekte in INDIANA JONES AND THE TEMPLE OF DOOM (Indiana Jones und der Tempel des Todes; 1984; R: Steven Spielberg), THE TERMINATOR (1984; R: James Cameron) und selbst in THE EMPIRE STRIKES BACK (Das Imperium schlägt zurück; 1980; R: Irvin Kershner). Vor diesem Hintergrund wird verständlich, dass Tarantino im genannten Interview 2003 der ungeliebten zweiten STAR WARS-Trilogie (1999–2005) ankreidet, sie drücke sich vor expliziten Gewaltdarstellungen, um nur ja niemanden zu verschrecken, und bringe sich damit um eine nennenswerte Wirkung. Tarantino zufolge gibt George Lucas dem Zuschauer zwar, was der mit Recht erwarte: ein Gemetzel. Es handle sich aber nur um »ein Gemetzel für Jugendliche in Begleitung von Erziehungsberechtigten«.[4]

Visceral response: Die Eingeweide der Filmgeschichte

Weil er es anders machen wollte, ist aus dem KILL BILL-Epos kein typischer ›arthouse‹- oder ›postmoderner‹ Film geworden, wenn man darunter versteht, dass Filmtraditionen primär als Spiel-Material einer distanzierten, ästhetisch-intellektuellen Reflexion dienen. Was Gemetzel und visceral response betrifft, versucht es Tarantino seinen Vorbildern vielmehr gleichzutun. Er re-inszeniert spektakuläre Momente der Kinogeschichte in hyperrealistischer Manier, macht das US-amerikanische und europäische Mainstream-Publikum mit exotischen, marginalen und vergessenen Filmen bekannt, etwa aus dem asiatischen Raum. Zugleich rückt er als Regisseur an die Stelle der Filmemacher, die seine eigene Filmsozialisation mit Material versorgt hatten. Nun ist er es, der nachhaltige Medienerlebnisse ermöglicht.

Allerdings gibt er sich mit einer bloßen Wiederholung nicht zufrieden, sondern hat offenbar den Anspruch, ein Äquivalent zur Neuheit der eigenen Rezeptionserlebnisse zu erschaffen. Das macht es künstlerisch schwieriger, denn um dem Genrematerial etwas von der Neuheit und Effektivität zurückzugeben, die es für den jungen Tarantino gehabt hat, muss man es verändern. –

Dass es in KILL BILL auf die visceral response ankommt, macht spätestens das Finale des ersten Teils klar, als Beatrix Kiddo (Uma Thurman), »The Bride«, mit ihrem Samurai-Schwert den Unterarm Sofie Fatals (Julie Dreyfus) abtrennt. Tarantino lässt dabei einiges Kunstblut verspritzen, etwas davon landet direkt auf der Kameralinse, er zeigt das groteske, ruckhafte Schwenken und den

wirklich durch die Luft katapultiert. Dem liegt ein bestimmtes Verständnis von Authentizität zugrunde, demzufolge das Ergebnis traditioneller Tricks echter ist als Computereffekte. Das beschränkt sich nicht auf den Raum *vor*

Visceral response: Die durchschlagende Wirkung von *live action*

fleischig wirkenden Stumpf der Attrappe, wie man es aus SHOGUN ASSASSIN, SHURAYUKIHIME oder CONAN THE BARBARIAN, nicht aber beispielsweise aus den THE LORD OF THE RINGS-Filmen (Der Herr der Ringe; 2001, 2002, 2003; R: Peter Jackson) kennt. Das ist der Auftakt zur Massakrierung Dutzender subalterner Gegner, deren Häupter und Gliedmaßen die Braut pflückt, bevor es an die höheren Ränge geht. Das Kunstblut hat einen sinnlichen, unmittelbaren Effekt, und Gleiches gilt für die Kampfszenen, die fast ohne Computeranimationen auskommen. Was man im Film sieht, ist mehr oder weniger so vor der Kamera passiert.[5] Zum Beispiel werden die Kämpfenden, an Drähten hängend,

der Kamera. So hat Tarantino auch die Regie der Schwertkämpfe selbst übernommen und nicht, wie in den USA üblich, asiatischen Spezialisten überlassen.[6] Zur Freude am Kuratieren einer Martial-Arts-Retrospektive, die Repertoire- und Glanzstücke des asiatischen Kampfsportfilms versammelt, gesellt sich also die persönliche Erfahrung, künstlerische, technische und logistische Herausforderungen zu meistern und so erst wirklich eigenhändig zu erschaffen, was einen als Kind und Jugendlichen gefesselt hat. Solche Live-Action ist aufwändig: Volle acht Wochen hat es gedauert, die ca. zwanzig Minuten des Showdowns in KILL BILL: VOL. 1 auf Film zu bannen, das sind nur etwa zwei Wochen weniger, als PULP FICTION an gesamter Drehzeit beanspruchte.[7] Tarantino erweist hier ungezählten Eastern seine Reverenz. Den Genrekennern schenkt er ein Wiedersehen mit geliebten Filmaugenblicken, den Novizen ein unvergessliches erstes Mal.

Reproduktion und Verfremdung

An anderen Stellen der Filme geht es weniger um Reproduktion als vielmehr um Verfremdung und damit Kreation von Neuem: so in der Sequenz, die O-Ren Ishiis (Lucy Liu) Vorgeschichte schildert. In der Schlüsselszene dieses Rachefilms im Rachefilm muss O-Ren der Ermordung ihrer Eltern zusehen. Tarantino wechselt dafür zur Comicästhetik des Mangas, auch darin liegt ein verfremdender Zug. Mir kommt es jedoch auf die Musik und die Spannung an, in der sie zum Bild

Einbruch des Familiären in den Actionfilm

steht. Tarantino verwendet wie häufig bereits vorhandene Filmmusik, hier Ennio Morricones Soundtrack zu einem Italo-Western – neben dem japanischen Samurai-Film der zweite große Fundus,

aus dem sich KILL BILL bedient. Das Ergebnis ist ein formschöner Spagat zwischen zwei Filmkulturen, die bereits seit dem Samuraifilm-Remake PER UN PUGNO DI DOLLARI (Für eine Handvoll Dollar; 1964; R: Sergio Leone) ein enges Verhältnis unterhalten. Die melodramatische Darstellung der Zeugenschaft, zugleich Geburtsstunde des zukünftigen Rächers, ist ein Kernelement beider Filmtraditionen, man denke nur an C'ERA UNA VOLTA IL WEST oder SHURAYUKIHIME. Tarantino führt beide Linien auf eine recht originelle Weise zusammen, indem er sie auf Bild- und Tonspur aufteilt und damit eine Verfremdung mit filmhistorischem ›Aha-Effekt‹ vornimmt.

Der Kunstgriff, Vertrautes seltsam zu machen, damit es wieder interessant und neu wirkt, lässt sich auch an der Handlungsgestaltung von KILL BILL nachweisen, etwa an dem Kampf der Braut mit Vernita Green (Vivica A. Fox), einem Mitglied des Killerkommandos, das ihr vier Jahre vor der Erzählgegenwart an den Kragen wollte. Green lebt mit Mann und Tochter Nikki (Ambrosia Kelly) inkognito in einer amerikanischen Vorstadt. Als Kiddo sie aufspürt und zum Kampf auf Leben und Tod herausfordert, kommt Nikki hinzu. Der Kampf wird unterbrochen und Nikki auf ihr Zimmer geschickt, woraufhin die Erwachsenen sich bei einer Tasse Kaffee unterhalten.

Das wirkt ein bisschen wie ein Plausch unter Nachbarn, doch dann greift Vernita nach einer versteckten Feuerwaffe, schießt auf Kiddo und wird von dieser mit einem Messerwurf erledigt. Eine mehr oder weniger typische Actionszene nimmt hier durch das plötzliche Auftauchen des Kindes eine recht ungewöhnliche Wendung.

Die aufgesetzte Freundlichkeit, die beide vom Messerkampf schweißnassen Frauen Nikki gegenüber an den Tag legen, wirkt unangemessen und dadurch komisch. Tarantino setzt dieses Entgleisen des Films ganz ohne Worte, allein durch Bildaufbau, -ausschnitt und Montage in Szene. Der mit Nikki an Bord eintreffende, orangefarbene Schulbus füllt allmählich die breite Glasfront des Green'schen Wohnzimmers der Länge nach genau bis zur Hälfte aus, während zwischendurch die Mienen der Frauen zu sehen sind, zwischen denen sich ein stummer Dialog abspielt. Vernita bittet um Schonung, Kiddo hält das sichtlich für unfair, gibt aber schließlich nach.

Inhaltlich liegt das Überraschende darin, dass mit der Rücksichtnahme gegenüber dem Kind plötzlich Regeln ins Spiel kommen und teils auch befolgt werden, die das Personal des Rachefilms sonst mit Füßen tritt. Das Gesetz der Rache konfligiert mit dem der Schonung Unbeteiligter, insbesondere von Kindern,

dem sich die Braut in der beschriebenen Szene unterordnet. Dass unklar ist, welches der beiden Gesetze sich durchsetzen wird, sorgt für Spannung: Nie ist vorherzusagen, was als nächstes passieren wird; mehrmals wechselt die Stimmung ab-

Stummes Spiel

rupt. Darin liegt auch ein komisches Potential, das Tarantino genüsslich ausschöpft. So übertreiben es die beiden Frauen maßlos, wenn sie ihr mörderisches Tun vor dem Kind verheimlichen, und Vernita erzählt Nikki allen Ernstes, das Hündchen der Familie sei für die Verheerung des Wohnzimmers verantwortlich. Im Anschluss an diesen Griff ins komische Register lenkt Tarantino den Konflikt der Wertesysteme zurück ins Bedrohliche. Nach Vernitas Tod offenbart eine raffinierte Bildkomposition, dass Nikki Zeugin der Tat gewesen ist. Die Braut, vorher noch bereit, dem Kind den Anblick der Ermordung der Mutter zu ersparen, ihm keine quälenden Erinnerungen aufzubürden, sieht das und wechselt den Ton. Sie redet Nikki nun fast wie eine Erwachsene an. Sie verspricht ihr, zur Verfügung zu stehen,

Suppress all human emotion and compassion...

Ein Wertkonflikt ins Gesicht geschrieben: Die Braut nach der Ermordung Vernitas

sollte Nikki eines Tages Rache nehmen wollen. Danach verlässt sie das Haus und verweilt für einen Augenblick im *Pussy Wagon,* bevor sie den Ort verlässt. Anspannung, Unsicherheit und Bedauern stehen ihr ins Gesicht geschrieben, als Folge des beschriebenen Wertekonflikts. Offen bleibt, was letztlich überwiegt – schlechtes Gewissen wegen der Ermordung Vernitas vor den Augen Nikkis oder im Gegenteil wegen der Bereitschaft, den Kampf zu unterbrechen, die sie beinahe ihr Leben und ihre Vergeltung gekostet hätte. Aus dem Off rekapituliert derweil Hattori Hanzō (Sonny Chiba) einen Rachekodex, der vorschreibt, Mitleid und Menschlichkeit zu unterdrücken – weil sie lebensgefährlich sind? Weil sie aus einem quasi übermenschlichen, über dem irdischen Gesetz stehenden Killer ein allzu menschliches, manipulierbares und verletzliches Wesen machen?

Auch dieser Teil des Films stellt sich unterschiedlich dar, je nachdem, mit welchem Filmwissen im Hinterkopf man

ihn sieht. Kinder als Zeugen oder gar Opfer von Gewaltverbrechen sind keine Seltenheit im Rachefilm. Ein singulärer Fall aber dürfte es sein, wenn der Rächer, das ehemals unschuldige Opfer, gleich zu Filmbeginn einem Kind ein Leid antut. Das deutet auf eine gewisse Austauschbarkeit von Opfer- und Täterrolle hin und darauf, dass die Blutrache sich zum generationenübergreifenden Zyklus auswächst, wenn nämlich Nikki eines Tages das Angebot der Braut annehmen sollte. Die Konstellation an sich ist bekannt, sie findet sich beispielsweise in SHURAYU-KIHIME, wo die Heldin unvermutet von der Tochter eines Opfers zur Strecke gebracht wird. Doch steht die Szene hier am Ende, nicht am Anfang des Films.

Was sich, soweit ich sehe, in *keinem* vergleichbaren Film findet, sind die eigentümlichen Umstände des Urverbrechens, aus dem sich in KILL BILL die Handlung entwickelt. Es handelt sich um den Anschlag auf die Braut, die zu diesem Zeitpunkt in einer texanischen Kapelle mit ihren Hochzeitsvorbereitungen beschäftigt ist. Verantwortlich für den Überfall ist der titelgebende Bill (David Carradine). Diese Verbrecherfigur ist, anders als in Rachefilmen üblich, kein Fremder, sondern der Mentor und ehemalige Geliebte der Braut. Bill ist außerdem der Vater des Kindes, mit dem Kiddo zu diesem Zeitpunkt schwanger ist, doch davon weiß er nichts, als er den Abzug drückt.

Was sind seine Beweggründe? Nicht wie genreüblich Geld- und Machtgier, ausdrücklich auch nicht Sadismus, im Gegenteil: Ihn treiben Enttäuschung und Wut darüber an, dass Kiddo einen anderen heiraten will. Sein Mordversuch ist also selbst schon Reaktion auf etwas, das Kiddo getan hat. KILL BILL unterscheidet sich demnach von anderen Rachefilmen dadurch, dass es eine Vorgeschichte zur Vorgeschichte gibt. Gegen Ende des zweiten Teils wird sie aufgedeckt: Kiddo hat einst selbst zu dem Killerkommando gehört, dem sie später zum Opfer fällt. Bill ist ihr Entdecker, Ausbilder und auch Liebhaber gewesen, sie seine Meisterschülerin, die tödlichste Frau der Welt. Als sie eines Tages feststellt, von ihm schwanger zu sein, verschwindet sie von der Bildfläche, um ihre Tochter davor zu bewahren, im Hause zweier Auftragsmörder groß zu werden und einen ähnlichen Lebensweg einzuschlagen. Bill hält sie für tot, macht sie dann jedoch zufällig in Texas ausfindig, wo sie kurz davor steht, einen seiner Meinung nach unbedeutenden Durchschnittstypen, einen »fucking jerk«, wie ihn Bill gegen Ende von VOL. 2 nennt, zu heiraten, um ein Durchschnittsleben zu führen und ihrer Tochter eine geborgene Kindheit bieten zu können. Als Bill das erfährt, ›reagiert er über‹, wie er sagt, setzt ihre ehemaligen Kollegen auf sie an und jagt ihr schließlich persönlich eine Kugel in den Kopf.

Nun wäre Liebesverrat für sich genommen schon eine sehr spezielle Motivation für den Bösewicht eines Rachefilms. Doch die Dinge liegen noch sonderbarer: Bill kann nicht akzeptieren, dass Kiddo sich aufs Niveau der Alltagsmenschen herabzulassen bereit gewesen ist. Der »natural born killer«, so Bill über Kiddo, als Mutti von Nebenan, das sei eine erniedrigende Selbstverleugnung, als gäbe sich Superman plötzlich damit zufrieden, der schwächliche, ängstliche Erdling Clark Kent zu sein.

Was aber überzeugt Kiddo davon, dass es besser sei, ein normales Leben führen? Anscheinend hält sie es für schlechterdings unmöglich, Mutter und zugleich ein international gefragter Killer zu sein oder, um im Superman-Bild zu bleiben, ein Übermensch, dem Rücksicht auf Schwächere fremd ist. Diese These der Unverträglichkeit von Übermensch- und Mutterrolle stellt der zweite Teil von KILL BILL allerdings in Frage: Es zeigt sich nämlich, dass Kiddos Tochter, B. B. (Perla Haney-Jardine), beim Anschlag in der Kapelle nicht getötet, sondern später lebend entbunden worden ist, während die Mutter im Koma gelegen hat. Bill hat sie aufgezogen und präsentiert sie im zweiten Teil einer konsternierten Braut. Nun wird rückblickend deutlich, dass Kiddo während ihres gesamten Feldzugs zumindest biologisch, wenn auch ohne ihr Wissen, bereits Mutter gewesen ist, ohne dadurch an Gefährlichkeit eingebüßt zu haben. Die These von der Unvereinbarkeit der Rollen verliert weiter an Plausibilität, als die Braut Gelegenheit hat, sich der soziologischen Mutterrolle anzunähern, indem sie einige Zeit mit der wiedergefundenen Tochter verbringt, und ihr dennoch gelingt, was der Filmtitel verspricht, nämlich Bill zu töten. Man muss sich fragen, warum sie diesen letzten Kampf riskiert und damit das unerwartete Mutterglück aufs Spiel setzt. Tarantino demonstriert, dass Muttersein die Braut keineswegs versöhnlicher und vorsichtiger stimmt, geschweige denn, dass sie wider den Rachekodex verstoßen würde. Im Übrigen steht auch Bill für die Möglichkeit, zugleich ein »murdering bastard« *und* ein treusorgender Elternteil zu sein; dies macht der Schlussteil des zweiten Films deutlich, wenn die Kleinfamilie kurzzeitig wieder vereint ist und Bill seiner Tochter mit Hingabe ein Thunfisch-Sandwich zubereitet. Das riesige Messer, mit dem er die Brotkruste entfernt – eigentlich ein Akt fürsorglicher Zärtlichkeit –, erinnert an seine Gefährlichkeit. Jetzt darf Kiddo B. B. noch zu Bett bringen, bevor sie mit dem Vater die Klingen kreuzt.

Showdown: *Five-point-palm-exploding-heart-technique*

In diesem letzten und entscheidenden Duell toppt die Braut alles bisher Dagewesene, indem sie die sagenumwobene *five-point-palm-exploding-heart-technique* anwendet. Diese Schlagabfolge beherrscht außer ihr selbst nur eine einzige weitere, gottähnliche Figur im KILL BILL-Universum, Pai Mei (Gordon Liu), der sie Kiddo beigebracht hat, nicht aber Bill, obwohl der ebenfalls sein Schüler gewesen ist. Man trifft dabei die Brust des Gegners an fünf Punkten mit den Fingerspitzen, worauf diesem noch fünf Schritte bleiben, bevor ihm das Herz im Leib explodiert. Ein denkbar trauriges Ende für Bill, der einsehen muss, dass seine Geliebte ihn, ihren Meister, an Gefährlichkeit nun übertrifft. Besonders melodramatisch wirkt diese Szene, weil Bill erkennt, dass Kiddo ihn nicht erst durch ihr Verschwinden betrogen hat. Als die Beziehung zwischen den beiden noch intakt gewesen ist, hat sie ihm verschwiegen, dass Pai Mei sie in die mythische Kampftechnik eingeweiht hatte. In einer eindrücklichen Liebesszene bricht diese Erkenntnis Bill zum zweiten Mal das Herz, und kurz darauf hört es, nun wörtlich gesprochen, zu schlagen auf. Bemerkenswerterweise bleibt eine Explosion aus. Wie im gesamten Finale versucht Tarantino erst gar nicht, die Action des ersten Teils zu überbieten, sondern nimmt sich zurück. Ein Showdown komplett im Sitzen, das dürfte einmalig in der Geschichte von Rachefilm und Eastern sein.[8] Kiddo pariert die Schläge ihres Ex-Liebhabers symbolträchtig nicht mit dem Schwert, sondern der Schwertscheide. Dies unterstreicht noch einmal, dass Weiblich- und Tödlichkeit in KILL BILL keinen Gegensatz bilden, so wie auch die Welt von Familie und häuslicher Moral nicht grundsätzlich inkompatibel mit der mythischen, von Gewalt und dem Gesetz der Rache bestimmten Welt ist.

Die kleine B. B. scheint dies trotz ihrer jungen Jahre bereits begriffen zu haben. Wie Bill erzählt, hat sie eines Tages ihren Goldfisch Emilio aus dem Glas genommen, ihn auf den Teppich gelegt, ihm beim Zappeln zugesehen und ihn schließlich zertreten – woraufhin er nicht mehr gezappelt hat. Dieses Bild, meint ihr Vater, sei so stark, dass selbst eine Fünfjährige, ohne klaren Begriff von Leben und Tod, seine Bedeutung erfassen könne. Anhand dieses Bildes vermag ihr Bill zu erklären, was er der Mutter angetan, dass er sie erschossen hat.

Diese Offenheit im Umgang mit dem Kind ist das Gegenteil der Schonung, die Kiddo am Anfang des Films Nikki gegenüber für nötig hält. Kinder sind, das legt der Filme nahe, viel härter im Nehmen, als man meinen sollte. B. B. ist durchaus fähig, den mörderischen Streit ihrer Eltern als das zu nehmen, was er im Kern

ist: Erwachsenennormalität. Damit wird aus KILL BILL endgültig eine Art perverser Familienfilm.[9] Wichtig dabei ist, dass es Bilder sind, die B. B. zu ihrer Erkenntnis verhelfen: Bilder aus dem echten Leben wie der tote Emilio auf dem Teppich,

Pädagogisch wertvolles Gewaltkino: B. B. sieht SHOGUN ASSASSIN

aber auch Medienbilder; freilich nicht die geschönten, vorzensierten, die Erziehungsberechtigte für kindgerecht halten mögen. Für den Drastik-Liebhaber Tarantino müssen es die gleichsam blutdurchtränkten, überlebensgroßen Bilder einer mythischen Welt sein. Deutlich wird das kurz vor dem Schlussduell des zweiten Teils: Als Kiddo ihre Tochter ins Bett bringt, darf diese sich ein Märchen wünschen. Sie sucht sich eines aus, das sie offenbar schon so gut wie auswendig kennt und das, darf man vermuten, eine perfekte Vorbereitung auf den archaischen Kampf zwischen Mutter und Vater darstellt, insofern es die Regeln dieses Kampfes erklärt und ihn damit verstehbar macht. Im Tarantino-Universum kann es sich dabei freilich nur um einen Film handeln. B. B. entscheidet sich für SHOGUN ASSASSIN, und

Christoph Rauen

während Mutter und Tochter umschlungen auf dem Bett liegen und auf den Bildschirm blicken, hören wir Daigoros berühmten, oben zitierten Eingangsmonolog, der vom Gesetz der Rache berichtet: »When I was little, my father was famous ...«   ❏

Anmerkungen

1   Harvey O'Brien argumentiert, dass die *revenge* zum klassischen Strukturmerkmal des Actionfilms gehört; vgl. Harvey O'Brien: Action Movies. The Cinema of Striking Back. London / New York 2012, S. 14.

2   Quentin Tarantino: Blaxploitation. What it is ... What it was! In: Paul A. Woods (Hg.): Quentin Tarantino. The Film Geek Files. London 2005 (2. Aufl.), S. 138–143, hier S. 140 (meine Hervorhebung).

3   Vgl. Peter Körte: »Am Ende kommt eine Pastetenfüllung heraus«. Ein Interview mit Quentin Tarantino über digitale Bilder, Entenpressen, Blutbäder und KILL BILL. In: Robert Fischer et. al.: Quentin Tarantino. Berlin 2004, S. 7–10, hier S. 10.

4   Ebenda.

5   Vgl. ebenda, S. 9.

6   Vgl. Aaron Anderson: Mindful violence. The visibility of power and inner life in KILL BILL. In: Jump Cut 47 (2004), S. 7. http://www.ejumpcut.org/archive/jc47.2005/KillBill/text.html [17.2.2014].

7   Vgl. Jerome Charyn: Raised by Wolves. The Turbulent Art and Times of Quentin Tarantino. New York 2006, S. 139.

8   Es erinnert an das *action understatement* in MISSION: IMPOSSIBLE (1996; R: Brian de Palma); vgl. hierzu den Beitrag von Dominik Orth im vorliegenden Band.

9   Vgl. D[ouglas] K[imball] Holm: KILL BILL. An unofficial casebook. London 2004, S. 173.

Die Wiedergeburt eines Unsterblichen

James Bond in CASINO ROYALE

Von Jan Tilman Schwab

Mit CASINO ROYALE (James Bond 007 – Casino Royale; 2006; R: Martin Campbell) sollte die legendäre Figur des britischen Geheimagenten James Bond wiederbelebt werden. Die mit DR. NO (James Bond 007 jagt Dr. No; 1962; R: Terence Young) triumphal gestartete Actionfilmserie hatte über die Jahrzehnte hinweg immer mal wieder Phasen erlebt, in denen die Filme um die vom englischen Schriftsteller Ian Fleming geschaffene Kunstfigur den Anschluss an einen sich wandelnden Zeitgeist zu verlieren drohten und neu ausgerichtet werden sollten.

James Bond hatte sich am 5. Oktober 1962 mit seinem ersten Erscheinen auf einer Leinwand in London umgehend als eine eigenständige Figur etabliert, deren Identität ebenso wie das Gesamtpaket der Bondfilme in der Folge oft kopiert, auch parodiert wurde, dadurch jedoch nur umso unverwechselbarer hervortrat. Die einzelnen Charakteristika von Figur und Filmreihe wurden über die Jahre hinweg sorgsam gepflegt und gegebenenfalls nur geringfügig verändert. Auf Phasen der Krise, die jede Filmreihe zu bewältigen

hat, wurde stets mit einem Wechsel des Hauptdarstellers reagiert. Nachdem Sean Connery in den Anfangsjahren das Fundament gelegt hatte, dürfen sowohl die Verpflichtung von Roger Moore in den 1970er wie auch Pierce Brosnan in den 90er Jahren als erfolgreiche Neuausrichtungen gelten.

Seit den 80er Jahren waren innerhalb des prosperierenden Actionfilmgenres jedoch mit den etwa von Sylvester Stallone, Arnold Schwarzenegger, Bruce Willis, Tom Cruise, Matt Damon oder Vin Diesel verkörperten Actionfilmfiguren zunehmend ernsthafte Konkurrenten erwachsen, die dem erfolgreichsten Actionhelden der Filmgeschichte den Rang abzulaufen drohten. Auch stagnierte die Bondfigur am Ende der Ära von Pierce Brosnan, war der Chauvinismus dieses Helden ebenso in die Jahre gekommen wie dessen aktueller Hauptdarsteller. Nach vier Jahren ohne Bondfilm herrschte deswegen eine geradezu nervöse Spannung, ob mit CASINO ROYALE und dem neuen Bonddarsteller Daniel Craig ein erfolgreicher *relaunch*, eine gleichsam wiederbelebende Erneuerung der gesamten Filmreihe gelingen würde.

Anhand von CASINO ROYALE, dem 21. offiziell lizenzierten Bondfilm, lassen sich dabei gut die Faktoren und Elemente aufzeigen, die James Bond als das erfolgreichste Franchise des Actionfilmgenres dereinst etabliert hatten und diese Figur eines Actionhelden haben unverwechselbar werden lassen. Dass sich Bondfilme und -figur über inzwischen mehr als fünf Jahrzehnte als Markenzeichen und Marktführer haben behaupten können, liegt insbesondere an den wiederholten Neuausrichtungen. Mit CASINO ROYALE gelang dabei nicht nur ein *relaunch* der Filmserie, sondern der vielleicht beste Bondfilm überhaupt.

Actionfilme à la James Bond

Alle Filme der Bondreihe schreiben sich in das hybride Genre ›Actionfilm‹ ein,[1] in dem das Bonduniversum jedoch von Anfang an in seiner unverwechselbaren Mischung aus standardisierten Erkennungszeichen und umfassendem *genre crossover* zugleich immer auch eine Sonderstellung einnahm. Hans-Otto Hügel, der James Bond als »Helden für jedes Alter« und als »Held der ganzen Familie« auslegt, umreißt das Spektrum anzutreffender Genreelemente durchaus gültig:

»Dem Konzept eines Familien-Bonds kommt entgegen, daß Bond schon von Fleming in viele Erzähltraditionen der populären Kultur eingebettet ist. Bond

steht mit seiner Eleganz in der Tradition des Mantel- und Degen-Genres, er arbeitet wie ein Detektiv, setzt sich für Gemeinschaft und Heimat ein wie ein Westernheld; er verkörpert den Don Juan-Typ, zeigt Bezüge zur Science Fiction und zu den Superhelden der Comics, und er ist ein Profi wie die allermeisten populären männlichen Helden des 20. Jahrhunderts.«[2]

Zuvorderst dürfen dabei die sorgsam choreografierten Actionszenen jedes Bondfilms als genretypisch fundamentales Element verstanden werden. Das *stunt department* der Bondproduktionen hat immer schon zu Land, zu Wasser und in der Luft für die herausragende Qualität atemberaubender Kämpfe und Verfolgungsjagden sorgen müssen, die jedem Bondfilm erst seine Existenzberechtigung zuweisen, weswegen auch kein Bondfilm ohne neue spektakuläre *gadgets* der Entwicklungsabteilung von Q auskommen darf. Ganz im Sinne eines ›Kinos der Attraktionen‹[3] reihen sich dabei jedoch die verschiedenen Kämpfe, Auseinandersetzungen und Verfolgungsjagden dramaturgisch als bloße Stationen in sich steigernder Dramatik aneinander – eine Weiterentwicklung der Handlung aus einer dynamisch sich wandelnden Figurenkonzeption heraus findet sich kaum: »Der Besuch eines neuen Bond-Films erinnert an den Auftritt einer Band, die man bereits mehrfach live gesehen hat und bei der die interessante Frage nicht darin besteht, ob sie ihre Hits auch an diesem

Schauwert ›exklusive Autos‹

Abend spielen wird, sondern in welcher Form diese arrangiert sein werden.«[4]

Von dem ersten Bondfilm an wurden diese Stationen zudem dezidiert mit den Schauwerten exotischer *locations* und luxuriöser Ausstattungen in Dekor, Requisite und Kostüm korreliert. Die Exotik der Schauplätze und der Luxus an Statussymbolen und Konsumgütern, die James Bond ebenso wie seine Widersacher stets umgeben, entsprachen in den frühen 1960er Jahren dem Zeitgeist des sich etablierenden Jet Sets:

»Die ersten Aufträge seiner Karriere brachten den Agenten 007 in den 60er und 70er Jahren in die Karibik, nach Thailand und Japan – Länder, die damals touristisch so unerschlossen waren wie heute die Falkland Inseln, Kuala Lumpur oder Korea. Die Zuschauer stürmten nicht nur wegen der Action, der rasenden Autos und der erotischen Frauen ins Kino – sie wollten mit dem Agenten um den Erdball jetten.«[5]

Diese Schauwerte dienen bis heute als Desiderate des Kinozuschauers und lassen sich nicht zuletzt an den umfassenden Werbekampagnen spezifischer Produkte ablesen, die jeden Kinostart eines neuen Bondfilms begleiten.[6]

James Bond, der eher einfachen Verhältnissen entstammen soll, hat es als Lebemann gelernt, sich in dieser Welt des Luxus formvollendet zu bewegen, hat sich zugleich aber das Wissen um die Nichtigkeit dieses Scheins bewahrt – eine ambivalente Haltung, die charakteristisch ist für Filmreihe und -figur gleichermaßen. So schafften es die Bondfilme von Anfang an sehr geschickt, die Ausstellung von Schauwerten wie exotischen Schauplätzen, attraktiven Frauen, exklusiven Autos, eleganten Anzügen usw. stets zu verbinden mit einer gewissen lässigen Verachtung für selbige und mit einer gewissen kindlichen Freude – dies gilt für die Bondfigur ebenso wie für den Zuschauer – an deren Zerstörung. Dergestalt werden Konsumhörigkeit und

Konsumverachtung im Publikum gleichermaßen bedient. Es wird Raum und Gelegenheit geschaffen für lukratives *product placement* jeder Art *und* für die spektakulären Zerstörungsorgien des *stunt* oder *trick departments*:

»Bond is a delightful adolescent fantasy. Of course, critics can excuse this by saying that the films actually enjoy taking the micky out of their own status symbols. What they don't see is that the humour is essentially narcissistic, a loving and self-satisfied licking of lips over the superficialities of a materialistic world.«[7]

Jede psychologische Ausweitung der Figur, zu der immer auch biografische Informationen zählen, tritt freilich im Actionfilmgenre, ebenso in den Bondfilmen hinter die ästhetischen Schauwerte und die spektakuläre Action zurück. James Bond etwa reflektiert nicht – er handelt. Er hat keine Vergangenheit – er agiert stets in der reinen Gegenwart des Augenblicks. Schon als Geheimdienstfilm, dem die Filmreihe ebenfalls zugeordnet werden könnte, gestaltet sich jeder Bondfilm deshalb weniger als Spionagefilm, der gerade von der psychologischen Tiefe einer Existenz im Verborgenen lebt, denn als ein Agentenfilm, dessen Hauptfigur von einem exotischen Einsatzort zum anderen und von einem spektakulären Einsatz zum nächsten gehetzt wird – Anklänge zum Genre des Abenteuerfilms sind in dieser Hinsicht ebenso unvermeidlich.

In die dergestalt ausgerichtete Dramaturgie fügt sich die Amalgamierung von Konventionen weiterer Filmgenres nahtlos ein. Als Agent des Kalten Krieges ging es für Bond etwa wiederholt darum, den Ausbruch eines meist von dritter Seite angezettelten Weltkrieges zwischen Ost und West abzuwenden, wie er auch wiederholt für die federführend von den USA deklarierten, indes global geführten Kriege gegen Drogen (etwa LICENCE TO KILL; James Bond 007 – Lizenz zum Töten; 1989; R: John Glen) oder Terror (z. B. THE LIVING DAYLIGHTS; James Bond 007 – Der Hauch des Todes; 1987; R: John Glen) verpflichtet wurde. Dennoch sind hinsichtlich der meist als Einzelkämpfer operierenden Bondfigur die Anklänge an das Genre des Kriegsfilms eher schwach ausgeprägt. Wesentlich stärker schöpften die Bondfilme immer wieder aus dem Fundus des Science-Fiction-Genres, verlegten ihre oft futuristischen Schlachten in den Weltraum (MOONRAKER; James Bond 007 – Moonraker: Streng geheim; 1979; R: Lewis Gilbert) oder auf den Meeresgrund (THE SPY WHO LOVED ME; James Bond 007 – Der Spion, der mich liebte; 1977; R: Lewis Gilbert) – Waffensysteme und Vehikel aus der Zukunft inbegriffen. Insbesondere die mit erheblichem Aufwand gestalteten Spezialeffekte haben, gemessen an ihrer Entstehungszeit, meist neue Maßstäbe gesetzt und sind als Markenzeichen der Bondfilmreihe ebenso unverzichtbar wie die Exotik der Schauplätze und der Luxus der Gebrauchsgegenstände. Das ›Kino der Attraktionen‹ à la Bond hat stets *larger than life* zu sein. James Bond scheint deswegen in der Tat auch den Superhelden vergleichbar, ohne freilich durch Zaubertrank oder Radioaktivität zu ›wahrhaft‹ übermenschlichen Kräften gelangt zu sein: »Commander James Bond RNVR, No 007 of the British Secret Service, is Capt Marvel, Superman, Batman, Tarzan, the fairy godmother – nothing is too good for the fellow.«[8]

Dieser Dramaturgie der Attraktionen und Sensationen sind auch alle zwischenmenschlichen Beziehungen der Hauptfigur untergeordnet. Die gelegentlich überdimensionalen Widersacher Bonds sind wiederholt mit körperlichen Deformationen ausgestattet, deren Schauwerte ebenso spektakulär sind wie die körperlichen Vorzüge der sorgsam ausgewählten Bondgirls. James Bond verführt (nahezu) jede schöne Frau, der er im Verlauf seiner Missionen begegnet – ob Mitstreiterin oder Gegenspielerin. Dem seriellen Charakter[9] dieser Filmreihe geschuldet, müssen seine Gespielinnen jedoch meist sterben oder zumindest bis zum nächsten Bondfilm wieder verschwunden sein. Denn die Bondfigur verträgt keinen Familienanhang, keine filmübergreifenden Beziehungen:

»Bond's avoidance of fatherhood and emotional ties can be seen as analogous, but this would be misleading. Fatherhood is not presented on screen as an issue. Emotional ties and sexual attraction, however, were both limiting, in that they made Bond vulnerable, and yet they were also crucial to Bond's appeal. [...] He manages to elicit love and to respond, yet without being trapped.«[10]

Andeutungen einer Liebesromanze, eines *romantic drama* oder gar Melodrams[11] mag es gelegentlich geben – gesucht werden jedoch meist wieder eher die Schauwerte des Erotikfilmgenres.[12] So scheint James Bond die Frauen mitunter lediglich zu konsumieren – vergleichbar mit den teuren Autos, Anzügen und sonstigen Statussymbolen. Ein gewisser Chauvinismus wohnt der Bondfigur ganz sicher inne – eine bestimmte Misogynie mag unterstellbar sein. Doch auch im Hinblick auf Erotik agiert Bond in seiner notorischen Bindungslosigkeit dabei eher als ein reiner Pragmatiker, der weniger Idealen als den Notwendigkeiten und Gegebenheiten einer Situation oder Mission folgt.

Dazu zählt nicht zuletzt seine unverwechselbare Art des Tötens. Insbesondere am Anfang eines Bondfilms scheint eine Nähe zum Actionthriller gegeben zu sein. Doch gilt dessen bedrohlich-unauflösbare Spannung im Bonduniversum nur für Nebenfiguren. Bonds Leben selbst ist niemals wirklich in Gefahr. Der Zuschauer stellt sich nie wirklich die Frage, ob Bond eine *last second rescue* gelingen mag – er fragt sich lediglich, *wie* Bond der vermeintlich todsicheren Falle des Schurken dieses Mal entkommen wird. Bond ist, dies weiß der an Genretraditionen und -erwartungen geschulte Zuschauer von Anfang an, unsterblich. Die traditionellen Abschiedsworte am Ende eines jeden Bondfilms gelten schließlich uneingeschränkt: »James Bond will return in …«.[13] Bonds Helferfiguren hingegen führen, den Konventionen des Thrillers folgend, ein stets gefährliches, meist kurzes Leben – sie werden von der Gegenseite in oft bizarr-brutaler Weise furchteinflößend aus dem Weg geräumt. Auch Bond tötet, ohne zu zögern und mitunter emotionslos. Doch seine Tötungen sind nicht nur stets von einer gewissen Eleganz begleitet, sondern werden meist gekrönt von einer prägnant-komischen Replik, mit der er seine Opfer ihrem Schicksal ausliefert, die wiederum nicht selten die Filme der Bondreihe in die Nähe zur Actionkomödie rücken. Die geschliffene Komik dieser Repliken, oftmals *oneliners*, dupliziert gleichsam die Schlagfertigkeit Bonds im Bereich des Nahkampfs. Sie ist ebenso zu einem Markenzeichen der Figur geworden wie der Wodka-Martini, ›shaken not stirred‹, den er bevorzugt bestellt, oder die stets gleiche Reihenfolge der Namensnennung: »The name is Bond, James Bond.« Auch diese dialogischen Minimalismen stehen natürlich im Schatten der Actionsequenzen. Die Mühe jedoch, die jedes Drehbuch eines Bondfilms auf geschliffene Dialoge verwendet hat, ist bezeichnend. Denn diese kurze, effektiv-pragmatische, dennoch eloquent-elegante Art der Konversation entspricht dem Wesen der Bondfigur als ganzes und hat Maßstäbe gesetzt für das gesamte Genre des Actionfilms: »James Bond never dispatches villains without

an appropriate witty one-liner. That has become the mode of speech of protagonist of every Big Loud Action Movie ever since.«[14]

James Bond ist in letzter Konsequenz jedoch weit mehr als nur ein Actionheld, die Bondfilme weit mehr als erfolgreiche Actionfilme. Filmreihe und Figur schreiben sich in das Genre der Actionfilme bzw. Actionfilmhelden ein, haben aber zugleich einen jenen Konventionen übergeordneten Status inne:

»Die Figur von James Bond geht über die Romane und Filme, die ihn zum Leben erweckten, hinaus und gesellt sich zu der kleinen Gruppe von fiktionalen Charakteren, wie Robinson Crusoe oder Sherlock Holmes, die vielen Menschen bekannt sind, obwohl sie nie den Originaltext gelesen oder verfilmt gesehen haben.«[15]

James Bond ist eine Figur, die so tief im kollektiven Unterbewusstsein der Populärkultur verankert ist, dass ein ganzes Spektrum an Erkennungsmerkmalen von Figur und Filmreihe auf Anhieb dechiffrierbar und unmissverständlich James Bond zuzuordnen ist. Die Wiedererkennung spezifischer Eigenheiten einer Figur, zumal in einer jahrzehntelang präsenten Filmreihe, birgt jedoch immer auch die Gefahr der Abnutzung. Die selbstironische Art der Bondfigur, die in den letzten Filmen mit Roger Moore und Pierce Brosnan mitunter sogar selbst-parodierend wirkte, könnte dabei als Krisensymptom verstanden werden, als wäre sich die Filmfigur eben- so ihres zunehmend anachronistischen Wesens bewusst, wie ihre Macher an der postmodernen Wiederholung, Va- riation, Übersteigerung und Spiegelung des Immergleichen zunehmend die Lust verlören. Nach dem kommerziell nichts- destotrotz erfolgreichen, aber gleich- sam um sich selbst kreisenden Bondfilm DIE ANOTHER DAY (James Bond 007 – Stirb an einem anderen Tag; 2002; R: Lee Tamahori) war den Machern der Bondfilmreihe klar geworden, dass sie einen Neuanfang würden wagen müs- sen, wollten sie sich nicht im eigenen Universum verfangen.

CASINO ROYALE als Fortsetzung, Erneuerung und Vorgeschichte der Filmreihe

In verschiedener Hinsicht war es ein geschickter Schachzug, sich für den Neuanfang auf den ersten von Ian Fle- ming geschriebenen gleichnamigen Ro- man (1953) um den Geheimagenten James Bond als literarische Vorlage zu stützen.[16] Die Rückbesinnung auf die literarischen Wurzeln von Filmfigur und -reihe mag an sich schon eine Rück- kehr zum Original begünstigt haben. Darüber hinaus bedeutet diese Entschei- dung jedoch auch, dass der 21. offiziell lizenzierte Bondfilm von dem allerers- ten Einsatz der Hauptfigur handelt, das 20. Sequel also zugleich das erste Pre- quel darstellt. Dies ist an verschiedenen Stellen belustigend, teils auch verwir- rend, da in den Köpfen der Kinozuschau- er, die ihren Actionhelden schon seit Jahrzehnten auf der Leinwand beglei- ten, ein ständiges in Vergangenheit und Zukunft gleichermaßen gerichtetes Re- ferenzspiel in Gang gesetzt wird, das den Zuschauer an vergleichbare Filma- benteuer erinnert, die innerhalb der Diegese des Bonduniversums aber erst in zukünftigen Einsätzen dem Helden zustoßen werden. Zugleich war es eine Möglichkeit für die Produzenten des Films, die Ursprünge gewisser Marot- ten oder Verhaltensweisen zu zeigen, die der Bondfigur hier teils noch neu oder erst in der Entwicklung begriffen sind – die dem Kinozuschauer aber be- reits seit Jahrzehnten vertraut sind.

Seine Vorliebe für Wodka-Martini, ›shaken not stirred‹, etwa wird an einer Stelle konterkariert, als Bond gefragt wird, wie er seinen Drink haben möchte: »Do I look like I'd give a damn?« – dieses Markenzeichen Bonds ist dem Zuschau- er zwar wohlbekannt, der Figur hinge- gen noch nicht – auch wenn Bond hier zeitgleich an der Kreation eines Drinks arbeitet, der von anderen Figuren des Films bereits ausnehmend wohlwollend goutiert wird.[17] Ebenso bedarf es der Hil- fe einer Frau, den für den Abend richti- gen Anzug zu wählen: ein Defizit, das keiner der vorangegangenen Bonds auf- wies – auch wenn Bond hier zeitgleich und gewohnt stilsicher ein umwerfendes Kostüm für die Frau bestimmt. Was die- se beiden Beispiele verdeutlichen mögen, durchzieht den gesamten Film und macht

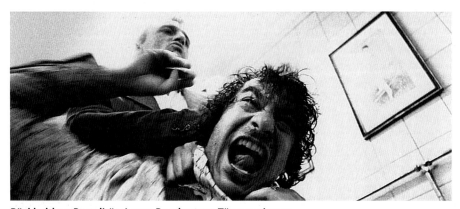

Rückhaltlose Brutalität: James Bonds erster Tötungseinsatz

dessen besonderen Reiz aus. Zum einen wird die Kontinuität fundamentaler Elemente eines Bondfilms garantiert, zugleich aber werden die daran geknüpften Erwartungen der Zuschauer mehrfach spielerisch gebrochen, ohne dabei wiederum gänzlich aufgehoben zu werden. Dem Film CASINO ROYALE gelingt es, bestimmte Charakteristika der Bondfigur ebenso wie die daran geknüpften Zuschauererwartungen zugleich zu bestätigen *und* auf den Kopf zu stellen, sie bewusst aufzugreifen *und* zu dekonstruieren, sie zumindest in Frage zu stellen. Denn immer wieder wird dem Zuschauer auch bewusst gemacht, dass dies der erste Einsatz von James Bond als Geheimagent ist, dass er ganz am Anfang seiner Karriere steht und dass er erst zu *dem* Bond werden wird, den der Zuschauer bereits seit Jahrzehnten kennt.

Anhand der *pre-title sequence* lässt sich dies vielleicht am besten zeigen. Eine *pre-title sequence* erfüllt für gewöhnlich die Funktion, dem Zuschauer noch vor den Anfangstiteln des Films bereits einen Eindruck davon zu vermitteln, was genau ihn in den nächsten zwei Kinostunden erwartet. In Bondfilmen bedeutet dies in der Regel die erste umwerfende *location*, die erste atemberaubende Frau, der erste skrupellose Schurke, der erste Kampf, die ersten wohlchoreografierten *stunts*, die ersten Toten – ein Querschnitt durch die Schauwerte des nachfolgenden Bondfilms. CASINO ROYALE jedoch beginnt mit gänzlich ungewohnten Schwarz-Weiß-Aufnahmen – schon der erste Bondfilm war wie alle folgenden in Farbe gedreht worden. Das Schwarz-Weiß der Filmaufnahmen in moderner, aber trister Kulisse mag ebenso die graue Vorzeit des Bonduniversums versinnbildlichen – in jedem Fall bietet es den passenden Rahmen für die rückhaltlose Brutalität, mit der Bond hier sein erstes Opfer tötet. Die ungewohnte Farblosigkeit könnte ebenso wie die ungestüme Roheit der ausgeübten Gewalt, die rein gar nichts von der für Bond üblichen Eleganz aufweist, erfahrene Bondianer zunächst einigermaßen verstört haben. Was der Film von Martin Campbell hier jedoch mit sparsamen Mitteln erzählt, ist nichts anderes als Beginn und Abschluss der Genese der Bondfigur zum Killer, die Geburt des Doppelnull-Agenten James Bond, der seine für den Doppelnull-Status obligatorischen ersten Tötungseinsätze begeht – und mit dem Töten zunächst erhebliche Probleme hat. Parallel zu Bonds erstem Einsatz erzählt CASINO ROYALE jedoch zeitgleich von der Liquidierung eines Verräters aus eigenen Reihen, die chronologisch auf den ersten Mord folgen wird. Ist der Killer James Bond in der Toilettenszene ein gänzlich anderer als der uns gewohnte, tötet Bond seinen zweiten Menschen bereits mit der für ihn typischen *nonchalance*, mit der für ihn typischen *cool-* und *cleverness* – und selbstverständlich garniert mit einem kurzen witzigen Kommentar: Ja, er sei jetzt bereits »considerably« weiter. Der Film wird halten, was die *pre-title sequence* versprochen

hat: Er wird immer wieder die durch 20 Bondfilme geschürten Erwartungen der Zuschauer erfüllen, um diese kurz danach, davor oder zeitgleich auch zu erschüttern. Allein zu diesem Zweck bot sich das erste literarische Bondabenteuer, das Bond immer (auch) als einen Werdenden zeigt, nahezu perfekt an: »Er ist eine lose Schiffskanone, die anfangs wild über Deck rollt. Aber er wandelt sich vom groben Werkzeug zur fast anmutigen Maschine. Am Ende des Films hat er sich und seine Fähigkeiten im Griff.«[18] Am Ende des Films CASINO ROYALE ist Bond ›Bond‹.

Gleiches gilt für sein Verhältnis zu Frauen. In einer der stärksten und zugleich einer der actionärmsten (!) Szenen des Films begegnet Bond in einem Zug zum ersten Mal der von Eva Green verkörperten Vesper Lynd, die als Beauftragte des britischen Schatzamtes über Bonds Umgang mit Geld wachen soll. In dem sich entwickelnden Gespräch wird schnell klar, dass Bond hier auf

Kostümprobe: Bond wird ›Bond‹

No, don't worry. You're not my type.

Smart?

Single.

Bonds bevorzugter Frauentyp

der große Verführer und Geheimagent, der oftmals durch Verführungen erst an die benötigten Informationen gelangt, trifft hier unmissverständlich auf eine ebenbürtige Gegenspielerin, auch wenn der Film freilich erneut in der Schwebe belässt, ob ihre psychoanalytisch deduzierten Erkenntnisse der Vergangenheit des Helden nun tatsächlich entsprechen oder nicht. Gleichwohl werden der Bondfigur in CASINO ROYALE eine biografische und damit auch eine psychologische Tiefe verliehen wie niemals zuvor. Gesteigert wird dies noch in der sich anbahnenden Liebesbeziehung. James Bond erklärt Vesper Lynd in einem kurzen kommunikativen Ballwechsel, der zu den dialogischen Höhepunkten aller Bondfilme zählt, sie entspräche angeblich gar nicht seinem bevorzugten Frauentyp: »You're not my type.« – »Smart?« – »Single.« Nicht nur, dass die bereits thematisierten kurzen Repliken dieser Art als Markenzeichen für den schlagfertigen Bond hier anschaulich auf ein ebenbürtiges Gegenüber treffen und in ihrem sprachlichen Minimalismus mit

eine der intelligentesten Bondfrauen gestoßen ist, die jemals seine Wege gekreuzt hat und ihm hinsichtlich seiner bekannten Schlagfertigkeit ausnahmsweise auf Augenhöhe Paroli bieten kann. In erneut gänzlich ungewohnter Weise entlockt Vesper Lynd in dem kurzen Gespräch mehr biografische Informationen, als über James Bond in den 20 vorangegangenen Filmen in Erfahrung gebracht werden könn(t)en. James Bond, der Reduktion auf jeweils ein Wort kaum noch zu überbieten sind – selten wurde die Notwendigkeit von Bonds Beziehungslosigkeit zu Frauen prägnanter formuliert. Hier allerdings fehlt jeder Anflug eines Triumphgefühls. Bond genießt es dieses Mal nicht, den kommunikativen *counterpart* ins Leere laufen zu lassen, ihn durch die Replik mundtot gemacht zu haben. Er schaut nicht einmal hin, um die Wirkung seiner Replik zu betrachten, sondern sagt es mit einer anscheinend tief empfundenen Traurigkeit und wendet sich dabei bewusst zum Autofenster hin ab.[19] Denn Bond scheint bereits zu ahnen, dass jedes Mal, wenn er sich ernsthaft verliebt, diese Frau sterben muss – wie in ON HER MAJESTY'S SECRET SERVICE (James Bond 007 – Im Geheimdienst ihrer Majestät; 1969; R: Peter Hunt) so auch hier, wo Vesper Lynd sich erst als Verräterin entpuppen, dann sühnend in den Tod gehen wird. Dramaturgisch gesehen ist dies eine Notwendigkeit, soll Bond Bond bleiben bzw. soll Bond *der* Bond werden, den der Zuschauer seit 20 Filmen kennt. Die Aufrichtigkeit der Liebe aber, die Bond in CASINO ROYALE an den Tag legt, die ihm (bezeichnenderweise!) zwischenzeitlich sogar das Ausscheiden aus dem Dienst nahelegt, ist definitiv ein Wesenszug, der diesen Bond von seinen Vorgängern unterscheidet. Da es der Bondfilm ist, der von seinen Anfängen erzählt, könnte man sogar unterstellen, erst die traumatisierende Liebesgeschichte mit Vesper Lynd hätte Bond zu

dem Bond gemacht, den die Leinwände dieser Welt seit mehr als 50 Jahren kennen. In dem nachfolgenden Bondfilm QUANTUM OF SOLACE (James Bond 007 – Ein Quantum Trost; 2008; R: Marc Forster), der den um Vesper Lynd angelegten Handlungsstrang an verschiedenen Stellen und in verschiedener Hinsicht wieder aufgreift, nicht zuletzt auch, damit Bond ihn für sich gleichsam abschließen kann, charakterisiert das von Olga Kurylenko gespielte Bondgirl Camille den Titelhelden mit den Worten: »I wish I could set you free. But your prison is in there.« Dazu streichelt sie ihm den Kopf. Spätestens an dieser Stelle ist die Genese James Bonds als Frauenverführer abgeschlossen – und er ist in dieser Hinsicht fortan ein tragischer Held.

Mit der in CASINO ROYALE und mit Daniel Craig begonnenen Neuausrichtung der Bondfigur geht eine gewisse Aufhebung der Leichtigkeit einher, wird James Bond wieder von einem omnipotenten Superhelden zu einem Agenten, der sein Fach erst noch lernen und bei diesem Lernprozess auch tüchtig einstecken muss. Dies zeigt sich an der Brutalität und der sichtbaren Anstrengung der Kampfszenen, an der Emotionalität der Liebesbeziehung sowie an der selten derart ausgespielten Leidensfähigkeit der Figur, deren Genitalien etwa in einer Szene einer brutalen Folter unterzogen werden. Auch misslingt ihm noch so einiges: Am Anfang von CASINO ROYALE eliminiert er auf einem fremden Botschaftsgelände einen flüchtenden Schurken vor laufender Überwachungskamera und beschwört dadurch einen diplomatischen Eklat herauf. Er überlebt an einer anderen Stelle nur, weil ihn Vesper Lynd erfolgreich reanimiert. Am Ende wird er es wiederum

Le Chiffre foltert James Bond

nicht schaffen, Vesper Lynd das Leben zu retten. Bond ist noch nicht perfekt. Er ist erst auf dem Weg, das filmische Heldendesiderat *par excellence* zu werden: jene Kunstfigur, von der jeder Mann im Kinosaal träumt, er könnte sein wie Bond, und von der jede Frau träumt, er würde sich für sie entscheiden.[20]

Daniel Craig als Bonddarsteller

Daniel Craig ist der sechste Schauspieler, der den Actionhelden James Bond in den offiziellen Bondfilmen verkörpern darf, und der erste Schauspieler, der noch nicht geboren war, als der erste Bondfilm in den Kinos anlief.[21] James Bond darzustellen, ist eine Ehre, die mit einträglichen Gagen einhergeht und sofortiger globaler Bekanntheit. Doch hat jeder Bonddarsteller auch einen hohen

Preis für diese Rolle zu zahlen. Denn sie wird fortan sein Renommee als Schauspieler überstrahlen. Sean Connery, Roger Moore und Pierce Brosnan, die als gelungene Bondhelden gelten dürfen, haben den großen Schatten dieser Agentenrolle niemals mehr abstreifen können. Die weniger gefeierten Bonddarsteller George Lazenby und Timothy Dalton dürften ebenso heute den meisten Kinogängern nur deshalb noch ein Begriff sein, weil sie eben dereinst einmal James Bond verkörpert haben. Daniel Craig – auch dies unterscheidet ihn wesentlich von seinen Vorgängern – war schon vor seiner Verpflichtung als James Bond ein gestandener Filmschauspieler.

Daniel Craig (*1968) begann seine Schauspielkarriere im Alter von 16 Jahren beim renommierten National Youth Theatre, später folgte ein ordentlicher Abschluss an der nicht minder renommierten Kunsthochschule Guildhall School of Music and Drama in London. Beachtlichen Theaterengagements folgten zahlreiche Fernsehproduktionen, insbesondere die Fernsehserie *Our Friends in the North* (UK 1996) machte ihn einem britischen Fernsehpublikum bekannt. Größere Popularität bescherten ihm jedoch erst Aufsehen erregende Nebenrollen in internationalen Großproduktionen wie ELIZABETH (1998; R: Shekhar Kapur), LARA CROFT: TOMB RAIDER (2001; R: Simon West) und ROAD

TO PERDITION (2002; R: Sam Mendes). Als Actionfilmheld empfahl er sich nachdrücklich durch tragende Rollen in LAYER CAKE (2004; R: Matthew Vaughn) und unmittelbar vor Beginn der Verpflichtung als Bonddarsteller in Steven Spielbergs MUNICH (München; 2005).[22]

Doch unmittelbar, nachdem Daniel Craig auf einer Pressekonferenz am 14. Oktober 2005 als Nachfolger von Pierce Brosnan in der Rolle des James Bond vorgestellt worden war, brach eine retrospektiv kaum mehr nachvollziehbare Welle der Entrüstung über diese Besetzungsentscheidung aus. Der überwiegend im Internet geführte Shitstorm erwies sich als lang anhaltend, auch einschlägige Boulevardblätter stiegen in die Fundamentalopposition ein. So titelte etwa der *Daily Mirror* am 15. Oktober 2005: »The Name's Bland ... James Bland«[23] – auf die vermeintliche Langweiligkeit des neuen Bonddarstellers anspielend. Die blonden Haare des neuen Schauspielers wurden als Affront gegenüber dem traditionell dunkelhaarigen Actionhelden (»James Blond«) verstanden. Internetseiten wie www.CraigNotBond.com riefen, bevor die Dreharbeiten überhaupt begonnen hatten, zu einem konsequenten Boykott von CASINO ROYALE auf: »Wie kann ein kleiner, blonder Schauspieler mit dem rohen Gesicht eines Berufsboxers und einem Hang zu Rollen als Mörder, Sonderling und Schurke die Rolle eines großen, dunkelhaarigen, gutaussehenden und höflichen Geheimagenten bekommen?«[24] Andererseits sprangen neue Internetseiten wie

www.craigisbond.net, www.givecraiga-chance.com und www.CraigAsBond.com dem neuen Darsteller auch zur Seite. Dies alles kann eigentlich nicht anders denn absurd erscheinen. Es mag indes auch unterstreichen, dass James Bond vor allem in Großbritannien immer auch ein Politikum ist:

>»In der Chimäre James Bond hatte Ian Fleming, 1908 geboren, in Eton erzogen, in Genf sprachgeschult, weltläufig und eitel, Gewohnheitstrinker, Kettenraucher und Frauenheld, in den fünfziger Jahren nicht nur das Wunschbild seiner selbst geschaffen, sondern eine nationale Symbolfigur.«[25]

Betrachtet man die schauspielerische Leistung von Daniel Craig in CASINO ROYALE und analysiert man die Unterschiede in der damit einhergehenden Figurenkonzeption, erscheint die vorab bereits aufschäumende Wut einiger Bondianer noch unverständlicher. Würde man eine Typologie der Bondkonzeptionen erstellen, ausgerichtet an den verschiedenen Darstellern, käme Sean Connery als erstem und nicht allein deswegen maßgeblichem Bond die prägende Rolle zu.[26] Seine Nachfolger wiederum ließen sich mehr oder weniger in zwei verschiedene Ausprägungen von James Bond unterteilen: Roger Moore und Pierce Brosnan verstärkten die bei Connery bereits angelegte Tendenz zum Superheldentypus, verstanden diese teils gekonnt auch selbstironisch zu spiegeln. Andererseits übertrieben sie dies gelegentlich, wodurch manche Filmszene wie eine Bondparodie wirken kann. Mit George Lazenby und Timothy Dalton hingegen wurde jeweils ein Neuanfang versucht, indem die Bondfigur wieder ernsthafter und authentischer gezeichnet werden sollte, was beide Male, wie schon allein an den wenigen Filmen abzulesen ist, die diese beiden Darsteller zur Bondreihe beitragen durften, scheiterte.[27] Daniel Craigs Erfolg ist deshalb umso erstaunlicher, weil Craig sich fraglos in die Tradition einer ernsthafteren Zeichnung der Bondfigur einschreibt. James Bond ist in CASINO ROYALE weniger schillernd angelegt, eher düster wie in den Romanen von Ian Fleming gezeichnet.

Film vs. Roman

Der Rückgriff auf die literarische Vorlage des ersten Bondromans mag die Rückbesinnung auf die Wurzeln der Bondfigur begünstigt haben, auch wenn diese freilich sehr frei adaptiert wurde. Aus dem Bakkarat-Duell im titelgebenden Casino der literarischen Vorlage wurde – bezeichnend für das Gespür der Bondfilmreihe für den Zeitgeist einer bestimmten Periode – ein Duell zwischen Bond und Le Chiffre am Pokertisch. Für die erste spektakuläre Verfolgungsjagd, die im Roman gänzlich fehlt, wurde mit Sébastien Foucan als Darsteller des Schurken einer der renommiertesten Parkourartisten verpflichtet.[28] Eine weitere Station führt den weltbereisenden Geheimagenten in die weltweit Aufsehen erregende Wanderausstellung *Körperwelten* Gunther von Hagens, die gerade in Miami gastierte. Diese Referenzen an den Zeitgeist sollten dabei weniger als Anbiederungen an das Publikum über populäre Phänomene verstanden werden, vielmehr als Ausdruck und für Bondfilme typischer Anspruch, stets auf der Höhe der Zeit zu sein und dabei Schauplätze, Kampfstile, Spiele oder andere Phänomene einzubauen, die unabhängig vom Bonduniversum gerade die Welt bewegen. Die Ausweitung der spärlichen Handlung des Romans auf die für Bondfilme übliche Nummernrevue aus Schauplätzen und Actionszenen markiert folglich eher eine Kontinuität. Der Roman stellt lediglich den Kern der Filmhandlung dar. So folgen hier auf einen erfolglosen Attentatsversuch auf Bond das Duell am Spieltisch, die vermeintliche Entführung Vesper Lynds, die Folterszene und eine Phase der Rekonvaleszenz, an deren Ende Vesper Lynd, die Bond zu heiraten überlegt hatte, Selbstmord begeht und ihre Doppelagententätigkeit in einem Abschiedsbrief enthüllt. Für einen Bondfilm wäre dies zu wenig, zumal nahezu actionfreie Handlung gewesen.

Die neuen Wesenszüge der Bondfigur in der Verfilmung stammen hingegen maßgeblich aus der Romanvorlage:

»Die Produzenten hatten beschlossen, sich diesmal stärker an dem Buch von

Ian Fleming zu orientieren; sie wollten weg vom allzu Fantastischen und wieder mehr zu den Wurzeln zurückkehren. Flemings Roman legt Charakterzüge von James Bond an, die bisher noch nie herausgearbeitet worden sind. Die Unbeherrschtheit und Rohheit, die Arroganz und eben die Brutalität der Figur brauchten wir, um eine ungewohnte Stimmung zu erzeugen.«[29]

In der Tat hat der James Bond der Romanvorlage erheblich weniger mit den Bonds der bisherigen Verfilmungen gemeinsam als mit dem Bond in CASINO ROYALE. Er ist verletzlich, nachdenklich und sentimental, mitunter ungelenk in seinem Gesprächsverhalten – von den Bonmots seiner filmischen Verkörperungen ist er weit entfernt. Ferner gesteht er sich Angst und Schmerzen ein, auch wenn für die literarische Vorlage eine allgemein erhöhte Empfindsamkeit zu gelten scheint – Vesper Lynd etwa weint bei jedem zweiten Auftritt. Bond legt andererseits wiederum Arroganz, Chauvinismus, Zynismus und wiederholt fehlenden Durchblick an den Tag, die nicht, wie in allen anderen Bondfilmen, von Selbstironie begleitet und dadurch abgemildert werden.

Die wirklich neuen Wesenszüge der Bondfigur in CASINO ROYALE bestehen jedoch gerade in den Abweichungen von der Romanvorlage und im Vergleich zu den anderen Bondfilmen. So entspringt Bonds zwischenzeitlicher Entschluss, den Geheimdienst zu verlassen, nicht

einer aufrichtig für Vesper Lynd empfundenen Liebe, sondern einer unter der Folter durch Le Chiffre gewonnenen Erkenntnis: »Als aber Le Chiffre den Bösewicht Bond umbringen will und der Bösewicht Bond genau weiß, dass er gar kein Bösewicht ist, kam die andere Seite der Medaille zum Vorschein. Helden und Bösewichter gerieten auf einmal durcheinander.«[30] Bond erkennt sich plötzlich als Befehlsempfänger, als fremdbestimmter Akteur in einer Auseinandersetzung zwischen Gut und Böse, deren Frontlinien er weder selbst definieren noch gänzlich verstehen kann: »Die Geschichte entwickelt sich heutzutage ziemlich schnell weiter, und die Rollen der Helden und der Bösewichter werden laufend vertauscht.«[31] Anhand der Metaphorik von Gott und Teufel gelangt er sogar zu der Einsicht: »Mir tun der Teufel und seine Jünger, wie zum Beispiel Le Chiffre, ausgesprochen Leid. Der Teufel hat es nicht leicht, und ich bin immer geneigt, mich auf die Seite der Unterlegenen zu schlagen. Wir geben dem armen Kerl einfach keine Chance.«[32] Was James Bond hier zum Ausdruck bringt, ist freilich nicht sein Vorhaben, für die Gegenseite tätig zu werden, sondern die Einsicht, als Killer im Dienste des Geheimdienstes mit den Killern der Gegenseite mehr gemeinsam zu haben als vielleicht mit den Menschen, zu deren Schutz er vermeintlich eingesetzt wird. Er wird seinen Entschluss, den Dienst zu quittieren, bald schon wieder aufgeben, als nämlich das

Böse erneut zuschlägt, indem es ihm offenbart, dass Vesper Lynd als Doppelagentin tätig gewesen ist. Doch für die Figurenzeichnung des berühmtesten Geheimagenten der Welt in CASINO RO-YALE war diese Erkenntnis der Romanfigur aus dem ersten Buch Ian Flemings maßgeblich: »Ich *bin* böse. Das ist ja der Knackpunkt. Bond bringt Leute um, er verrichtet einen dreckigen Job. Er kriegt den Bösen am Ende, das ist das einzige, was ihn von ihm unterscheidet. Sonst sind sie sich sehr ähnlich. Das ist ein spannender Ansatz.«[33]

Das aufrichtige Liebesverhältnis zu Vesper Lynd in Roman und Film hingegen weist markante Unterschiede auf. Von dem ersten Moment an begehrt Bond hier die attraktive Frau, ohne jedoch darüber hinausgehende Gefühle überhaupt in Betracht zu ziehen. Während der Phase seiner Rekonvaleszenz nach der Folterung (im Roman mit einem Teppichklopfer) treibt ihn dann eine weiterhin eher schlichte und emotionslose Besorgnis um: »In der einen Stunde, in der er mit Le Chiffre allein in dem Zimmer gewesen war, war ihm die Überzeugung eingehämmert worden, impotent zu werden, und dadurch war eine Wunde zurückgeblieben, die nur durch Erfahrung geheilt werden konnte.«[34] Das erste Wiedersehen mit Vesper Lynd wird ihm diese Sorge nehmen: »Ob Bond wollte oder nicht – der Zweig war seinem Messer endgültig entkommen und jetzt bereit, voll aufzublühen.«[35] Von aufrichtigen Gefüh-

len wird zu keiner Zeit berichtet, auch wenn am Tag nach der ersten Liebesnacht dem Leser gegenüber kundgetan wird, dass Bond ihr einen Heiratsantrag wird machen wollen. Diesem wird Vesper Lynd durch ihren sühnenden Selbstmord zuvorkommen. In ihrem Abschiedsbrief wird sie die Doppelagententätigkeit beichten. Bond hat daraufhin mit ihr und seinen Gefühlen zu ihr abgeschlossen:

»Für ihn war sie nur noch eine Spionin. Das, was sie an Liebe und Kummer gemeinsam erlebt hatten, war in das hinterste Fach seiner Erinnerungen gestopft worden. Später würde es vielleicht einmal herausgeholt, leidenschaftslos geprüft und dann verbittert wieder weggesteckt werden, zusammen mit dem anderen sentimentalen Ballast, den er am liebsten vergessen würde.«[36]

Sofort ist Bond wieder als Geheimagent im Dienst, sind alle Skrupel vergessen. Nimmt man auch für die literarische Vorlage ernsthaft empfundene Gefühle an, die allerdings nirgendwo ernsthaft thematisiert werden, ist die Genese Bonds damit abgeschlossen.

Dergestalt könnte James Bond in Romanvorlage und Verfilmung in annähernd gleichem Maße als dynamische Figur betrachtet werden – im Unterschied zu allen bisherigen Bondfilmen. Der Anlass, seine Agententätigkeit aufzugeben, und die Motivation dazu entspringen jedoch markant unterschiedlichen Antrieben: Ist es im Roman die Einsicht in die Sinnlosigkeit des Berufs, die erst durch Verrat und Tod der Geliebten wieder aufgehoben wird, ist es in der Verfilmung der Rückzug ins Privat- und Familienleben mit der geliebten Frau. Für die Genese der Bondfigur, wie wir sie kennen, ist dieser Unterschied freilich unwesentlich – im Gegensatz zum *relaunch* der Actionfilmreihe, der gerade aus diesen beiden Komponenten das Potenzial gezogen hat, um Filmfigur und -reihe erfolgreich neues Leben einzuhauchen:

»Ich glaube, wir haben mit CASINO ROYALE ein gutes Fundament geschaffen. Unser James Bond ist menschlicher geworden. Seine Verletzbarkeit, seine Liebesfähigkeit machen ihn glaubwürdiger. Das war ja auch der Reiz an dieser Rolle, die Figur verändert sich im Verlauf des Films, sie ist am Ende nicht mehr die gleiche wie zu Beginn.«[37]

Actionfilme, James Bond und CASINO ROYALE

Die Actionfilmreihe um James Bond bedurfte einer Erneuerung, die sowohl mit dem neuen Hauptdarsteller Daniel Craig als auch mit der Neuausrichtung der Figur in CASINO ROYALE gelang. Sie gelang dabei sowohl in der Beibehaltung alter Stärken wie in der Aktualisierung anachronistisch gewordener Wesenszüge. Für Actionfilme und insbesondere Actionfilmreihen ungewöhnlich wurde dabei der Protagonist als eine dynamische Figur gestaltet. Für diesen Zweck erwies es sich als geschickter Schachzug, auf den ersten Roman als literarische Vorlage zurückzugreifen. Denn dergestalt konnte nach bereits 20 Filmen glaubhaft von den Anfängen des Helden in seinem Metier als Geheimagent erzählt werden, wodurch allein schon ein dynamisches Referenzspiel in Gang ge-

Der Abschluss der Bond-Genese: »The name's Bond.«

setzt wurde, das Vergangenheit und Gegenwart von Filmreihe und -figur gleichermaßen (wieder)belebte. ❏

Anmerkungen

1 Vgl. These 2 der Einleitung des vorliegenden Bandes.
2 Hans-Otto Hügel: Spieler und Spion – eleganter Profi und Mann von Welt. Zur Geschichte und Einheit der Figur James Bond. In: montage/AV 8.2 (1999), S. 7–28, hier S. 15.
3 Vgl. Tom Gunning: The Cinema of Attractions. Early Film, Its Spectator and the Avant-Garde. In: Wide Angle 8.3–4 (1986), S. 63–70.
4 Andreas Rauscher: Spy Games. Das Spiel mit Standardsituationen und Dramaturgien. In: ders. et al. (Hg.): Mythos 007. Die James-Bond-Filme im Fokus der Popkultur. Mainz 2007, S. 60–101, hier S. 60.
5 Katrin Hoerner: Lizenz zum Reisen. Wo James Bond Verbrecher jagt, fallen danach die Touristen ein. Der neue 007 führt nach Aserbaidschan. In: Die Woche. 3.12.1999.
6 Vgl. Jürgen Kesting: Agent der Allgefälligkeit. In: Berliner Zeitung. 11.12.1999.
7 Ian Johnson: 007+4. In: Films and Filming 12.1 (1965), S. 5–8, hier S. 6.
8 Ebenda.
9 Vgl. These 10 der Einleitung des vorliegenden Bandes.
10 Jeremy Black: The Politics of James Bond. From Fleming's Novels to the Big Screen. Lincoln 2005, S. 110f.
11 Vgl. Hans Schifferle: James Bond, diesmal in einem Melodram. In: epd Film 17.1 (2000), S. 34f.
12 Vgl. hierzu These 3 der Einleitung des vorliegenden Bandes.
13 In zwei Filmen täuscht die Narration uns vor, Bond sei tot. Beide Male geschieht dies am Anfang des Films. Beide Male, weder in YOU ONLY LIVE TWICE (James Bond 007 – Man lebt nur zweimal; 1967; R: Lewis Gilbert) noch in SKYFALL (James Bond 007 – Skyfall; 2012; R: Sam Mendes), geht der Zuschauer wirklich davon aus, dass der Held umgekommen sein könnte.
14 Larry Gross: Big and Loud. In: Sight & Sound 5.8 (1995), S. 6–10, hier S. 8.
15 Michael Denning: Lizenziert zum Schauen. James Bond und das Heroische des Konsums. Übers. v. Brigitta Hügel. In: Hans-Otto Hügel / Johannes von Moltke (Hg.): James Bond – Spieler und Spion. Begleit- und Lesebuch zur Ausstellung James Bond. Die Welt des 007. Hildesheim 1998, S. 137–153, hier S. 137.
16 Der erste Roman der Bondreihe war bereits zwei Mal zuvor verfilmt worden, zum einen als Fernsehspiel CASINO ROYALE (1954; R: William H. Brown) in der ersten Staffel der Serie Climax! (USA 1954–1958), zum anderen als überdrehte Persiflage auf Bondfilme und Actionhelden gleichermaßen: CASINO ROYALE (1967; R: Val Guest, Ken Hughes, John Huston, Joseph McGrath, Robert Parrish). Keine der beiden Verfilmungen gilt als offizielle Produktion der Bondfilmreihe.
17 Es ist bezeichnend für die Popularität der Figur James Bond, dass etwa seine Vorliebe für Wodka-Martini und eine besondere Form der Zubereitung populärwissenschaftliche Analysen inspiriert hat, warum er seinen Drink geschüttelt, nicht gerührt bevorzugt; vgl. Metin Tolan / Joachim Stolze: Geschüttelt, nicht gerührt. James Bond und die Physik. München 2008, S. 283–289.
18 Thomas Klingenmaier: Dieser Mann zieht Kraft aus der Folter. Der CASINO ROYALE-Regisseur Martin Campbell über sein Bild von James Bond. In: Stuttgarter Zeitung. 23.11.2006.
19 Wäre James Bond nicht ein reiner Pragmatiker, den Beziehungen und Gefühle an der Ausübung seines Berufs hindern würden, man könnte in ihm in gewisser Weise eine Verkörperung des absurden Menschen nach Albert Camus sehen: Als großer Verführer, als Nachfolger des klassischen Don Juan liebt er alle Frauen und kann bzw. darf bzw. will sich deshalb gar nicht an eine einzige vergeben. Dieses Charakteristikum seines Wesens wird in fast allen Bondfilmen zelebriert und es ist auch die conditio sine qua non seines Daseins als Agent.
20 Vgl. Alexis Albion: Wanting to Be James Bond. In: Edward P. Comentale / Stephen Watt /

Skip Willman (Hg.): Ian Fleming & James Bond. The Cultural Politics of 007. Bloomington 2005, S. 202–220; Jaime Hovey hat freilich gezeigt, dass dieses Heldendesiderat nicht allein auf heterosexuelle Kinozuschauer beschränkt sein muss; vgl. Jaime Hovey: Lesbian Bondage, or Why Dykes Like 007. In: Edward P. Comentale / Stephen Watt / Skip Willman (Hg.): Ian Fleming & James Bond. The Cultural Politics of 007. Bloomington 2005, S. 42–54.

21 Ferner ist Daniel Craig der erste Bonddarsteller, der noch nicht geboren war, als Ian Fleming starb.

22 Zu einer ausführlicheren Einordnung der Vorleistungen Daniel Craigs sowie der CASINO ROYALE vorangegangenen Erwartungen an den neuen Bonddarsteller vgl. Franz Everschor: Daniel Craig 007. Ein neuer, raubeiniger James Bond. In: film-dienst 58.23 (2005), S. 48f.

23 Fiona Cummins: The Name's Bland … James Bland. New Bond Daniel Craig's deadly dull debut. In: Daily Mirror. 15.10.2005.

24 Bettina Cosack: Weichei-Debatte. In: Berliner Zeitung. 24.2.2006.

25 Kesting 1999.

26 Eine typologische Einteilung der an den Darstellern ausgerichteten Bondkonzeptionen sollte sich indes bewusst sein, dass eine Unterscheidung nach Darstellern allein nicht genügt. Auch innerhalb der Ära eines Bonddarstellers gab es immer wieder markant unterschiedliche Ausrichtungen der Bondfigur zwischen zwei aufeinanderfolgenden Filmen. So weist beispielsweise THE WORLD IS NOT ENOUGH (James Bond 007 – Die Welt ist nicht genug; 1999; R: Michael Apted)

eine eindeutig ernsthaftere Figurenzeichnung auf, wohingegen der nachfolgende Bondfilm DIE ANOTHER DAY wieder auf eine Selbstüberbietung an Spektakel setzt – in beiden Filmen wird Bond von Pierce Brosnan verkörpert; vgl. Georg Mannsperger: Eine Nummer – sechs Darsteller. Die unterschiedlichen Typologien des 007. In: Andreas Rauscher et al. (Hg.): Mythos 007. Die James-Bond-Filme im Fokus der Popkultur. Mainz 2007, S. 36–59.

27 George Lazenby verkörperte Bond nur ein einziges Mal in ON HER MAJESTY'S SECRET SERVICE, Timothy Dalton zwei Mal in THE LIVING DAYLIGHTS und LICENCE TO KILL.

28 Für eine weiterführende Analyse der ebenso populären wie meist subversiven Fortbewegungsform des Parkour sei darauf verwiesen, dass die von Sébastien Foucan geprägten Stunteinlagen in CASINO ROYALE offensichtlich weniger dem Parkour als der von ihm maßgeblich begründeten, indes verwandten Disziplin des Freerunning zuzuordnen sind; vgl. http://de.wikipedia.org/wiki/Parkour [17.2.2014].

29 Katja Lüthge: Sag niemals nie … In: Berliner Zeitung. 23.11.2006.

30 Ian Fleming: Casino Royale. Übers. v. Günther Eichel. München 2006, S. 169.

31 Ebenda, S. 170.

32 Ebenda, S. 172.

33 Peter Zander: »Ego ist Gift für die Kunst.« In: Berliner Morgenpost. 23.11.2006.

34 Fleming 2006, S. 177.

35 Ebenda, S. 187.

36 Ebenda, S. 222.

37 Katja Lüthge: »Ich bin berauscht von dem Wirbel.« In: Berliner Zeitung. 24.11.2006.

Die Rückkehr der Körpertäter

Gewalt und Ironie in THE EXPENDABLES und THE EXPENDABLES 2

Von Gerrit Lembke

Ein Actionfilm braucht einen Action-star – und wenn viele Actionstars zusammen auftreten, ist ein herausragender Actionfilm zu erwarten – oder zumindest ein Kassenerfolg. Tatsächlich, THE EXPENDABLES (2010; R: Sylvester Stallone) und THE EXPENDABLES 2 (2012; R: Simon West) beeindrucken zunächst durch eine Besetzung mit Actionstars, die sich vorgenommen haben, ihr ganzes symbolisches Kapital von damals zusammenzutun, um heute eine ganze Menge ökonomisches Kapital zu generieren: Sylvester Stallone, Jason Statham, Jet Li, Dolph Lundgren, Eric Roberts, Randy Couture, Steve Austin, Terry Crews, Mickey Rourke, Arnold Schwarzenegger und Bruce Willis (über die Reihenfolge der Namen ließe sich lange streiten) sind die Stars im ersten Teil. Sie haben zwar auch Rollennamen, aber die sind in dieser Action-Revue eigentlich auch verzichtbar, denn die Handlung tritt hinter dieser Akkumulation von Starkapital völlig zurück – oder, wie Andreas Schreiner den zweiten Teil treffend zusammenfasst: »Das hier ist ein Plot mit dem Anspruch einer Patronenhül-se: Der Stoff braucht nur so lange zusammenzuhalten, bis es PENG! macht.«[1] Im zweiten Teil treten vor allem Chuck Norris und Jean-Claude van Damme hinzu und komplettieren damit dieses ›Klassentreffen‹ des 1980er-Actionfilms beinahe. In finanzieller Hinsicht waren die Filme erfolgreich genug (THE EXPENDABLES: 266.159.621 US-Dollar; THE EXPENDABLES 2: 312.573.423 US-Dollar[2]), um einen dritten Teil zu planen, in dem Gerüchten zufolge auch Mel Gibson, Harrison Ford, Wesley Snipes und Nicolas Cage mitwirken sollen.

Die Leinwandhelden wirken etwas angestaubt, schließlich sind sie nicht mehr die Jüngsten: Das liegt zum einen an ihrem Alter, selbst die Youngster im *Expendables*-Team Terry Crews (*1968) und Jason Statham (*1967) sind in die Jahre gekommen, wobei die Ältesten die 60-Jahre-Grenze bereits überschritten haben: Chuck Norris (*1940), Sylvester Stallone (*1946) und Arnold Schwarzenegger (*1947) bilden gewissermaßen den Ältestenrat des Actiongespanns. Aber es ist nicht nur das biologische Alter der Darsteller (sowie der Figuren), das für den Film charakteristisch ist, sondern auch die Tatsache, dass deren *big hits* in den meisten Fällen lange zurückliegen: Sylvester Stallone und Arnold Schwarzenegger verkörperten (ganz buchstäblich) den prototypischen Actionhelden der 1980er und vielleicht auch 90er Jahre, hatten damit aber auch den Höhepunkt ihrer schauspielerischen Karrieren erreicht. Dolph Lundgren hatte seine größten Erfolge in der zweiten Hälfte der 1980er Jahre mit ROCKY IV (1985; R: Sylvester Stallone), MASTERS OF THE UNIVERSE (1987;

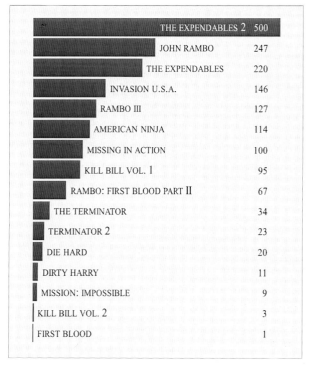

Film	
THE EXPENDABLES 2	500
JOHN RAMBO	247
THE EXPENDABLES	220
INVASION U.S.A.	146
RAMBO III	127
AMERICAN NINJA	114
MISSING IN ACTION	100
KILL BILL VOL. 1	95
RAMBO: FIRST BLOOD PART II	67
THE TERMINATOR	34
TERMINATOR 2	23
DIE HARD	20
DIRTY HARRY	11
MISSION: IMPOSSIBLE	9
KILL BILL VOL. 2	3
FIRST BLOOD	1

›Gewaltpornografie‹ mit Verlusten: Todesopfer in Actionfilmen[1]

R: Gary Goddard) und RED SCORPION (1989; R: Joseph Zito) – Gleiches gilt für Mickey Rourke (NINE ½ WEEKS; 9½ Wochen; 1986; R: Adrian Lyne), Jean-Claude van Damme (BLOODSPORT; 1987; R: Newt Arnold) und Chuck Norris (MISSING IN ACTION; 1984; R: Joseph Zito). Nur Jason Statham (LE TRANSPORTEUR; The Transporter; 2002; R: Louis Leterrier / Corey Yuen) und Jet Li (ROMEO MUST DIE; 2000; R: Andrzej Bartkowiak) sind im 21. Jahrhundert noch ausgesprochen präsent.[3] Kompensiert wird dieser Mangel zum einen durch die Masse an ›symbolischem Kapital‹, das die Schau-

spieler mit ihren klangvollen Namen einbringen, zum anderen durch blanke Gewalt. Ein Vergleich der dargestellten Todesopfer in einer ganzen Reihe von Actionfilmen, die im vorliegenden Band erwähnt werden, zeigt das Ausmaß der Gewaltdarstellung – wobei darin die Explizitheit der Szenen noch gar nicht berücksichtigt ist.

Unter den Actionfilmen stechen die beiden Teile der EXPENDABLES-Serie deutlich hervor, nur begleitet von dem jüngsten Teil der Rambo-Filme, in dem ebenfalls Sylvester Stallone Regie führte. Doch die Gewaltdarstellung allein kaschiert nicht die Tatsache, dass die meisten Beteiligten wie ›aus der Zeit gefallene‹ Helden wirken, deren Goldenes Zeitalter längst vergangen ist. Und ist nicht auch der Actionfilm insgesamt inzwischen aus der Zeit gefallen? Aber wenn das so ist: Warum sind die EXPENDABLES-Filme dann so erfolgreich gewesen, dass ein dritter Teil schon in der Vorbereitung ist?

Eine postmoderne Liebeserklärung an das Actiongenre?

»This series isn't just a bombastic, claret-soaked fist-bumping slaughter-fest but a love letter to the classic action films that helped make stars of the enormous cast.«[5] Die beiden Filme – und insbesondere der zweite Teil – sind ›Liebesbriefe an klassische Actionfilme‹. Natürlich sind sie das schon allein wegen der beinahe musealen Besetzung. Aber darüber hinaus sind die Filme ein reicher Schatz an Zitaten aus dem klassischen Actionkino. EXPENDABLES 2 ist voll davon, und Stallones eigene Filme haben natürlich einen besonderen Stellenwert. Auf FIRST BLOOD (Rambo; 1982; R: Ted Kotcheff) wird hier ebenso zurückgegriffen wie auf COBRA (Die City-Cobra; 1986; R: George Pan Cosmatos): In einem Gespräch zwischen Barney Ross (Sylvester Stallone) und Booker (Chuck Norris) fragt Stallone: »I've heard another rumor, that you were bitten by a king cobra?« – worin actionkundige Zuschauer Stallones Actionfilm COBRA, in

dem er den *dressman*-Actionhelden Cobretti verkörpert hat, wiedererkennen. Darüber hinaus wird etwa auf Martin Scorseses TAXI DRIVER (1976), DARK ANGEL (1990; R: Craig R. Baxley), GOOD GUYS WEAR BLACK (Black Tiger; 1978; R: Ted Post), APOLLO 13 (1995; R: Ron Howard), DIE HARD (Stirb langsam; 1988; R: John McTiernan) und LONE WOLF MCQUADE (McQuade, der Wolf; 1983; R: Steve Carver) Bezug genommen.[6] Es sind so viele Filme und so viele Szenen, dass ein einzelner Zuschauer kaum alle zu enträtseln vermag, und im Folgenden sollen nur einige genannt werden:

So sagt Hale Caesar (Terry Crews) ausgerechnet zu Trench (Arnold Schwarzenegger), dem er seine Schusswaffe überlässt: »If I don't get this back, your ass is terminated«, woraufhin Schwarzenegger antwortet: »In your dreams.« Hier – und *nicht nur* hier – wird dem Zuschauer Schwarzeneggers Verkörperung des Zukunftsmaschinenwesens aus THE TERMINATOR (1984; R: James Cameron) in Erinnerung gerufen. Eine zweite Figur, die immer wieder ›aus der Rolle fällt‹, weil sie sich verhält, als wäre sie zugleich in diesem und einem anderen Filmuniversum beheimatet, ist Booker, dessen Name bereits eine Entlehnung aus dem Chuck-Norris-Film GOOD GUYS WEAR BLACK ist. Booker trifft zu einem späten Zeitpunkt der Handlung als *deus ex machina* zu der Gruppe hinzu, indem er sämtliche Schurken, gegen die alle *expendables* zusammen nichts ausrichten können, im Alleingang tötet – dass er auch deren Panzer zerstört, ist kaum erwähnenswert. Als er hinzukommt, fragt Gunner Jensen (Dolph Lundgren) ihn nach seiner Identität: »Booker. You're the one people call the Lone Wolf?« – »I've been called that. But I have mellowed«, worauf Stallone, der die behauptete Milderung angesichts der vielen Leichen nicht recht glaubhaft findet, entgegnet: »Not that much.« Die Rede vom Lone Wolf geht wiederum auf eine frühe Hauptrolle von Chuck Norris in LONE WOLF MCQUADE zurück, die seine Bekanntheit stark befördert hat. Aus der folgenden Frage von Stallone nach einem Gerücht, das der Gruppe zu Ohren gekommen sei, entwickelt sich die nächste Pointe: »I've heard another rumor, that you were bitten by a king cobra?« – »Yeah, I was. But after five days of agonizing pain, the cobra died.« Norris stellt sich hier im Stil der sogenannten *Chuck Norris Facts*, kurzen Sprüchen, durch die in paradoxer Weise die Stärke von Chuck Norris betont wird, vor. Dieses Kulturphänomen hat sich im Internet rasant verbreitet und eine ganze Reihe von Homepages generiert, die solche sammeln: »Chuck Norris does not get frostbite. Chuck Norris bites frost.« – »When the Boogeyman goes to sleep every night, he checks his closet for Chuck

Norris.« – »Chuck Norris counted to infinity – twice.«[7] Die anderen Figuren in EXPENDABLES 2 reagieren darauf sichtlich beeindruckt, ihnen steht die Bestürzung in die Gesichter geschrieben; als dann aber Booker selbst über seinen Witz la-

»I have mellowed«: Chuck Norris (Booker) auf Rettungsmission (THE EXPENDABLES 2)

chen muss, fallen alle in diese Fröhlichkeit ein. Indem die Figuren diese Geschichte tatsächlich glauben (und dann darüber lachen), fallen sie sämtlich ›aus der Rolle‹, denn in dem Realitätsmodell, das der Film entwirft, wäre ein solches Ereignis völlig unmöglich. Mit anderen Worten: Hier lachen weniger die Figuren über den Witz, den Booker gemacht hat, als vielmehr die Schauspieler über den Witz von Chuck Norris – und zwar mit einer guten Portion Selbstironie, immerhin geht der Witz auf seine Kosten. Solche Passagen

»You were bitten by a king cobra?« – »Yeah, I was. But after five days of agonizing pain, the cobra died.« (THE EXPENDABLES 2)

Team) und den Bösen (Jean-Claude van Damme und diverse namenlose Bösewichte) gehen Willis und Schwarzenegger in Deckung; Schwarzeneggers Munition ist am Ende, und er möchte Nachschub holen: »My ammo is out. I'll be back.« – »You've been back enough. *I'll* be back!« worauf Schwarzenegger mit dem *oneliner* antwortet, den Bruce Willis in seiner Verkörperung von John McClane in DIE HARD zum geflügelten Wort gemacht hat: »Yippee-ki-yay.« Als dann noch Chuck Norris hinzutritt, begrüßt Schwarzenegger ihn, so treffend wie unpassend: »Who's next? Rambo?«

hat bereits der erste Teil präfiguriert, etwa in einem Gespräch zwischen Stallone, Willis und Schwarzenegger (die ehemals zusammen Inhaber der Restaurantkette Planet Hollywood waren). Willis bietet den beiden einen Auftrag an, den Schwarzenegger zur Überraschung von Willis ablehnt: »What's his fucking problem?«, worauf Stallone entgegnet: »He wants to be president.«

Eine weitere Szene in THE EXPENDABLES 2, kurz vor dem Showdown, spielt schließlich in konzentrierter Form mit dem gesamten Genre-Filmwissen der Zuschauer. Der Höhepunkt der gewaltreichen Action geht einher mit der dichtesten Passage an Selbstreferenzen: Während eines verlustreichen Schusswechsels zwischen den Guten (dem *expendable-*

Und nicht zuletzt ist es auch der Titel der Actionfilm-Serie, der sich keineswegs darin erschöpft, die zahlreichen Actionstars zu entbehrlichen (engl. *expendable*) Leinwandhelden zu erklären, sondern auch eine Huldigung an die Anfänge des Actionfilms darstellt: In RAMBO: FIRST BLOOD PART II (Rambo II – Der Auftrag; 1985; R: George Pan Cosmatos)[8] führt John Rambo (Sylvester Stallone) einen Dialog mit seinem *love interest* Co Bao (Julia Nickson-Soul), in dessen Verlauf er sich selbst als verzichtbar bezeichnet: »I am expendable.« – »Expendable. What mean ›expendable‹?« – »It's like someone invites you to a party and you don't show up and it doesn't really matter.« Das Kino der Nuller Jahre war eine solche Party, auf der die meisten Leinwandhelden der 1980er Jahre nicht vermisst worden sind: Stallone, Schwarzenegger, Lundgren waren tatsächlich *expendable*.

Dieses lustvolle und selbstironische Montageverfahren könnte man als postmodernes Zitierspiel verstehen, und als solches ist es im Internet auch häufig bezeichnet worden. Aber ist das eine treffende Diagnose? Lässt sich mit dem flexiblen Etikett ›postmodern‹ dieser insgesamt doch recht traditionelle Actionfilm angemessen beschreiben? Oder handelt es sich vielmehr um Zeichen des Niedergangs eines Genres, wie es mancherorts zu lesen ist: »Die Ära der Action-Handwerker, und seien sie auch noch ironisch eingefärbt, geht insgesamt zu Ende.«[9] Sind Actionfilme inzwischen nur noch Relikte einer überkommenen Ästhetik und werden nun langsam – entbehrlich?

In der Gattungsforschung ist die Ironisierung, Parodierung oder Metaisierung[10] schon oft als Krisensymptom von Genres bezeichnet worden, die im Untergang oder zumindest in einer Transformation begriffen sind:[11] Diese Phase sei gekennzeichnet »insbesondere durch das Auftreten von Parodien sowie von einer Tendenz zur Metaisierung, d. h. zur selbstreflexiven Beschäftigung mit den Merkmalen der betreffenden Gattung«.[12] Solche Tendenzen gelten nun nicht nur für Genres, sondern auch für Filme, die Fortsetzungen nach sich ziehen und die Ironisierung als eine von vielen Möglichkeiten der Bezugnahme auf die Vorgänger betrachten.[13]

In dieser Perspektive erscheinen die EXPENDABLES-Filme weniger als ein *Liebes*- als vielmehr ein *Abschieds*brief an ein Genre, das gerade im Begriff ist, ein historisches zu werden. Oder ist es (nur) ein Abgesang an überkommene Männlichkeitsbilder, die heute nicht mehr *en vogue* sind und von den Kinoleinwänden immer mehr verdrängt werden? Oder sind es vielmehr die letzten Filme einer Generation, die das Körperkino hervor-

»He wants to be president.« (THE EXPENDABLES)

»I'll be back.« – »Yippee-ki-yay.« – »Who's next? Rambo?«
(THE EXPENDABLES 2)

nicht wirklich alt geworden, obwohl zwischen seinem ersten Film DR. NO (James Bond – 007 jagt Dr. No; 1962; R: Terence Young) und dem letzten NEVER SAY NEVER AGAIN (James Bond 007 – Sag niemals nie; 1983; R: Irvin Kershner) immerhin 21 Jahre gelegen haben. Und an einer anderen Filmserie lässt sich dies umso anschaulicher beobachten: Sylvester Stallones ROCKY-Saga. Seit dem dritten Teil (ROCKY III; 1982; R: Sylvester Stallone) der Filmserie, die als Liebesfilm begann, als Sportfilm fortgesetzt wurde und sich schließlich zum Actionfilm in Sportkleidung entwickelte, tritt der Charakter Rocky Balboa (Sylvester Stallone) wiederholt aus dem aktiven Sportbetrieb zurück, um schließlich, durch äußere Umstände veranlasst, doch wieder in den Ring zurückzukehren. Interessanterweise altern zwar Figur und Schauspieler im Laufe der ersten fünf Filme (1976 – 1979 – 1982 – 1985 – 1990), allerdings wird dieses Altern visuell derart kaschiert und diskursiv marginalisiert, dass man den Figuren das Alter zwar *glaubt*, es aber keinesfalls das eigentliche Thema des Films ist. Erst

gebracht hat und nun in einer Reihe von Filmen das Älterwerden mit gehöriger Selbstironie thematisiert?

»Old warhorses have to stick together«. Alternde Actionstars

Schauspieler altern wie alle Menschen, aber manche Leinwandfiguren sind lange Zeit jung geblieben. So sind Sean Connerys Bond-Verkörperungen beispielsweise im letzten Teil der Rocky-Saga, der Szenen, Figuren und Motive der vorherigen Filme Revue passieren lässt, wird Rocky Balboa als gealterter Restaurantbesitzer gezeigt, der noch einmal die zentralen Stationen seines Lebens besucht – und hier wird der körperliche Verfall zum eigentlichen Thema gemacht: »You know, the older I get, the more things I got to leave behind. That's life.« Und dort fällt schließlich der Satz, der geradezu als Motto von THE EXPENDABLES gelten könnte: »Old warhorses have to stick together.«

Die Actionhelden des 20. Jahrhunderts kannten den physischen Verfall nicht, wohingegen das Actionkino im 21. Jahrhundert ihn umso stärker fokussiert.[14] Dies hat schon für den vierten Teil der DIE HARD-Serie gegolten, in dem Bruce Willis ganz offensichtlich – aber nur in technologischer Hinsicht – zum ›alten Eisen‹ gehört (LIVE FREE OR DIE HARD; Stirb Langsam 4.0; 2007; R: Len Wiseman). Und dasselbe gilt etwa auch für RED. RETIRED. EXTREMELY DANGEROUS (R.E.D. – Älter. Härter. Besser; 2010; R: Robert Schwentke), in dem Bruce Willis, Morgan Freeman und John Malkovich pensionierte C.I.A.-Agenten darstellen. Nicht zuletzt lebt auch der Film GRUDGE MATCH (Zwei vom alten Schlag; 2013; R: Peter Segal) gerade davon, dass die beiden Kontrahenten dieses Boxfilms von Schauspielern (Robert de Niro, Sylvester Stallone) verkörpert werden, die nicht nur selbst in die Jahre gekommen sind, sondern auch in ihren Karrieren prominente Boxfiguren

dargestellt haben (ROCKY; 1976; R: John G. Avildsen; RAGING BULL; Wie ein wilder Stier; 1980; R: Martin Scorsese). In JCVD (2008; R: Mabrouk El Mechri) spielt Jean-Claude van Damme schließlich sich selbst und resümiert seine Karriere als Actionstar. Bei diesem ambitionierten Projekt handelt es sich trotz der Besetzung um keinen Actionfilm, sondern ein autofiktionales Spiel um die Grenze zwischen Film und Realität, oder wie Jean-Claude van Damme selbst sagt: »It's not a movie. It's real life.«

Alternde Stars sind auf der Leinwand keine Seltenheit, aber gealterte Actionstars stellen etwas Besonderes dar, weil ihre Verwundbarkeit hier nicht (nur) daraus resultiert, dass äußere Einflüsse sie bedrohen, sondern es gerade das Alter ist, das eine bedrohliche Gefährdung für sie darstellt. Dieser Aspekt gerät in den EXPENDABLES-Filmen zu etwas Besonderem, weil die Figuren nicht nur als alte *Helden*, sondern ebenso als gealterte *Schauspieler* zu sehen sind. Schon seit Anbeginn des Genres sind Actionstars in dieser Doppelidentität inszeniert worden – ganz anders als etwa im Horror- oder Liebesfilm: Stallone spielt Rambo, aber zugleich *ist* er Rambo;[15] Schwarzenegger verkörpert den Terminator, aber gleichzeitig *ist* er der Terminator.[16] Actionhelden benötigen ein Starimage, das über die innerfilmische Summe ihrer Eigenschaften hinausgeht; und dies ist schon immer auch als Marketingstrategie genutzt worden, wenn etwa FIRST BLOOD mit einem *claim* be-

Dieses Mal ist Rocky Rambo. »This time he's fighting for his life.«

Actionfilme – und ebenso der selbstreferentielle Humor.

»I'll be back.« – »Only better than that«: Actionkino als Meta-Kino

Wenn die vorigen Kapitel suggerieren, die EXPENDABLES-Filme seien ein postmodernes Zitatspiel, ein Symptom des Genreverfalls oder die Dokumentation von Alterserscheinungen populärer Helden, die inzwischen in die Jahre gekommen sind, ist dies nicht ganz richtig. Vielleicht ist es auch nicht ganz falsch, allerdings übersehen all diese Diagnosen eine ganz zentrale Tatsache: Actionfilmen wohnt seit jeher ein starkes Maß an Selbstironie inne, das Genre hat

worben wird, der sich eindeutig auf den Schauspieler und nicht die Rolle bezieht: »This time he's fighting for his life.« Die Formulierung, dass es *dieses* Mal um sein Leben gehe, ist nur sinnvoll, wenn der Zuschauer den Kampf von Rocky als eine Art von Vorgeschichte zu FIRST BLOOD mitdenkt. Diese partielle Identität von Rollen- und Schauspieleridentität gehört zum Grundinventar der 1980er-

sich selbst schon oft parodiert. In den EXPENDABLES-Filmen postmoderne Entwicklungen zu sehen, ist sehr schmeichelhaft; sie als Symptome des Niedergangs zu interpretieren, ist wiederum reichlich pessimistisch: Actionfilme waren schon immer auch Meta-Actionfilme;[17] dies zeigen insbesondere LAST ACTION HERO (1993; R: John McTiernan) und DEMOLITION MAN (1993; R: Marco Brambilla).

DEMOLITION MAN spielt in der Zukunft (2032) und zeigt eine Welt, aus der jegliche Gewalt verbannt worden ist und die infolgedessen zwar langweiliger, aber keineswegs besser geworden ist. Nachdem ein gefährlicher Verbrecher aus dem 20. Jahrhundert, Simon Phoenix (Wesley Snipes), aus dem Kälteschlaf geweckt worden ist, muss auch sein Gegenspieler, John Spartan (Sylvester Stallone), reanimiert werden, um Phoenix zu fassen – denn gewalttätige Action ist in der Welt dieses Films ein Phänomen des 20. Jahrhunderts und in dieser Zukunftsvision auch den Polizisten völlig unbekannt. Als Simon Phoenix in ein Museum eindringt, um Schusswaffen zu stehlen, ruft er: »Excuse me, Rambo, I need to borrow this«. Damit wird die Filmfigur Rambo als Bestandteil des kollektiven Gedächtnisses im filmischen Universum – und zugleich als musealer Actionheld – inszeniert; eine andere Szene geht weit darüber hinaus, weil hier Sylvester Stallone geradezu ›aus der Rolle fällt‹, als Lenina Huxley (Sandra Bullock) ihm beiläufig von der Schwarzenegger-Bücherei erzählt:

> »I have, in fact, perused some newsreels in the Schwarzenegger Library, and the time you took that car...« – »Hold it. The Schwarzenegger library?« – »Yes, the Schwarzenegger presidential library.

Wasn't he an actor, when you ...« – »Stop! He was president?« – »Yes, even though he was not born in this country, his popularity at the time caused the 61st amendment, which states ...« – »I don't want to know... Pff. President...«

John Spartan (Stallone) und Lenina Huxley (Bullock) in DEMOLITION MAN

Diese hier angedeutete Rivalität zwischen John Spartan und Arnold Schwarzenegger ist irritierend, wenn man hier nicht eine partielle Identität von Figur und Schauspieler eingesteht. Die Pointe funktioniert nur dann, wenn der Zuschauer die reale Konkurrenz von Stallone und Schwarzenegger um den Thron des Actionfilms kennt. DEMOLITION MAN kam im Oktober 1993 in die amerikanischen Kinos, nur wenige Monate nach LAST ACTION HERO (Juni 1993), und lässt sich in seiner Ironie auch als Replik auf Schwarzeneggers Film verstehen.

Auch in LAST ACTION HERO wird das Genre sehr bewusst parodiert, indem die einzelnen Elemente bis ins Groteske überzeichnet und von den Figuren kommentiert werden. Der kleine Junge und Actionfilm-Fan Danny Madigan (Austin O'Brien) wird zu einem Kinobesuch überredet, der ein ganz besonderer werden soll: Denn in Folge einer Metalepse wird Danny Teil des Films, in dem Jack Slater (Arnold Schwarzenegger, in der Fiktion wiederum von ›Arnold Schwarzenegger‹ gespielt) die Hauptrolle spielt. Er übertritt die Grenze von der Ebene der (filmin-

Verkehrte Welt in LAST ACTION HERO: Stallone als Terminator

ternen) Realität auf die Ebene der Fiktion. Als die beiden, Danny Madigan und Jack Slater, zusammen eine Videothek betreten, weil Danny seinem Filmidol beweisen möchte, dass dieser nicht real sei, sondern bloß ein fiktiver Actionheld, sehen sie einen Pappaufsteller, der TERMINATOR 2: JUDGMENT DAY (Terminator 2 – Tag der Abrechnung; 1991; R: James Cameron) bewirbt. Auf dem Bild ist allerdings nicht Arnold Schwarzenegger, sondern Sylvester Stallone in Pose zu sehen; und während Danny davon völlig entsetzt ist, zeigt sich Jack Slater ganz begeistert: »No. It isn't possible!« – »What's impossible?! He's fantastic! It's his best performance ever!« – »But that was *you*, *you* were in that movie!«[18] Darüber hin-

aus begegnen die beiden dem T-1000 (Robert Patrick) aus TERMINATOR 2: JUDGMENT DAY, während Catherine Tramell (Sharon Stone) aus BASIC INSTINCT (1992; R: Paul Verhoeven) völlig unbemerkt bleibt.[19] Überhaupt stellt die Eingangsszene, die sich als ›Film im Film‹ herausstellt, eine Parodie auf stereotype Figurencharakterisierungen im Actionfilm dar, und Danny Madigan beweist ein ums andere Mal, wie vorhersehbar diese Filme überhaupt sind, wenn er die kommenden Ereignisse stets schon kennt. Metaisierung gehört also spätestens seit Anfang der 1990er Jahre zum festen Inventar des Genres, wie die beiden Beispiele zeigen. Zahlreiche weitere Actionfilme ließen sich nennen, die dem eigenen Genre mit einer Prise Selbstironie begegnen. Solche Zitate finden sich auch in DIE HARD[20] oder in TERMINATOR 3: RISE OF THE MACHINES (Terminator 3: Rebellion der Maschinen; 2003; R: Jonathan Mostow), wo der Terminator (Arnold Schwarzenegger) sich wie schon im zweiten Teil eine Sonnenbrille aufsetzt – diesmal allerdings einen modischen *fauxpas* begeht. Solche Metaisierungstendenzen als Auflösungserscheinungen zu begreifen oder zu einem Phänomen der Postmoderne zu erklären, scheint also in diesem Fall eine allzu kühne Behauptung zu sein. Vielmehr

Der stilsichere Terminator (1991) ...

handelt es sich offenbar um Charakteristika des Actiongenres überhaupt, dessen selbstreflexive Elemente dem Film Komik verleihen.[21]

Die Form der Komik, die Actionfilme wählen, resultiert häufig aus dem sprachlichen Vermögen des Helden, der damit ein sprachliches Gegengewicht zur handlungsorientierten Action schafft. Diese Qualität der Figur komplettiert seinen Charakter, weil sie seinen sichtbaren Körperqualitäten eine subtilere Eigenschaft beiseitestellt und den Esprit der Figur ausmacht. Der Held wird damit über den Status eines tumben ›Hau-Drauf-Helden‹ erhoben. Der Humor des Helden demonstriert zugleich seine Überlegenheit über die Action, derer er sich mit Taten erwehren muss, die er aber durch Sprache überwindet. So sind die smarten ›Sprüche‹ der Actionhelden längst zu ihrem Markenzeichen geworden: »Hasta la vista, Baby!« (Arnold Schwarzenegger in TER-

... und sein selbstironischer Wiedergänger (2003)

MINATOR 2: JUDGMENT DAY) oder »Yippee-ki-yay, motherfucker« (Bruce Willis in DIE HARD); und niemand hat diese Eigenheit smarter Sprüche in einem Actionfilm selbst wiederum so prägnant zur Sprache gebracht wie Joe Hallenbeck (Bruce Willis) und Jimmy Dix (Daman Wayans) in dem abschließenden Gespräch in THE LAST BOY SCOUT (1991; R: Tony Scott), als Bruce Willis ihm erläutert, wie man sich als Actionstar verhält:

»This is the '90s. You don't just go around punching people. You got to say something cool first.« – »Yeah. Like ›I'll be back.‹« – »Only better than that: You hit him with a surfboard, you would say ...« – »Surf's up, pal!« – »Yeah, something like that.« – »So. What else?« – »There's not much more to tell than that.«

Mehr ist dazu wirklich kaum zu sagen.

Epilog

THE EXPENDABLES sind also keineswegs ein Grabstein auf den Trümmern des Actionfilms, sie sind nicht einmal eine sonderlich kühne Weiterentwicklung des Genres, aber an ihnen zeigen sich zahlreiche Charakteristika eines Actionkinos, dessen Elemente inzwischen klassisch geworden und insofern höchst beachtenswert sind. Über Actionfilme zu schreiben, also als akademischer ›Kopftäter‹ über die heroischen ›Körpertäter‹ der Leinwand zu räsonnieren,[22] ist daher

kein Widerspruch, sondern eine kulturelle Aufgabe, der alle Autoren des Buches sich gern gewidmet haben. ❏

Anmerkungen

1 Andreas Scheiner: Bumfidibums Fortsetzung. http://www.zeit.de/kultur/film/2012-08/film-the-expendables-2-kritik [17.2.2014].

2 Die Daten sind der Internet Movie Database (IMDb) entnommen, vgl. http://www.imdb.com [17.2.2014].

3 Mickey Rourke hatte zwar in SIN CITY (2005; R: Robert Rodriguez / Frank Miller) und THE WRESTLER (2008; R: Darren Aronofsky) große Rollen, allerdings gingen diesen Filmen einige Jahre voraus, die weniger erfolgreich verliefen.

4 Die Zahlen stammen weitestgehend von http://www.moviebodycounts.com; Schätzungen bei THE EXPENDABLES (2010; R: Sylvester Stallone), THE EXPENDABLES 2 (2012; R: Simon West) und DIRTY HARRY (1971; R: Don Siegel) [17.2.2014].

5 Oliver Franklin: The five best action movie references in THE EXPENDABLES 2. http://www.gq-magazine.co.uk/entertainment/articles/2012-08/14/best-expendables-2-film-references [17.2.2014].

6 Solche Fluten an Filmzitaten sind beispielsweise auch bekannt aus HOT SHOTS! (1991; R: Jim Abrahams) oder SCARY MOVIE (2000; R: Keenen Ivory Wayans), allerdings handelt es sich dabei um Parodien, die ausschließlich auf Komik abzielen, nicht aber selbst dem Genre Action- bzw. Horrorfilm angehören.

7 Vgl. exemplarisch für unzählige andere http://www.chucknorrisfacts.com [17.2.2014].

8 Vgl. hierzu den Beitrag von Gerrit Lembke über FIRST BLOOD (Rambo; 1982; R: Ted Kotcheff) im vorliegenden Band.

9 Daniel Haas: Action-Film THE EXPENDABLES: Alte Säcke machen Laune. http://www.spiegel.de/kultur/kino/action-film-the-expendables-alte-saecke-machen-laune-a-713317.html [17.2.2014].

10 Zum Begriff der ›Metaisierung‹ vgl. etwa Janine Hauthal et al.: Metaisierung in Literatur und anderen Medien: Begriffsklärungen, Typologien, Funktionspotentiale und Forschungsdesiderate. In: dies. et al. (Hg.): Metaisierung in Literatur und anderen Medien. Theoretische Grundlagen – historische Perspektiven – Metagattungen – Funktionen. Berlin et al. 2007, S. 1–21.

11 Vgl. hierzu den Beitrag von Dominik Orth im vorliegenden Band.

12 Marion Gymnich: Theorien des historischen Endes von Gattungen. In: Rüdiger Zymner (Hg.): Handbuch Gattungstheorie. Stuttgart/Weimar 2010, S. 154f., hier S. 155.

13 »In many longrunning drama serials, genre hybridity operates alongside a range of postmodernist devices such as bricolage, self-referentiality, and irony«; Sara Gwenllian Jones: Television. In: David Herman et al. (Hg.): Routledge Encyclopedia of Narrative Theory. London / New York 2005, S. 585–589, hier S. 586.

14 Vgl. zu ROCKY BALBOA (2006; R: Sylvester Stallone), LIVE FREE OR DIE HARD (Stirb Langsam 4.0; 2007; R: Len Wiseman) und RAMBO (John Rambo; 2008; R: Sylvester Stallone) Thomas Küpper: Filmreif. Das Alter in Kino und Fernsehen. Berlin 2010, S. 40–47.

15 Ebenso gilt dies für Rocky, dessen Biografie oft in die Nähe zu Stallone gerückt wird; »Sylvester Stallones Aufstieg zur Spitze des Film-Königreiches war in jeder Hinsicht so steinig gewesen wie der Weg seines Filmhelden Rocky zum Meister im Schwergewicht.«

Marsha Daly: Sylvester Stallone. Vom Außenseiter zum Superstar. Übers. v. Bodo Baumann. Gladbach 1986, S. 10.

16 Vgl. Thomas Doherty: RAMBO: FIRST BLOOD PART II. In: Film Quarterly 39.3 (1986), S. 50–54, hier S. 51: Rambo is »incarnated, not played, by Sylvester Stallone«.

17 Vgl. hierzu These 11 der Einleitung des vorliegenden Bandes.

18 Solche gegenseitigen Kommentare von Stallone und Schwarzenegger über den jeweils anderen findet man ebenfalls in TWINS (1988; R: Ivan Reitman), TANGO & CASH (Tango und Cash; 1989; R: Andrei Kontschalowski), STOP! OR MY MOM WILL SHOOT (Stop! Oder meine Mami schießt!; 1992; R: Roger Spottiswoode) oder TRUE LIES (1994; R: James Cameron).

19 Es gibt zahllose weitere Anspielungen etwa auf DIE HARD (Stirb langsam; 1988; R: John McTiernan) oder LETHAL WEAPON (1987; R: Richard Donner).

20 Vgl. hierzu den Beitrag von Ingo Irsigler im vorliegenden Band.

21 Vgl. hierzu These 4 der Einleitung des vorliegenden Bandes.

22 Vgl. Hans J. Wulff: Held und Antiheld, Prot- und Antagonist. Zur Kommunikations- und Texttheorie eines komplizierten Begriffsfeldes. Ein enzyklopädischer Aufriss. In: Hans Krah / Claus-Michael Ort (Hg.): Weltentwürfe in Literatur und Medien. Phantastische Wirklichkeiten – realistische Imaginationen. Festschrift für Marianne Wünsch. Kiel 2002, S. 431–448, hier S. 432.

Literaturverzeichnis

Albion, Alexis: Wanting to Be James Bond. In: Edward P. Comentale / Stephen Watt / Skip Willman (Hg.): Ian Fleming & James Bond. The Cultural Politics of 007. Bloomington 2005, S. 202–220.

Anderson, Aaron: Mindful violence. The visibility of power and inner life in KILL BILL. In: Jump Cut 47 (2004). http://www.ejumpcut.org/archive/jc47.2005/KillBill/text.html [17.2.2014].

Arroyo, Jose: Introduction. In: ders. (Hg.): Action/spectacle cinema. A sight and sound reader. London 2000, S. VII–XIV.

Bähr, Ulrich: Der Determinator. Nonne und Aufklärerin, Maschine und Mensch, B-Movie und Blockbuster – Die Verwandlungen eines Filmstoffs. In: Eckhard Pabst (Hg.): Mythen, Mütter, Maschinen. Das Universum des James Cameron. Kiel 2005, S. 44–70.

Bee, Julia: Folter und die Grenzen des Humanen. Zu einigen aktuellen und historischen Konfigurationen von Folter und Film. In: Karsten Altenhain / Reinhold Görling / Johannes Kruse (Hg.): Die Wiederkehr der Folter? Interdisziplinäre Studien über eine extreme Form der Gewalt, ihre mediale Darstellung und ihre Ächtung. Göttingen 2013, S. 165–226.

Black, Jeremy: The Politics of James Bond. From Fleming's Novels to the Big Screen. Lincoln 2005.

Budra, Paul: Rambo in the Garden. The POW Film as Pastoral. In: Literature/Film Quarterly 18.3 (1990), S. 188–192.

Calhoun, Creighton Lee: Old Southern Apples, Revised and Expanded. A Comprehensive History and Description of Varieties for Collectors, Growers, and Fruit Enthusiasts. White River Jct. 2001.

Charyn, Jerome: Raised by Wolves. The Turbulent Art and Times of Quentin Tarantino. New York 2006.

Christen, Thomas: Das Ende im Spielfilm. Vom klassischen Hollywood zu Antonionis offenen Formen. Marburg 2001.

Comber, Michael / Margaret O'Brien: Evading the War: The Politics of the Hollywood Vietnam Film. In: History. The Journal of the Historical Association 73 (1988), S. 248–260.

Comentale, Edward P. / Stephen Watt / Skip Willman (Hg.): Ian Fleming & James Bond. The Cultural Politics of 007. Bloomington 2005.

Cosack, Bettina: Weichei-Debatte. In: Berliner Zeitung. 24.2.2006.

Cummins, Fiona: The Name's Bland ... James Bland. New Bond Daniel Craig's deadly dull debut. In: Daily Mirror. 15.10.2005.

Curtius, Ernst Robert: Europäische Literatur und lateinisches Mittelalter. Bern 1963 (4. Aufl.).

Daly, Marsha: Sylvester Stallone. Vom Außenseiter zum Superstar. Übers. v. Bodo Baumann. Gladbach 1986.

Denning, Michael: Lizenziert zum Schauen. James Bonds und das Heroische des Konsums. Übers. v. Brigitta Hügel. In: Hans-Otto Hügel / Johannes von Moltke (Hg.): James Bond – Spieler und Spion. Begleit- und Lesebuch zur Ausstellung *James Bond. Die Welt des 007*. Hildesheim 1998, S. 137–153.

Doherty, Thomas: RAMBO: FIRST BLOOD PART II. In: Film Quarterly 39.3 (1986), S. 50–54.

Dudenredaktion (Hg.): Duden. Die deutsche Rechtschreibung. Mannheim et al. 2004 (23. Aufl.).

Eco, Umberto: Wie man einen Pornofilm erkennt. In: ders.: Sämtliche Glossen und Parodien. Übers. v. Burkhart Kroeber / Günter Memmert. München 2002, S. 321–323.

Eder, Jens: Held. In: Lexikon der Filmbegriffe. http://filmlexikon.uni-kiel.de/index.php?action=lexikon&tag=det&id=666 [17.2.2014].

Everschor, Franz: Daniel Craig 007. Ein neuer, raubeiniger James Bond. In: film-dienst 58.23 (2005), S. 48f.

Faludi, Susan: Männer. Das betrogene Geschlecht. Übers. v. Ursula Locke-Gross / Sabine Hübner / Angela Schmuitz. Reinbek 2001.

Fleming, Ian: Casino Royale. Übers. v. Günther Eichel. München 2006.

Foote, John H.: Clint Eastwood. Evolution of a Filmmaker. Westport 2009.

Franklin, Oliver: The five best action movie references in THE EXPENDABLES 2. http://www.gq-magazine.co.uk/entertainment/articles/2012-08/14/best-expendables-2-film-references [17.2.2014].

French, Sean: The Terminator. London 1996.

Fricke, Hannes: Das hört nicht auf. Trauma, Literatur und Empathie. Göttingen 2004.

Grob, Norbert / Bernd Kiefer: Einleitung. In: dies. (Hg.): Filmgenres Western. Stuttgart 2003, S. 12–40.

Gross, Larry: Big and Loud. In: Sight & Sound 5.8 (1995), S. 6–10.

Gruteser, Michael: Actionfilm. In: Thomas Koebner (Hg.): Reclams Sachlexikon des Films. Stuttgart 2011 (3. Aufl.), S. 13–15.

Gymnich, Marion: Theorien des historischen Endes von Gattungen. In: Rüdiger Zymner (Hg.): Handbuch Gattungstheorie. Stuttgart/Weimar 2010, S. 154f.

Gunning, Tom: The Cinema of Attractions. Early Film, Its Spectator and the Avant-Garde. In: Wide Angle 8.3–4 (1986), S. 63–70

Haas, Daniel: Action-Film THE EXPENDABLES: Alte Säcke machen Laune. www.spiegel.de/kultur/kino/action-film-the-expendables-alte-saecke-machen-launc a-713317.html [17.2.2014].

Hauthal, Janine / Julijana Nadj / Ansgar Nünning / Henning Peters: Metaisierung in Literatur und anderen Medien: Begriffsklärungen, Typologien, Funktionspotentiale und Forschungsdesiderate. In: dies. (Hg.): Metaisierung in Literatur und anderen Medien. Theoretische Grundlagen – historische Perspektiven – Metagattungen – Funktionen. Berlin / New York 2007, S. 1–21.

Hawking, Stephen: Eine kurze Geschichte der Zeit. Die Suche nach der Urkraft des Universums. Übers. v. Hainer Kober. Reinbek 1991.

Heard, Christopher: Dreaming Aloud. The Life and Films of James Cameron. New York 1997.

Henke, Jennifer / Magdalena Krakowski / Benjamin Moldenhauer / Oliver Schmidt: Hollywood Reloaded. Genrewandel und Medienerfahrung nach der Jahrtausendwende. Marburg 2013.

Henke, Jennifer / Magdalena Krakowski / Benjamin Moldenhauer / Oliver Schmidt: Einleitung. Genres zwischen Medienkultur und Kulturkritik. In: dies. (Hg.): Hollywood Reloaded. Genrewandel und Medienerfahrung nach der Jahrtausendwende. Marburg 2013, S. 7–14.

Hickethier, Knut: Genretheorie und Genreanalyse. In: Jürgen Felix (Hg.): Moderne Film Theorie. Mainz 2002, S. 62–96.

Hißnauer, Christian / Thomas Klein: Visualität des Männlichen. Skizzen zu einer filmsoziologischen Theorie von Männlichkeit. In: dies. (Hg.): Männer – Machos – Memmen. Männlichkeit im Film. Mainz 2002, S. 17–48.

Hoerner, Katrin: Lizenz zum Reisen. Wo James Bond Verbrecher jagt, fallen danach die Touristen ein. Der neue 007 führt nach Aserbaidschan. In: Die Woche. 3.12.1999.

Holm, D[ouglas] K[imball]: KILL BILL. An unofficial casebook. London 2004.

Hovey, Jaime: Lesbian Bondage, or Why Dykes Like 007. In: Edward P. Comentale / Stephen Watt / Skip Willman (Hg.): Ian Fleming & James Bond. The Cultural Politics of 007. Bloomington 2005, S. 42–54.

Hügel, Hans-Otto: Spieler und Spion – eleganter Profi und Mann von Welt. Zur Geschichte und Einheit der Figur *James Bond*. In: montage/AV 8.2 (1999), S. 7–28.

Hughes, Howard: Aim for the Heart. The Films of Clint Eastwood. London 2009.

Hughes, Mark: Top Ten Best Christmas Movies Of All Time. http://www.forbes.com/sites/markhughes/2011/12/14/top-ten-best-christmas-movies-of-all-time [17.2.2014].

Jahnke, Wolf: Die 100 besten Action-Filme. München 1995.

Jahnke, Wolf / Michael Scholten: Die 199 besten Action-Filme &-Serien. Marburg 2012.

Jeffords, Susan: Hard Bodies. Hollywood Masculinity in the Reagan Era. New Brunswick 1994.

Johnson, Ian: 007+4. In: Films and Filming 12.1 (1965), S. 5–8.

Jones, Sara Gwenllian: Television. In: David Herman / Manfred Jahn / Marie-Laure Ryan (Hg.): Routledge Encyclopedia of Narrative Theory. London / New York 2005, S. 585–589.

Kael, Pauline: 5001 Nights at the Movies. New York (3. Aufl.) 1991.

Kempken, Markus / Beate Flückiger: Travelling Matte. In: Lexikon der Filmbegriffe. http://filmlexikon.uni-kiel.de/index.php?action=lexikon&tag=det&id=2204 [17.2.2014].

Kesting, Jürgen: Agent der Allgefälligkeit. In: Berliner Zeitung. 11.12.1999.

Klingenmaier, Thomas: Dieser Mann zieht Kraft aus der Folter. Der CASINO ROYALE-Regisseur Martin Campbell über sein Bild von James Bond. In: Stuttgarter Zeitung. 23.11.2006.

Körte, Peter: »Am Ende kommt eine Pastetenfüllung heraus«. Ein Interview mit Quentin Tarantino über digitale Bilder, Entenpressen, Blutbäder und KILL BILL. In: Robert Fischer / Peter Körte / Georg Seeßlen (Hg.): Quentin Tarantino. Berlin 2004, S. 7–10.

Kolter, Susanne H.: Architecture Criente: Nine Eleven zwischen Katastrophenästhetik, biblischem Strafgericht und Dekonstruktivismus. In: Ingo Irsigler / Christoph Jürgensen (Hg.): Nine Eleven. Ästhetische Verarbeitungen des 11. September 2001. Heidelberg 2008, S. 345–367.

Kraft, Patrick: MISSION: IMPOSSIBLE. In: Thomas Koebner / Hans J. Wulff (Hg.): Filmgenres Thriller. Stuttgart 2013, S. 434–438.

Krah, Hans: Weltuntergangsszenarien und Zukunftsentwürfe. Narrationen vom ›Ende‹ in Literatur und Film 1945–1990. Kiel 2004.

Küpper, Thomas: Filmreif. Das Alter in Kino und Fernsehen. Berlin 2010.

Kuhn, Markus / Irina Scheidgen / Nicola Valeska Weber (Hg.): Filmwissenschaftliche Genreanalyse. Eine Einführung. Berlin/Boston 2013.

Kuhn, Markus / Irina Scheidgen / Nicola Valeska Weber: Genretheorien und Genrekonzepte. In: dies. (Hg.): Filmwissenschaftliche Genreanalyse. Eine Einführung. Berlin/Boston 2013, S. 1–36.

Kulle, Daniel: Choreografien des Schmerzes. Actionfilm und die Grenzen der somathischen Empathie. In: montage/AV 21.2 (2012), S. 99–118.

Langer, Daniela: Literarische Spannung/en. Spannungsformen in erzählenden Texten und Möglichkeiten ihrer Analyse. In: dies. / Ingo Irsigler / Christoph Jürgensen (Hg.): Zwischen Text und Leser. Studien zu Begriff, Geschichte und Funktion literarischer Spannung. München 2008, S. 12–32.

Langer, Daniela: Die Mythen des James Cameron. Motive, Diegesen und narrative Formen von Camerons Filmen. In: Eckhard Pabst (Hg.): Mythen, Mütter, Maschinen. Das Universum des James Cameron. Kiel 2005, S. 213–243.

LeSueur, Stephen C. / Dean Rehberger: ROCKY IV, RAMBO II, and the Place of the Individual in Modern American Society. In: Journal of American Culture 11.2 (1988), S. 25–33.

Lichtenfeld, Eric: Action Speaks Louder. Violence, Spectacle, and the American Action Movie. Middletown 2007.

Liebrand, Claudia: »Here, we'll start over again«. Game over and Restart in Screwball Comedies mit dem Fokus auf Preston Sturges' UNFAITHFULLY YOURS. In: Rainer Leschke / Jochen Venus (Hg.): Spielformen im Spielfilm. Zur Medienmorphologie des Kinos nach der Postmoderne. Bielefeld 2007, S. 21–40.

Liebrand, Claudia / Ines Steiner (Hg.): Hollywood hybrid. Genre und Gender im zeitgenössischen Mainstream-Film. Marburg 2004.

Liebrand, Claudia / Ines Steiner: Einleitung. In: dies. (Hg.): Hollywood hybrid. Genre und Gender im zeitgenössischen Mainstream-Film. Marburg 2004, S. 7–15.

Ligthart, Theo: Terminator ... Über das Ende als Anfang. Wien 2003.

Lowry, Stephen: Stars und Images. Theoretische Perspektiven auf Filmstars. In: montage/AV 6.2 (1997), S. 10–35.

Lüthge, Katja: »Ich bin berauscht von dem Wirbel«. In: Berliner Zeitung. 24.11.2006.

Lüthge, Katja: Sag niemals nie ... In: Berliner Zeitung. 23.11.2006.

Lyden, John C.: Myths, Moral and Rituals. Film as Religion. New York et al. 2003.

Mannsperger, Georg: Eine Nummer – sechs Darsteller. Die unterschiedlichen Typologien des 007. In: Andreas Rauscher / Bernd Zywietz / Georg Mannsperger / Cord Krüger (Hg.): Mythos 007. Die James-Bond-Filme im Fokus der Popkultur. Mainz 2007, S. 36–59.

Mikos, Lothar: Genrespezifische Ästhetik der Gewaltdarstellung in Film und Fernsehen. In: Christoph auf der Horst (Hg.): Ästhetik und Gewalt. Physische Gewalt zwischen künstlerischer Darstellung und theoretischer Reflexion. Göttingen 2013, S. 157–184.

Morrell, David: Rambo and Me. The Story Behind the Story. http://www.davidmorrell.net/stories/rambo-and-me/ [17.2.2014].

Morrell, David: First Blood. New York / Boston 2000.

Morrell, David: Rambo and Me. The Story Behind the Story. In: ders.: First Blood. New York / Boston 2000, S. VII–XIV.

Morsch, Thomas: Die Macht der Bilder. Spektakularität und die Semantisierung des Blicks im Actionkino. In: Film und Kritik 4 (1999), S. 21–43.

Morsch, Thomas: Muskelspiele. Männlichkeitsbilder im Actionkino. In: Christian Hißnauer / Thomas Klein (Hg.): Männer – Machos – Memmen. Männlichkeit im Kino. Mainz 2002, S. 49–74.

Morton, Andrew: Tom Cruise. Der Star und die Scientology-Verschwörung. Übers. v. Volker Zenwachs / Johanna Reischmann. München 2008.

Neale, Steve: Questions of Genre. In: Barry Keith Grant (Hg.): Film Genre Reader III. Austin 2007, S. 160–184.

Neale, Steve: Genre and Hollywood. London / New York 2000.

Neuhaus, Stefan: Allegorien der Macht. BATMAN (1989/1992) und SPIDER-MAN

(2002). In: Oliver Jahraus / Stefan Neuhaus (Hg.): Der fantastische Film. Geschichte und Funktion in der Mediengesellschaft. Würzburg 2005, S. 111–128.

Newman, John / David A. Willson (Hg.): Vietnam War Literature. An Annotated Bibliography of Imaginative Works About Americans Fighting in Vietnam. Lanham 1996 (3. Aufl.).

O'Brien, Harvey: Action Movies. The Cinema of Striking Back. London / New York 2012.

Pabst, Eckhard (Hg.): Mythen, Mütter, Maschinen. Das Universum des James Cameron. Kiel 2005.

Pabst, Eckhard: »One of those Machines we've seen before«. James Camerons Anfänge als Filmemacher. In: ders. (Hg.): Mythen, Mütter, Maschinen. Das Universum des James Cameron. Kiel 2005, S. 11–32.

Patterson, John: On film: A farewell to vengeance. In: The Guardian. 19.12.2008.

Peretz, Eyal: Becoming Visionary. Brian de Palma's Cinematic Education of the Senses. Stanford 2008.

Prinzler, Hans Helmut: Zwölf Uhr mittags. In: Bernd Kiefer / Norbert Grob (Hg.): Filmgenres Western. Stuttgart 2003, S. 154–160.

Purse, Lisa: Contemporary Action Cinema. Edinburgh 2011.

Raeithel, Gert / Hartmut Keil / Klaus Ensslen / Heinz Ickart (Hg.): Vietnamkrieg und Literatur. Amerikas Auseinandersetzung mit dem Krieg in Südostasien. München 1972.

Rausch, Sandra: Männer darstellen/herstellen. Gendered Action in James Camerons TERMINATOR 2. In: Claudia Liebrand / Ines Steiner (Hg.): Hollywood hybrid. Genre und Gender im zeitgenössischen Mainstream-Film. Marburg 2004, S. 234–263.

Rauscher, Andreas / Bernd Zywietz / Georg Mannsperger / Cord Krüger (Hg.): Mythos 007. Die James-Bond-Filme im Fokus der Popkultur. Mainz 2007.

Rauscher, Andreas: Spy Games. Das Spiel mit Standardsituationen und Dramaturgien. In: ders. / Bernd Zywietz / Georg Mannsperger / Cord Krüger (Hg.): Mythos 007. Die James-Bond-Filme im Fokus der Popkultur. Mainz 2007, S. 60–101.

Rauscher, Andreas: Im Angesicht der Postmoderne. James Bond und der postklassische Actionfilm. In: ders. / Bernd Zywietz / Georg Mannsperger / Cord Krüger (Hg.): Mythos 007. Die James-Bond-Filme im Fokus der Popkultur. Mainz 2007, S. 102–121.

Rieser, Susanne: ›Absolut action‹. Zur Politik des Spektakels. In: Film und Kritik 4 (1999), S. 5–20.

Schechter, Harold / Jonna G. Semeiks: Leatherstocking in 'Nam. RAMBO, PLATOON and the American Frontier Myth. In: James Combs (Hg.): Movies and Politics. The Dynamic Relationship. New York 1993, S. 115–129.

Scheiner, Andreas: Bumfidibums Fortsetzung. http://www.zeit.de/kultur/film/2012-08/film-the-expendables-2-kritik [17.2.2014].

Schifferle, Hans: James Bond, diesmal in einem Melodram. In: epd Film 1/2000, S. 34f.

Schneider, Steven Jay (Hg.): 101 Actionfilme, die Sie sehen sollten, bevor das Leben vorbei ist. Übers. v. Stefanie Kuballa-Cottone. Zürich 2012.

Schwarzenegger, Arnold (mit Peter Petre): Total Recall. My Unbelievably True Life Story. New York 2012

Schweinitz, Jörg: ›Genre‹ und lebendiges Genrebewußtsein. Geschichte eines Begriffs und Probleme seiner Konzeptualisierung in der Filmwissenschaft. In: montage/AV 3.2 (1994), S. 99–118.

Seeßlen, Georg: DIE HARD (1988). In: Annette Kilzer (Hg.): Bruce Willis. Berlin 2000, S. 139–146.

Seeßlen, Georg: An American Icon. Der Schauspieler Clint Eastwood. In: Gerhard Midding / Frank Schnelle (Hg.): Clint Eastwood. Der konservative Rebell. Stuttgart 1996, S. 9–43.

Shapiro, Marc: James Cameron. An Unauthorized Biography of the Filmmaker. Los Angeles 2000.

Soanes, Catherine / Angus Stevenson: Oxford Dictionary of English. Oxford et al. 2005 (2. Aufl.).

Strank, Willem: Twist Endings. Umdeutende Film-Enden. Marburg 2014 [i. Dr.].

Tarantino, Quentin: Blaxploitation. What it is ... What it was! In: Paul A. Woods (Hg.): Quentin Tarantino. The Film Geek Files. London 2005 (2. Aufl.), S. 138–143.

Tasker, Yvonne (Hg.): Action and Adventure Cinema. London / New York 2004.

Tasker, Yvonne: Action. In: Hans-Otto Hügel (Hg.): Handbuch Populäre Kultur. Begriffe, Theorien und Diskussionen. Übers. v. Mohini Krischke-Ramaswamy. Stuttgart/Weimar 2003, S. 98–102.

Tasker, Yvonne: Spectacular Bodies. Gender, Genre and the Action Cinema. London / New York 1993.

Tolan, Metin / Joachim Stolze: Geschüttelt, nicht gerührt. James Bond und die Physik. München 2008.

Wanat, Matt: Irony as Absolution. In: Leonard Engel (Hg.): Clint Eastwood, Actor and Director. New Perspectives. Salt Lake City 2007, S. 77–98.

Weingarten, Susanne: Bodies of Evidence. Geschlechtsrepräsentationen von Hollywood-Stars. Marburg 2004.

Welsh, James M.: Action Films. The Serious, the Ironic, the Postmodern. In: Wheeler Winston Dixon (Hg.): Film Genre 2000. New Critical Essays. Albany 2000, S. 161–176.

Wende, Waltraud: Über die Unfähigkeit der Amerikaner sich ein Bild vom Vietnam-Krieg zu machen ... Der Krieg, die Rolle der Medien und Stanley Kubricks FULL METAL JACKET (1987). In: Thomas F. Schneider (Hg.): Kriegserlebnis und Legendenbildung. Das Bild des »modernen« Krieges in Literatur, Theater, Photographie und Film. Osnabrück 1999, S. 1075–1086.

Williams, Linda: Filmkörper. Gender, Genre und Exzess. In: montage/AV 18.2 (2009), S. 9–30.

Wulff, Hans J.: Action-Film. In: Lexikon der Filmbegriffe. http://filmlexikon.

uni-kiel.de/index.php?action=lexikon&tag=det&id=862 [17.2.2014].

Wulff, Hans J.: Einleitung: Grenzgängertum: Elemente und Dimensionen des Abenteuerfilms. In: ders. / Bodo Traber (Hg.): Filmgenres Abenteuerfilm. Stuttgart 2004, S. 9–30.

Wulff, Hans J.: Held und Antiheld, Prot- und Antagonist. Zur Kommunikations- und Texttheorie eines komplizierten Begriffsfeldes. Ein enzyklopädischer Aufriss. In: Hans Krah /

Claus-Michael Ort (Hg.): Weltentwürfe in Literatur und Medien. Phantastische Wirklichkeiten – realistische Imaginationen. Festschrift für Marianne Wünsch. Kiel 2002, S. 431–448.

Zander, Peter: »Ego ist Gift für die Kunst.« In: Berliner Morgenpost. 23.11.2006.

Zoglin, Richard: An Outbreak of Rambomania. Sylvester Stallone starts Hollywood's summer with a bang. In: Time. 24.6.1985, S. 72–74.

Über die Autoren

Ingo Irsigler: Wissenschaftlicher Mitarbeiter am Institut für Neuere deutsche Literatur und Medien der Christian-Albrechts-Universität zu Kiel; Projekt ›Vorlesung mal anders‹; *Arbeitsschwerpunkte:* Zeitgeschichte in Literatur und Film; *Publikationen* (Auswahl): (Hg. mit Christoph Jürgensen) Nine Eleven. Ästhetische Verarbeitungen des 11. September 2001. Heidelberg 2008; (Hg. mit Daniela Langer u. Christoph Jürgensen): Zwischen Text und Leser. Studien zu Begriff, Geschichte und Funktion literarischer Spannung. München 2008.

Gerrit Lembke: Doktorand am Institut für Neuere deutsche Literatur und Medien der Christian-Albrechts-Universität zu Kiel; Projekt ›Vorlesung mal anders‹; *Arbeitsschwerpunkte:* Kriegsliteratur im Dritten Reich, Gegenwartsliteratur, populärer Film; *Publikationen* (Auswahl): (Hg.) Walter Moers' Zamonien-Romane. Vermessungen eines fiktionalen Kontinents. Göttingen 2011; Spielräume des Monströsen. Zur Ikonographie des Monsters in der TERMINATOR-Serie von THE TERMINATOR (1982) bis TERMINATOR SALVATION (2009). In: Jörg van Bebber (Hg.): Dawn of an Evil Millennium. Horror/Kultur im neuen Jahrtausend. Darmstadt 2011, S. 583–588.

Dominik Orth: Wissenschaftlicher Mitarbeiter am Institut für Germanistik der Universität Hamburg *Arbeitsschwerpunkte:* Kulturwissenschaftlich orientierte Literatur- und Medienwissenschaft *Publikationen* (Auswahl): Narrative Wirklichkeiten. Eine Typologie pluraler Realitäten in Literatur und Film. Marburg 2013; (Hg. mit Gerhard Lüdeker): Nach-Wende-Narrationen. Das wiedervereinigte Deutschland im Spiegel von Literatur und Film. Göttingen 2010; (Hg. mit Simon Frisch u. Oliver Schmidt): Rabbit Eye. Zeitschrift für Filmforschung. http://www.rabbiteye.de (seit 2010).

Eckhard Pabst: Leiter des Kommunalen Kinos Kiel; Wissenschaflticher Mitarbeiter am Institut für Neuere deutsche Literatur und Medien der Christian-Albrechts-Universität zu Kiel; freiberuflicher Lektor für das ZDF (Fernsehspiel). *Arbeitsschwerpunkte:* Film und Architektur; Horrorfilm; Prekariatsdiskurs im Gegenwartskino; *Publikationen* (Auswahl): Bilder von Städten, Bilder vom Leben. Konzeptionen von Urbanität in den TV-Serien *Lindenstrasse* und *Gute Zeiten, Schlechte Zeiten* (2009); »They're just children!« Provinz, Proleten und Gewalteskalation auf der Tagesordnung des populären Kinos. Das Beispiel EDEN LAKE (2008). In:

Jörg van Bebber (Hg.): Dawn of an Evil Millennium. Horror/Kultur im neuen Jahrtausend. Darmstadt 2011, S. 479–486; Raumzeichen und zeichenhafte Räume. Bedeutungskonstitution durch Raum und Architektur im Film. In: Zeitschrift für Semiotik 30.3/4 (2008), S. 355–390.

Christoph Rauen: Wissenschaftlicher Mitarbeiter am Institut für Neuere deutsche Literatur und Medien der Christian-Albrechts-Universität zu Kiel; *Arbeitsschwerpunkte*: Literatur der Goethezeit, Theorie der Literaturwissenschaft, Gegenwartsliteratur, Populärkultur, Film; *Publikationen* (Auswahl): (Hg. mit Philip Ajouri u. Katja Mellmann) Empirie in der Literaturwissenschaft. Münster 2013; Pop und Ironie. Popdiskurs und Popliteratur um 1980 und 2000. Berlin / New York 2010.

Jan Tilman Schwab: Filmwissenschaftler; *Arbeitsschwerpunkte*: Fußballfilm; Sportfilm; Selbstmord im Film; Katastrophenfilm; *Publikationen* (Auswahl): Fußball im Film. Lexikon des Fußballfilms. München 2006.

Willem Strank: Wissenschaftlicher Mitarbeiter am Institut für Neuere deutsche Literatur und Medien der Christian-Albrechts-Universität zu Kiel; *Arbeitsschwerpunkte*: Clint Eastwood; amerikanischer ›Autorenfilm‹; Filmmusik; avancierte Erzählstrategien im Film; *Publikationen* (Auswahl): Twist Endings. Umdeutende Film-Enden. Marburg (i. Dr.) 2014; (Hg. mit Guido Heldt, Tarek Krohn u. Peter Moormann) FilmMusik: Ennio Morricone. München 2014; (Hg. mit Tarek Krohn) Film und Musik als multimedialer Raum. Marburg 2012.

Fotonachweis

8: Paramount Pictures. 9 (oben), 15, 25, 27, 30, 33, 37: Warner Bros. / The Malpaso Company. 9 (unten): Touchstone Pictures / Jerry Bruckheimer Films / Kouf/ Bigelow Productions u. a. 12: Lionsgate / The Weinstein Company / Millennium Films u. a. 16: Permut Presentations / Touchstone Pictures / Paramount Pictures. 17, 151: Warner Bros. / Silver Pictures. 41: Warner Bros. / Malpaso Productions. 47, 49, 53–54, 56: Anabasis N. V. / Elcajo Productions. 66–69, 76: Hemdale Film / Pacific Western / Euro Film Funding u. a. 71–72, 153 (oben) Carolco Pictures / Pacific Western / Lightstorm Entertainment u. a. 84 (oben), 85 (oben): Stanley Kramer Productions. 84 (unten), 85 (unten), 89–91: Twentieth Century Fox Film Corporation / Gordon Company / Silver Pictures. 104 (oben): Paramount Pictures / Cruise/Wagner Productions. 104 (unten): Paramount Pictures / Cruise/ Wagner Productions Munich Film / Partners & Company (MFP) MI2 Productions. 105 (oben): Paramount Pictures / MI 3 Film / China Film Co-Production Corporation u. a. 105 (unten): Paramount Pictures / Skydance Productions / TC Productions u. a. 113: Miramax Films / A Band Apart / Jersey Films. 115–118, 121: Miramax Films / A Band Apart / Super Cool ManChu. 125, 130–132, 134, 139: Columbia Pictures / Eon Productions / Casino Royale Productions u. a. 143: Gerrit Lembke. 145–146, 148: Millennium Films / Nu Image Films. 147: Millennium Films / Nu Image Films / Rogue Marble. 150: http://www.filmempfehlung.com/_bilder/poster/tt0083944_rambo_first_blood.jpg 152: Columbia Pictures Corporation / Oak Productions. 153 (unten): C-2 Pictures / Intermedia Films / IMF Internationale Medien und Film GmbH & Co. 3. Produktions KG u. a.

Index

Reihe **Medien/Kultur**

Anke Steinborn
**Der neo-aktionistische
Aufbruch.** Zur Ästhetik des
»American Way of Life«

Thomas Klein
Geschichte – Mythos – Identität
Zur globalen Zirkulation des
Western-Genres

Wilma Kiener
**Leben und Sterben bei den
Leinwandvölkern**
Todesrituale im Spielfilm

Petra Kissling-Koch
Macht(t)räume
Der Production Designer Ken
Adam und die James-Bond-Filme

Ivo Ritzer / Marcus Stiglegger (Hg.)
Global Bodies
Mediale Repräsentationen
des Körpers

Stefan Höltgen / Michael Wetzel (Hg.)
Killer/Culture
Serienmord in der populären
Kultur

Reihe **f i l m :**

Thomas Elsaesser
Rainer Werner Fassbinder

Marcus Stiglegger (Hg.)
David Cronenberg

Ungerböck / Landsgesell (Hg.)
Spike Lee

Ralph Eue / Linda Söffker (Hg.)
Aki Kaurismäki

www.bertz-fischer.de
mail@bertz-fischer.de
Newsletter: bertz-fischer.de/newsletter